大家手笔

任理轩　主编

人民出版社

目　录
CONTENTS

1

经 济 篇

政 法 篇

科教篇

治 学 篇

让大时代涌现更多大家

——写在《大家手笔》结集之际

张首映

　　"大家手笔"栏目是 2013 年 8 月开的，是本着"试试看"下的"毛毛雨"。2014 年继续"试试看"，仍是"毛毛雨"。发得不多，却得到哲学社科界的普遍好评，希望扩大规模，多发快发。于是，2015 年"大干快上"，理论版、学术版、观察版三版"一气贯之"，一年发表 200 余篇，成长为《人民日报》上的一个品牌栏目，也成就了本书。

　　虽然新闻媒体讲究名人效应，但理论版重理性，开办"大家手笔"不是为了"追星"，而是为了履行一个时代责任。我们深知，没有大家的时代是"空心"的时代，大家稀缺的时代是"亏心"的时代，大家充盈的时代才是繁荣而不只是繁华的时代！我们所做的工作只有一项，相约大家，推广大家。我们的目的也只有一个，让这大时代涌现更多大家！

　　老话说，大家是"为天地立心，为生民立命，为往圣继绝学，为万世开太平"的人。张载此说以时代为中轴。"天地"包括爱因斯坦的宇宙，更着眼于所处时代天地人的价值关系；"生民"不是"死民"，直指所处时代的民众；"往圣"就不是这个时代的人，而是指这个时代与过去时代大家的关系；"万世"指无限未来，具备"开"的可能性和必要性。这个概括涵盖天、地、人三者，现在、过去、未来三者，大家与世界和人民三者，对于了解大家有整体性、普

1

遍性和功能性意义，所以常被引用。

大家是时代的产儿、时代的骄子。作为"生民"，我们通过老庄、孔孟和诸子百家，左丘明、司马迁、司马光和李时珍等了解"往圣"所处的时代，"一叶知秋"，通过大家名家这些个体和群体去认识把握他们所处的是一个什么样的社会，一个什么样的环境才能塑造这些人类的杰出分子。继而追问，为什么有的时代人才辈出，百家争鸣，百花齐放，有的时代却人才凋敝，"万马齐喑究可哀"？为什么有的时代人文科学发达或艺术鼎盛，社会科学和自然科学却如跛脚的短板？为什么有的时代尊重、推崇、敬慕大家，令知识分子舒心开怀、钟情创新，有的时代却使知识分子离心离德、痛心痛苦、不让子孙搞学术？为什么有人成就斐然却反而成为众矢之的，个人原因乎小集团利益乎？为什么大家们内部那点琐事，与国家和时代大局相比无足轻重，媒体却反而当娱乐明星那样热炒，是"妒香"还是"逐臭"？时代与大家的关系决非单向关系，大家与时代的经济、政治、社会、文化、教育甚至家教家风等存在诸多纽结及其谜团，需要破解。法国社会学家 P. 布尔迪厄的《国家精英——名牌大学与群体精神》很走俏，但它仍然不能解释如此之多的纽结及其谜团；设立"大家学"、"大家创新学"、"大家社会学"等学科，也许能找出其间玄奥。

司马迁《报任安书》讲的"究天人之际，通古今之变，成一家之言"，也常被引征，还作为有些大家的座右铭。这一个"究"字、一个"通"字、一个"成"字，道出大家之所以是大家的"三昧"，始于"究"、长于"通"、终于"成"。也把大家怎样成为大家描画得入木三分。"究"就得满怀兴趣，心无旁骛，脚踏实地，严谨治学，悉心钻研，打牢学术根基，积累专业基础，对研究的课题和问题深入探究；"通"就得目标坚定、目光宽远、思想解放、与时俱进，弄通研究对象的历史脉络和变化规律，搞通已有研究成果尤其前沿方向，想通自己研究和创新的意义、内容、体系、方法甚至语文逻辑表达；"成"就是成就创新成果，有的创新成果可以立马发布，有的可以压压箱底，再"究"再"通"，深"究"深"通"，新"究"新"通"，修缮完善，端出充满创造的"高、精、尖"学术代表作品，成为学科领域的扛鼎之作，学术史上的划时代作品，篆刻着这个时代印迹的学术里程碑，甚至成为人类的不朽名著。司马迁揭示出学术大家成长成熟的一条规律。司马迁做到了，中国历史上众多大家做到了，当代也有不少大家做到了，他们成为世人仰慕的学界泰斗，蜚声海内外的名流宿儒，天上闪烁的"文曲星"或"紫金山星"。

古今中外，大家众多。有政治大家、经济大家、军事大家、科技大家、文艺大家、工艺大家等等。理论版办的"大家手笔"侧重的主要是哲学社会科学和人文科学方面的大家名家，古称"学术大家"。他们与时代的关系可能比有关领域的大家更直接、更密切，也更复杂。古代中国属于农耕文明，重人文传统、人文学术甚于社会科学；今天，不弘扬人文传统，提升人文学术质量，推广人文学术成果，不是"文盲"就是"半文盲"，不是"假道学"就是"伪君子"。同时，今日中国处于市场经济时代，经济总量居世界第二位，社会科学蓬勃发展，经、政、法科研比重明显高于哲、史、文，仍用人文传统、人文学术标准来衡量这个时代的整体学术成就、学术大家数量，合适吗？科学技术是"为生民立命"、"为万世开太平"的"第一生产力"，我国科技论文数量高居世界第二位，不重视学术格局的这一整体性历史性革命，不真诚尊重他们、用力推广他们，还把他们排斥在"学术大家"之外，肯定被人耻笑为"老夫子"、"色盲"甚至"落后分子"。中国已居于世界舞台中央，国际交往频繁密切，国际知名度高的海外华人华侨专家和外国专家众多，不关注他们的成果，不适当刊发他们的作品，不符合"世界的中国"、"中国的世界"这个时代身份，亦"孰不可忍"！时代已变，大家评价的范围和标准在变。

我们处在一个创新的时代。世界在创新，国家在创新。国家能否走在世界发展前列，根本靠创新；民族能否仡立于世界民族之林，根本在创新。创新兴则国家兴，创新强则国家强，创新久则国家持续强盛；反之，创新弱则国家弱，创新微则国家危。这已成为全球共识、地球人的常识，人类社会发展的一条客观规律。500年来，世界经济中心几度迁移，但科技创新这个主轴一直在旋转、在配置，支撑着经济发展，引导着社会走向。世界科技曾发生数度革命，一些欧美国家抓住了蒸汽机革命、电气革命和信息技术革命等重大机遇，跃升为世界大国和世界强国。相形之下，因未迎头赶上世界科技革命浪潮，我国由全球经济规模最大的国家沦为落后挨打的半封建半殖民地国家。这是天大的悲哀，天大的教训，不吸取天大教训还会有天大悲哀。每念及兹，爱国大家们无不痛心疾首，无不奋发图强。现在，我国经济规模虽然很大，但人口众多、人均自然资源少，走以土地、劳动力、资本等主导的传统发展之路已经行不通，必须依靠创新尤其是科技创新，走创新发展之路，才能缓解资源有限性与需求无限性的矛盾，实现可持续发展，把我国建设成为社会主义现代化强国。

创新是引领国家发展的第一动力，人才是创新的第一资源，大家是创新的第一优质资源，引领创新的关键人物和领军人物。创新是提升传统要素质量效率、创造新的要素、形成要素组合的活动。大家是这提升、创造、组合的关键，是创新时代的"究"、"通"、"成"的再造和升华。大家是时代的负责者、建设者、引领者、贡献者、奉献者，是时代发展进步的创造力和推动力，把握前沿学科，具有战略视野，富于创新思维，善于基础研究或原始创新、集成创新、引进消化吸收再创新，众多科技家敢于并善于超前性创新、跨越式创新甚至颠覆性创新；今日中国之创新已不是在自己国家和圈子里"过家家"了，也不是参与一般性国际竞争，而是与国际高手竞争、与国际顶尖强手竞争，而且要成为国际创新的领先者、领跑者，领"马拉松"那样的长跑者，领"太空航行"那样的长跑者，所以，人才兴则创新兴，大家强则创新强，由此而国家强、民族强、人民强。把"儒生"、"技工"列入"三教九流"的时代早就一去不复返了，把大家当"臭老九"的时代已经一去不复返了。今天，大家是国家的栋梁、民族的脊梁，时代的英雄，我们时代最可爱的人，中华民族实现伟大复兴的决胜者。

崇尚创新，国家才有光明前景，社会才有充沛活力。国家已把创新作为发展全局的核心，制定创新驱动战略。我国创新科技投入居世界前列，世界一流的创新平台正在搭建，大家创新有了更多更优惠的创新政策和条件，培养大家创新的规划也有了，促进全社会创新蔚然成风的氛围正在形成。中国史无前例的创新时代来到了，中华民族整体自觉展现创新才智的时代来到了，大家们大显创新身手的时代来到了，创新涌现更多大家的时代来到了！

我们作为新闻工作者、理论传播者，与大家接触较多的舆论界人士，必须腾出更多地方，设置优良平台，为这个创新时代鼓与呼、歌与唱，为大家们的创新事业营造良好舆论环境，为推进全社会创新蔚然成风构筑舆论氛围。当务之急，办好"大家手笔"，为这个创新时代添一点柴、烧一把火，为大家的创新之树培一锹土、浇一壶水，提供舆论支持。这就是我们此时此刻要尽的、可尽的、在尽的时代责任。

特别感佩"90后"的前辈们，汪子嵩、张世英、何兆武、卫兴华诸位先贤，感谢"80后"的邢贲思、陈光中、张晋藩、厉以宁、陈先达、钱逊等先生，耄耋之年，孜孜学术，思路仍那么开阔，目光依然那么锐利，笔锋还是那样雄健，千把字文章，顺手拈来，自然天成，为学术警世、学术醒世、学术建世树模范，为"大家写大家'范'短文"立榜样。感谢"70后"、"60后"的先进们，感谢中青年的大家们，在守护"高原"、打造"高峰"、构建宏大叙事的同时，龙虫并雕，在"大家手笔"栏目里闲庭信步，挥洒丹青。大家齐努力，把涓涓细流汇成一个杨柳青青、波光粼粼、雕梁画栋、游人如织的"颐和园"，把这个新栏目"捧"成名栏目。

"大家手笔"栏目文章的内容相当丰富，囊括经济、政治、社会、文化、生态各方面，哲学社会科学、自然科学、文学艺术诸领域，以哲学社会科学领域为主。特色是鲜明的，作者都是已知的大家、欲知的大家和可知的大家；就作者而言，已知的是"主力军"，欲知的是"方面军"，可知的是"生力军"；基调属主旋律，推动时代发展，促进社会进步，展现理论自信，彰显学术繁荣；体现问题导向，针砭时弊，回答现实问题，有所创新和突破；文风多为"短实新"，一篇千把字，一事一议，精耕细作、逻辑井然，语言尽可能轻松活泼；刊行在"新闻纸"上，讲时效、增实效，是"微时代"难得的"悦读"佳品。

"大家手笔"栏目会延续下去，今年未发的明年发，明年未见的后年见，厚积厚发，大家巨焉，还有同类书籍奉献给大家。

—— 哲 史 篇 ——

把"死历史"看成"活历史"

——谈谈我国传统社会政治体制与文化

张岂之[*]

中国历史进入战国时期（公元前475—公元前221年），一种新的前所未有的政治体制从旧体制中脱胎而出，这就是以皇权为代表的君主集权制度。这种制度强调地方要服从皇室中枢。从秦始皇统一六国至清末的两千多年，我国基本上就是这样的政治体制。

君主集权制度，在我国漫长的传统社会中有共性，也有个性。比如，两汉时期主要实施政治、法律和思想文化的儒家化，代替了秦代的法家化。汉武帝刘彻在位54年，在他的统治下，我国以文明和富强闻名于世。唐代不同于两汉，与秦代也有很大差异。唐代除实行科举选拔人才外，还重视中外思想文化的交流以及域内各民族融合所产生的政治、经济和文化的创造力，促进儒、佛、道的融合，将中华古代文化推进到一个新的高度。在两宋时期，伴随着皇权强化与选官制度的完善，以及教育上书院制的成熟，中华文化更加发展、普及。辽金元的政治、法律和选官制度各有特色。明代君主专制统治更加强化，

* 张岂之，1927年生于江苏省南通市。著名思想史家、教育家。现为西北大学名誉校长、西北大学中国思想文化研究所所长、清华大学双聘教授、中央马克思主义理论研究和建设工程首席专家。主要学术成果有《宋明理学史》《中国思想史》《中国思想文化史》等。

而体制的弊端更加突出。到了清代，特别是统一新疆后，国力更加强盛，文化传承有了进一步的发展。1840年鸦片战争以后，面对列强入侵，清朝统治逐渐失去了活力与生机。1898年戊戌变法的失败，自上而下进行革新运动成为幻想。1911年辛亥革命终于敲响了我国君主集权制度的丧钟。

我国的君主集权制度曾经对包括皇帝在内的统治者形成过一定的制约，但成效不大。我国古代有法制，但缺少法治。君主把法制作为治民治吏的一种手段，自己则凌驾于法制之上。正因为如此，同一制度体系，在不同君主手里可以有不同的效果；一治一乱，有天壤之别，反映出人治的弊端。

我国的君主集权制度在历史上有利于维护我国多民族国家的统一和安宁，其中的科举选官制度扩展了统治集团的社会基础，为社会各类人等开辟了入仕的途径，形成了由下层社会到上层社会的政治通道。特别是科举制将教育制度与选官制度结合为一个整体，在一定程度上保证了上层官员队伍的知识文化水平，为文化的传承发展作出了贡献。

科举制的宗旨是择优，重要的功能在防劣。有学问的人可能考中，但智力不足的人很难通过考试。还有，由于科举制以演进方式不断调整改良，基本面（考试、严格监考）不动，不会造成制度"翻烧饼"现象。后人对科举制的批评，有些未必准确，有些则是真知灼见，如顾炎武斥责准备参加科举考试的人只读范文而不读《五经》原典是舍本逐末，很有道理。

在我国传统社会中，君主集权制度和科举制推动了思想文化的发展。许多思想家探索如何治国安邦，如何提升国力，如何解决社会矛盾，如何选才用人，如何看待天人关系，如何记录历史，如何达到人与自然的和谐，如何保家卫国，如何寻找心灵的安顿处等。这些都折射出中华文化传承创新的历史轨迹。

中华文化传承与史学的繁荣昌盛密切相关。春秋末期，孔子把鲁国史官所作的《春秋》整理成有独特思想的历史著作，标志着我国古代史学的开端。西汉时期大史学家司马迁创造了史学的纪传体例，写出了《史记》。东汉时史学家班固把司马迁的纪传体作了一些调整，以纪、表、志、传的体例写出《汉书》。魏晋南北朝至明末，史学成为全面记录中华文化的独立学术部门。唐至宋、元、明，每个朝代都由史学家撰写前一朝代的历史。宋代司马光的《资治通鉴》，是我国第一部较为完善的编年体通史著作。明末清初至鸦片战争前，史学著作更加突出了对现实社会与文化传承的反思。我们说中国史学是中华文化生生不息的记录，这并不过分。

我们看历史，要力求把"死历史"（过去的事）看成有生命的"活历史"。只有从多角度去研究它，我们才能够从历史中找到智慧，从而有益于对现实的考察。

（《人民日报》2013 年 8 月 1 日）

人民公仆观念之百年嬗变

张海鹏[*]

百年前的辛亥革命，进行了许多可歌可泣的斗争，也留下了许多令人扼腕的故事。推翻君主专制、建立共和制度、颁布《临时约法》等，人们说过很多；为了取得辛亥革命的成功，许多志士仁人前仆后继、勇于牺牲，如秋瑾、林觉民、方声洞等，人们也记得很多。有一件事，人们却很少谈到、很少记得，就是辛亥革命中孙中山提出了人民公仆观念。

孙中山就任临时大总统，自称人民公仆，从而确认以人民为本位。这对于中国阶级社会以来的官场政治，是一大革命。1911 年 12 月 29 日，孙中山为感谢各省代表选举他为临时大总统，在致各省都督电中称"今日代表选举，乃认文为公仆"。把大总统等同于人民的公仆，体现了人民至上的价值观。孙中山曾以大总统名义发布通令，要求所有政府官员"皆系为民服务，官规具在，莫不负应尽之责任，而无特别之利益"。他还在《建国方略》中说过："国中之百官，上而总统，下而巡差，皆人民之公仆。"有一位年逾 80 岁的盐商来南京，想一睹孙中山的风采。孙中山接待了这位老者，并对他说："总统在职一天，就是国民的公仆，是为全国人民服务的。"老者问："总统离职以后呢？"孙中山答道：

———————
* 张海鹏，1939 年生，中国社会科学院近代史研究所研究员。现任中国社会科学院学部委员、马克思主义理论研究和建设工程首席专家、中国社会科学院台湾史研究中心主任、山东大学特聘一级教授等。曾任中国史学会会长、中国社会科学院近代史研究所所长等。

"总统离职以后，又回到人民的队伍里去，和老百姓一样。"孙中山的回答使这位老者感到他见到了民主的风采。孙中山以总统之尊接待一位普通盐商，体现了一种伟大的公仆精神。这也是孙中山、辛亥革命留给后人的宝贵政治和精神遗产。孙中山自己从政更是以身作则、廉洁自持，始终保持着人民公仆形象。

在封建社会，当官做老爷是社会生活的常态，官老爷高高在上，老百姓匍匐在社会的底层。皇帝以下的官员，县老爷是最低级别的行政官员，但也是父母官，县里的老百姓都是其子民。县老爷又是所谓牧民之官。何谓牧民？就是把老百姓当作牲口来放牧。老百姓见了县老爷就要磕头，自称草民。下级见了上级也要磕头，所有官员见了皇帝都要匍匐称臣。2000多年来，这几乎是一成不变的。辛亥革命把这个老规矩革掉了。孙中山为了落实人民公仆观念，以临时大总统名义颁布命令，废除老爷称呼，废除磕头礼节；强调人民一律平等，人民是主人，官员是人民的公仆。这种转变与推翻君主专制、建立共和制度是同等重要的，同样带来了思想的大解放，同样具有极大的纪念意义。官员是人民的公仆，应该带来政治生活、政治制度的变革。令人扼腕的是，孙中山的临时大总统只做了3个月。袁世凯上台后，人民公仆之说不再被人提起，做官依旧，当老爷依旧，人民依然处在社会的底层。

官员是人民公仆，在中国共产党人这里变为了现实。中国共产党人来自人民，共产党的官是为人民服务的。1944年9月，毛泽东同志在追悼中央警卫团一名普通共产党员的会上说："我们的共产党和共产党所领导的八路军、新四军，是革命的队伍。我们这个队伍完全是为着解放人民的，是彻底地为人民的利益工作的。"这篇题为《为人民服务》的著名演讲，鲜明地指出了中国共产党为人民服务的根本宗旨。中国共产党执政以后，一贯强调各级党政干部都是人民公仆、是人民勤务员，执政的目的是为人民服务。不过，今天仍有个别党政干部以官老爷自居，不以人民为本位，不在为人民服务上下功夫，为政不廉，贪污腐败，不仅玷污了共产党人为人民服务和为共产主义奋斗的理想信念，也与孙中山百年前就提出的人民公仆观念格格不入。

毛泽东同志说过："人民，只有人民，才是创造世界历史的动力。"回顾百年中国历程，领导干部应始终牢记"人民公仆"4个字。

（《人民日报》2013年12月1日）

弘扬原始儒学的真精神

杨朝明 [*]

孔子是伟大的思想家，也是历史上引起巨大争议的思想家。到目前为止，世界上大概还找不出第二个人像孔子这样，在过去 2000 多年里受到那么多关注。关于孔子及儒家思想的评价，很多看法和观点明显对立。时至今日，模糊认识依然存在。

面对良莠并生、瑕瑜互见的儒学，我们要"剔除其封建性的糟粕、吸收其民主性的精华"，必须明确上述"文化景观"形成的复杂原因，搞清这种"文化景观"形成的历史过程。

在对待孔子与传统文化的问题上，人们的态度形成明显的两极还是近代以来的事情。近代以来，不少人将中国落后挨打的原因归结为传统文化的腐朽，强化和放大了人们对传统文化负面影响的认识。于是，在 20 世纪的一个时期内，中国形成了一个"反传统的传统"，似乎中华民族要摆脱苦难就必须摒弃传统文化。近代以来学术上的疑古思潮，对此起到了推波助澜的作用。从思想文化史的角度看，近代疑古思潮是宋代以来疑古思潮的继续，但二者又存在明显不同。后者是为了"卫道"（即"捍卫儒家道统"）而疑古，前者则变成了为

* 杨朝明，男，1962 年 7 月生，中国社会科学院研究生院毕业，博士学位，现任孔子研究院院长、国际儒学联合会副理事长，主要著作有《作为鲁文化史》《儒家文献与早期儒学研究》等。

摒弃传统而疑古。在"古史辨"运动中，学者们更是由"疑古史"演变到"疑古书"，我国古代文化典籍遭到前所未有的怀疑。

经过最近30多年的学术研究，尤其是随着地下早期文献资料的面世，我们对相关学术问题看得比以往更清楚了。原来，秦汉以来儒学出现过一个显著变化，即原始儒学（先秦时代的儒学）具有明显的"德性色彩"，而汉代以后的儒学则具有明显的"威权色彩"。原始儒学的代表人物如孔子等强调"正名"，主张"修己安人"和"仁政""德治"；汉代以后的儒学适应封建专制制度的需要，逐渐片面强调君权、父权和夫权，儒学慢慢蜕变，呈现了为后人诟病的"缺乏平等意识和自由理念"等特征，与现代社会显得格格不入。对于这一点，我们如将有关文献相互比较，就能够清晰地看出来。比如，所谓"君君臣臣，父父子子"，孔子讲的是为人君止于仁、为人臣止于敬、为人子止于孝，强调君臣父子各尽其本分，后来才逐渐演变为对君权、父权、夫权的片面强调；所谓"刑不上大夫"，根据《孔子家语》中的记载，孔子所说的意思是一个尊贵的人也应该是一个高尚的人，当官的人犯了死罪贵在自裁，用不着通过用刑来进行惩罚，也是在汉代以后它才成为维护贵族特权的一个依据。

今天，很多学者包括外国学者都承认这一事实：因为有了孔子，中华民族比世界上别的民族更和睦、更和平地共同生活了几千年；当今时代，一个昌盛、和谐的社会，在很大程度上仍然立足于孔子所确立和阐述的很多价值观念。新文化运动的矛头直指孔子，是因为他在封建专制时代受到尊崇，儒学一直是统治学说。这样看来，一些当年对孔子和儒学传统持"保守"立场的人，更多看到了原始儒学的真精神；而一些对孔子和儒学传统持"激进"立场的人，则更多地看到了作为"封建专制灵魂"的那个"偶像的权威"。

回望2000多年来儒学与中国社会的关系，我们可以更好地把握孔子及儒家思想的内涵和价值。儒学与封建专制统治的结合，使之片面强调君权、父权与夫权，"缺乏平等意识和自由理念"，但原始儒学"正名""修己安人"和"仁政""德治"等核心价值观念依然深入人心。我们不应把二者混为一谈，而应更加关注原始儒学，分清"真孔子"和"假孔子"，澄清误解、明辨是非，弘扬原始儒学的真精神。

（《人民日报》2014 年 4 月 27 日）

儒家"五伦"说辨析

冯天瑜 *

"五伦"说是儒家伦理学说的重要组成部分。两汉以来的伦常说,将"三纲"与"五伦"一体论之,一并推尊为人伦准则;20 世纪初的新文化运动则将"三纲五常"视作吃人的旧礼教,加以整体摒弃。其实,无论肯定还是否定,将"三纲"与"五伦"捆绑在一起并不完全符合思想史实际。"三纲"说与"五伦"说虽然都是宗法社会的产物、宗法观念的表现,有相通性,但二者的主旨和成说时期皆有差异,分别代表我国传统伦常观念的两种走势,应当区别对待。

大体言之,酝酿于战国、定形于秦汉的"三纲"说是皇权时代的产物,体现了君主集权制下的垂直式独断,强调的是上对下的等级威权以及下对上的无条件服从。而形成于先秦的"五伦"说较多地保留了氏族民主遗存和分权之义,蕴蓄着血亲温情。"五伦"说,即孟子所谓"父子有亲,君臣有义,夫妇有别,长幼有序,朋友有信",其中包含着人际间的温馨、理解和信任,包含着发乎人心的骨肉之情,讲究的是"情理"和人际关系的对称性、和谐性。

"五伦"说主张的君臣关系,集中反映在《尚书》《左传》《孟子》《老子》

---

* 冯天瑜,男,1942 年 2 月生于湖北省红安县。武汉大学人文社科资深教授,教育部重点基地中国传统文化研究中心主任,教育部社会科学委员会历史学部委员。从事思想文化史及地方史志研究,著有《中华文化史》《中华元典精神》等。

等先秦典籍的民本主义表述中，其精义有二：其一，下是上的基础，民众是立国的根本。《尚书》中的"民可近，不可下。民惟邦本，本固邦宁"，是此精义的著名表述。《老子》一书则从贵与贱、高与下的辩证关系立论，强调"贵必以贱为本，高必以下为基。是以侯王自谓孤寡不穀，此其以贱为本耶？"正是从这种认识出发，孟子提出了"民为贵，社稷次之，君为轻"的名论。其二，民意即天意，民心即圣心。《尚书》载周武王语："天视自我民视，天听自我民听。"又称："天聪明，自我民聪明；天明畏，自我民明畏。"《老子》则说："圣人无常心，以百姓心为心。"

"五伦"说对君与臣两方面都提出要求："君之视臣如手足，则臣视君如腹心；君之视臣如犬马，则臣视君如国人；君之视臣如土芥，则臣视君如寇仇。"民本主义者的一个经常性论题，是"爱民""利民"，反对"虐民""残民"。孟子反复劝导国君"保民而王"，荀子则有警句"君者舟也，庶人者水也；水则载舟，水则覆舟。"唐太宗与魏征君臣对中的"水可载舟，亦可覆舟"的名论，即承袭于此。在其他人际关系中，"五伦"说同样提出双向性要求。例如，在夫妇关系上，以"义"为标准，强调"夫妇以义事，义绝而离之""夫不义，则妇不顺矣"；在父子关系上，主张"父慈子孝"；在兄弟关系上，主张"兄友弟恭"；在朋友关系上，讲究互利互助，主张"交友之旨无他，彼有善长于我，则我效之；我有善长于彼，则我教之。"

清末民初的学者梁启超慧眼卓识，将"五伦"的精义概括为"相人偶"，也即互敬互助的人际关系。他指出："五伦全成立于相互对等关系之上，实即'相人偶'的五种方式。故《礼运》从五之偶言之，亦谓之'十义'（父慈子孝，兄良弟悌，夫义妇听，长惠幼顺，君仁臣忠）。人格先从直接交涉者体验起，同情心先从最亲近者发动起，是之谓伦理。""五伦"说对人们提出互敬互助的要求，以形成较为和谐的人际关系，在今天来说也不无现实意义。

当然，"五伦"说作为宗法等级社会的产物，侧重强调"义务"，尤其是下对上的义务，而基本没有涉及权利问题，没有对民众享受权利和运用权利给予法定性的肯认，故我国传统社会不可能充分实现社会和谐。秦以下专制皇权社会存在的两千多年间，社会动乱此起彼伏，便是明证。我们今日建设和谐社会，可进一步弘扬"五伦"说在人际关系上的双向观照、和谐相处之义；同时要超越前人，有所创发，如在义务与权利的统一上实现不同层级的良性互动。这是社会长治久安、实现可持续发展的关键之一。

（《人民日报》2014 年 5 月 30 日）

谈谈"循序渐进"与"为而不争"

陈祖武 *

中华传统美德蕴含着丰富的思想道德资源，是中华文化的精髓，也是涵养社会主义核心价值观的重要源泉。当前，认真践行中华传统美德，深入挖掘和阐发其中的思想道德资源，以文化人，以德育人，是我们在培育和弘扬社会主义核心价值观过程中应当努力做好的一件大事。这里谈谈中华传统美德中"循序渐进"与"为而不争"的思想。

中华传统美德之中，有一种可贵的思想，叫做循序渐进。这一思想发端于《老子》。《老子》中说："合抱之木，生于毫末；九层之台，起于累土；千里之行，始于足下。……慎终如始，则无败事。"这段话是说，世间万事万物皆有一个发生、发展的演进过程，我们无论做任何一件事情都不可能一蹴而就，只有始终如一地保持兢兢业业的态度，而不是虎头蛇尾，才能立于不败之地。孔子主张的"学而时习之""温故而知新"，讲的也是这个道理。荀子集诸家之说而加以改造，乃化为己说："不积跬步，无以至千里；不积小流，无以成江海。……锲而不舍，金石可镂。"发展到南宋，再经朱熹的创造性总结，遂成"循序而渐进"的至理名言。

* 陈祖武，1943 年 10 月生于贵州省贵阳市。现为中国社会科学院学部委员、中央文史研究馆馆员。主要著述有《中国学案史》《清初学术思辨录》《清儒学术拾零》等。兼任全国古籍规划领导小组成员，主要古籍整理成果有《杨园先生全集》《清儒学案》等。

为而不争，是蕴含于中华传统美德之中的又一可贵思想。若究其渊源，这一思想同样可以追溯至《老子》。《老子》最后一章说："圣人不积，既以为人己愈有，既以与人己愈多。天之道，利而不害；人之道，为而不争。"这里说的"不争"，以"为"作前提。所谓"为"，有两层含义，第一层是"为人""与人"，即有利他人、给予他人；第二层则是该书二十二章所言四个"不自"，即"不自见""不自是""不自伐""不自矜"。也就是说，人生在世，既要做有利于他人的事，也要把自己应当做的事情先做好，这才叫做"为而不争"。孔子也主张"君子无所争"，只是讲法略异于老子，说的是"矜而不争"。也就是说，不争的前提是"矜"。同一个"矜"字，老子作夸饰、尊大用，主张"不自矜"，孔子则作庄敬持己用，虽讲法各异，但皆从严格律己出发。唯其如此，也就有了孔子的"己欲立而立人，己欲达而达人""己所不欲，勿施于人"。也正是弘扬先贤思想，孟子才会主张："老吾老以及人之老，幼吾幼以及人之幼。"

古往今来，循序渐进、为而不争的思想有若春雨润物，融入中华民族的精神世界，滋养了一代又一代先人。然而近些年来，这样的思想被一些人渐渐淡忘了，急功近利、追逐金钱的坏习气蔓延滋长、无孔不入。结果，许多人对无序竞争、损人利己之事，不以为耻，反以为荣。更有甚者，为了谋求一己私利，竟然践踏道德底线，损害国家、民族利益，弄虚作假，伤天害理。长此以往，势必导致民族道德素质下降。

凝聚人心、扶正风气，这是中国学人数千年一以贯之的社会责任意识。北宋范仲淹倡导的"先天下之忧而忧，后天下之乐而乐"，张载执著追求的"为天地立心，为生民立命，为往圣继绝学，为万世开太平"，早成旷世箴言，不胫而走。清代学者顾炎武著《日知录》，用整整一卷篇幅集中探讨历代社会的人心风俗问题，发出了"保天下者，匹夫之贱，与有责焉耳矣"的呐喊。晚近学人据以归纳，遂以"天下兴亡，匹夫有责"的时代强音而融入中华民族的爱国主义传统之中。见贤思齐，亡羊补牢。从当前社会风气的实际出发，学人似有必要多讲讲循序渐进、为而不争的道理，多谈谈中华传统美德中的可贵思想。只要我们脚踏实地、坚持不懈，经过较长一段时期努力，定然能使中华传统美德深入人心、蔚成新风。

（《人民日报》2014 年 8 月 8 日）

从哲学看幸福

孙正聿 *

近年来有两个很流行的话题：你幸福吗？你的梦想是什么？这两个话题都很亲切：谁不想生活得幸福？谁没有梦想？这两个话题又很难回答：怎样生活才算幸福、如何才能梦想成真，必然见仁见智，不能一概而论。这两个话题还不能分开：很多时候，梦想就是渴望幸福的生活，幸福的生活就是成真的梦想，梦想和幸福就是生活的理想和理想的生活。

有人说，幸福就是吃得饱、穿得暖、住得好，要什么有什么；有人说，幸福就是平平淡淡、从从容容、快快乐乐、高高兴兴每一天；还有人说，幸福就是和大家都相处得愉快，痛苦的时候有人分担，快乐的时候有人分享。这些回答表明，幸福是对人的生活状态的肯定性评价。

然而，仅有这样的认识，还不能很好地理解幸福。更深入地理解幸福，应上升到哲学的高度。从哲学看，幸福就是对人的生理需要、心理需要和伦理需要的较好满足。也就是说，哲学意义上的幸福指的是比较富裕的物质生活对人的生理需要的满足，比较充实的精神生活对人的心理需要的满足，比较和谐的社会生活对人的伦理需要的满足。

---

* 孙正聿，男，1946 年 11 月生于吉林省吉林市。哲学博士。吉林大学哲学社会科学资深教授。代表著作有《哲学通论》《理论思维的前提批判》《马克思主义基础理论研究》（上下卷）等。

幸福并不神秘，而有些人把幸福说得过于抽象、过于神秘，他们把幸福归结为一个字——"感"。从某种意义上说，幸福的确是一种"感"，但这种"感"是具体的，是现实生活状况在人们情感中的反映。改革开放以来，我们的物质生活发生了翻天覆地的变化：原来我们穿布衣、吃粗粮、住平房、骑自行车，现在则流行穿时尚、吃细粮、住楼房、开私家车。但幸福并不只意味着富裕的物质生活对生理需要的满足，还必须有充实的精神生活对心理需要的满足、和谐的社会生活对伦理需要的满足。这就是今天的一些富人仍然感到不幸福的一个重要原因。一个人只有在生理需要、心理需要和伦理需要都得到满足时，才能有真实而不是虚幻、稳定而不是短暂的幸福感。这种幸福感体现为人们对生活的放心、顺心和安心，而不是对生活的担心、烦心和闹心。

这几年还流行这样一句话："高官不如高薪，高薪不如高寿，高寿不如高兴"。视高官和高薪不如高寿和高兴，并非因为前二者是低层次的需要满足和价值诉求，而是表达了人们对幸福的体验和感悟。对人生有清醒认识和体悟的人，一般会反复考量权力、金钱与健康、快乐的关系。高官意味着较大的权力，同时也意味着较大的责任；高薪带来了金钱，同时也带来了诱惑。滥用权力或金钱，常常使人担心、烦心和闹心，实际上并不能带来健康和快乐，当然也就难以有幸福感了。

对于每个人来说，丰裕的物质生活、充实的精神生活、和谐的社会生活既是不可或缺的，又是相辅相成的。没有丰裕的物质生活，就会终生为温饱操心；没有充实的精神生活，就会整天为琐事烦心；没有和谐的社会生活，就会时时为人际关系闹心，这怎么会是幸福的生活？人们又怎么会感受到生活的幸福？只有操心变为放心、烦心变为顺心、闹心变为安心，才会有幸福的生活，人们才会感受到生活的幸福。

创造放心、顺心、安心的幸福生活，离不开两个方面的建设：一是制度建设，二是文化建设。只有在制度建设上彰显社会公平正义，注重解决收入分配不公、贫富差距悬殊问题，防止公权力对公民权利、公众权益的侵害，促使人们合理表达自身诉求、依法维护自身权益、妥善处理人际关系，才能为放心、顺心、安心的幸福生活奠定制度基础。只有在文化建设上大力培育和弘扬社会主义核心价值观，引导人们树立正确的幸福观，着力驱散笼罩在社会和人们心灵上的"雾霾"，才能让人们过上放心、顺心、安心的幸福生活。

（《人民日报》2014 年 9 月 22 日）

时代需要可信又可爱的哲学

陈先达 *

任何意识形态都不能脱离它的时代，但又各有特点。如文学的时代性非常显著，而哲学的时代性比起文学就不那么明显。哲学不是以人物、情节、故事，而是以命题、概念、范畴来反映对象，因此似乎与时代无关。其实，真正的哲学家都是其所处时代的智者，他们抓住时代的问题，站在他们那个时代的高度来观察问题；真正有影响的哲学体系都直接或间接地、或多或少地解决了它那个时代所提出的问题。不同时代，有不同时代的哲学。那么，我们的时代需要什么样的哲学呢？

清末民初的著名学者王国维关于哲学说过一段很有意思的话："哲学上之说，大都可爱者不可信，可信者不可爱。"他所说的可爱不可信的哲学，是指叔本华、尼采这类反理性主义者的人本主义哲学；而可信不可爱的哲学，大概是指孔德、穆勒这类实证主义者的唯科学论哲学。王国维的分类和评价当然是一己之见，但他说的可爱与可信分家之事在哲学上是屡见不鲜的。我国五四时期的科玄论战，可以说就是这两种哲学的论战。科学派是西化派，强调以现代西方科学为基础来建立科学人生观；玄学派认为人生观不是科学所能解决的，

---

* 陈先达，男，1930 年 12 月生于江西省波阳县。1956 年毕业于中国人民大学哲学研究生班。现任教育部社会科学委员会委员，中国人民大学学术委员会主任，国务院特殊津贴专家。著有《陈先达文集》(14 卷)《马克思主义与中国传统文化》等。

主张发扬人文主义传统，强调天人合一。现代新儒家们大抵赞同后一种观点，反对把哲学看成科学。如熊十力就说，哲学与科学，知识与非知识，宜各划范围，分其种类，别其方法。他还说，哲学与科学的出发点与对象及领域和方法根本不同，哲学是超利害的，故其出发点不同于科学；它所穷究的是宇宙真理，不是对部分的研究，故其对象不同于科学。

在我们看来，抽象人文主义与唯科学主义都是片面的。前者可爱，因为它讲的是人与人的本性，是如何以人的态度对待人，的确沁人心脾，使人感到温暖。可这种哲学关于人及人所生活的世界的理解很多是非科学的、不可信的。而唯科学主义把人和关于人的一切都简化为类似数学中的点线面那样的东西，可以按自然科学的方法来处理，把人变为没有情感、没有欲望、没有思想的物体，的确是冷冰冰的，绝不可爱。

哲学思维是一种高度抽象化和理性化的思维。哲学思维的这种特点并不表明哲学与生活无关，也不表明它所讨论的只能是一些纯粹思辨的、冷冰冰的问题。其实，哲学的抽象性主要是指论证方式，而非哲学问题。哲学中的问题来自生活和科学，都是确实存在、具有普遍性的问题。当这些实在的、重复出现的问题上升为哲学问题时，它就具有抽象的特点，因为哲学是以普遍性的概念和范畴形式来表述和论证这些问题的。如存在和意识的相互关系、必然性和偶然性的问题等，均为生活和科学中不断碰到的问题。但这些问题在没有上升为哲学问题前，都以具体问题的形式出现。可以说，所有哲学问题在生活和科学中都有类似的特点。

由于哲学以普遍性概念和范畴形式来概括和论证这些问题，使具体问题抽象化概念化，从而产生一种假象，似乎哲学只是在抽象王国中驰骋，只能是可信而不可爱的。可整个哲学史表明，任何一个哲学体系，无论其产生的原因还是提出的问题及解决问题的方式，都是非常现实的。哲学似乎高耸于天国，可哲学家不能不食人间烟火，他们都生活在现实社会之中。哲学不管在外表上如何抽象、如何超凡入圣、如何与现实无关，实际上都可以从中捕捉到人类在实践中遇到的问题。哲学应该由人间升入天国，即进入纯概念的领域，否则就不是哲学；可哲学又必须由天国下降到尘世，要回到现实、面对现实问题，对人类的各种实践和认识发挥应有的作用。

　　马克思主义哲学把科学与价值结合在一起，既强调世界观的科学性、承认客观规律，又考虑人自身的要求和发展。它在世界观上强调重视规律，强调实事求是；在价值观上强调人的价值，强调亿万劳动者的利益，以人的解放、人的全面发展为目的，而且把二者有机结合在一个体系之中，从而变得既可信又可爱。我们的时代正需要这样的哲学。如果只强调马克思主义哲学的一个方面，就会陷于片面。而片面是对马克思主义哲学本质和功能的极大伤害。

（《人民日报》2015 年 1 月 5 日）

和为贵，何之意？

　　和为贵在我国几乎家喻户晓，但其精髓和要义究竟是什么，今天还有进一步阐发的必要。和为贵一语，出自《论语》："有子曰：'礼之用，和为贵。'"意思是说礼的运用、礼的功用以和为最重要，以和谐为目标。依据古人解释，结合当今实际，和为贵的要义大致可以用8个字来概括，即各得其所、各安其位。

　　和为贵反映了我国古人对宇宙万物的深刻认识。我国古人认为，天地万物均由多种成分以一定关系共处，形成有机统一的状态，这个状态就是和。早在春秋时期，就有人提出"和实生物，同则不继"的思想，认为宇宙万物存在于和的状态中，没有和就没有世界，就没有一切事物的存在。正是从这种认识出发，我国古人得出一个重要结论：应当把和作为人的一切活动的最高目标。

　　和是多种成分共生共荣、有机统一的状态。在这种状态下，各种成分都有确定位置，与其他成分形成密切联系，对整体的和发挥一定作用。各种成分所处的位置恰当，能发挥应有作用，和的状态就能够保持；任何一种成分的位置和作用不恰当，整体的和就会遭到破坏。由此可见，整体的和建立在不同成分

---

　　* 钱逊，男，1933年10月生于江苏省无锡市。1952—1953年先后毕业于清华大学历史系、中国人民大学马列主义研究班。清华大学思想文化研究所研究员，国务院特殊津贴专家。著有《先秦儒学》《论语读本》等。

各司其职的基础上。每一种成分都处于它应在的位置，发挥其应有的作用。这就是各得其所、各安其位。

实现各得其所、各安其位，应遵循和而不同的原则。孔子说，"君子和而不同，小人同而不和。"和而不同，就是承认差别与多样化是正常、合理的，否认差别、强求一致是不正常、不合理的；在承认差别的基础上求和谐，而不是取消差别求统一。应承认在统一的整体内，各成分均有存在的权利和价值；在承认差别的基础上相互尊重，尊重各方利益，尊重不同的思想、信仰等。同时，尽自己应尽的责任，为整体的和谐发展作出应有贡献。

实现各得其所、各安其位，还应遵循无过无不及原则。过和不及都会破坏和的局面，正所谓"过犹不及"。如烹饪，各种佐料和水、火，分量都有一定之规，必须做到每一项都无过无不及，才可能做出美味佳肴。同样，在人际关系中，权利和义务、责任和回报都要讲平衡、讲恰当。只求权利、不讲义务，或只讲义务、忽视权利；不负责任或越俎代庖，都会导致对和的破坏。因此，每一个人都需认清自己应处的位置，恰当地处理个体发展与整体和谐的关系。

各得其所、各安其位不是安于现状、不求进取，而是尽职尽责、尽心尽力，不好高骛远，亦不推诿塞责。志存高远、锐意进取，应该鼓励；碌碌无为、不求上进，应当反对。从这个意义上讲，"不想当元帅的士兵不是好士兵"是正确的。但同样重要的是，当一天士兵就要安于其位，尽一天士兵的职责；只想当元帅却不能当好士兵的人，非但不可能成为元帅，也不是一个好士兵。为此，应把志存高远、锐意进取与安于其位、尽职尽责有机结合起来。

从构建社会主义和谐社会的现实需要来看，古人所说的各得其所、各安其位仍然具有积极意义。处理政府和市场的关系、城市和农村的关系、中央和地方的关系、上级和下级的关系，以及不同社会阶层、社会群体的关系，各种宗教、文化的关系，以至国与国的关系，都有一个各得其所、各安其位的问题。总而言之，构建社会主义和谐社会，需要国家和社会秉持和而不同的理念，尊重差异、包容多样；集体和个体秉持无过无不及的理念，尽力而为、量力而行，在此基础上努力促进各得其所、各安其位。

（《人民日报》2015 年 1 月 7 日）

当今需提倡的人生境界和哲学

张世英 *

当今需要提倡一种什么样的哲学？

一个人或一个群体（包括不同时代的人或群体）抱着什么样的态度来面对世界或世事，或者说，一个人或一个群体有什么样的境界，他或他们就有什么样的哲学。对世事抱悲观态度的人有悲观主义的哲学，持乐观态度的人就有乐观主义的哲学，如此类推，就有唯物主义的哲学和唯心主义的哲学，有人类中心论的哲学和民胞物与的哲学，有经验主义与理性主义的哲学，有功利主义与道德义务论的哲学，等等。

人生态度或境界不是独立自在、随意产生的，任何一种人生态度或境界都有它之所以产生的现实依据、经济基础、社会环境、时代背景、民族性格、历史文化传统。就一个人来说，甚至与他的禀性、出身等都有或多或少的联系。以讲人生态度或境界为基本内容的哲学当然也与以上种种复杂因素有密切联系，如英国的经验主义就有它自己的认识论方面的依据，还以英国独特的思想文化方面的传统为背景。一个人有某种哲学，除了许多深刻的原因，还与他个人的性格有某种联系。

---

* 张世英，男，1921 年 5 月生于湖北省武汉市。1946 年毕业于西南联合大学哲学系，现任北京大学哲学系教授、北京大学美学中心学术委员会主任。主要著作有《哲学导论》《进入澄明之境——哲学的新方向》等。

我们今天亟须发展科学，需要经世致用或者说实用（但不是实用主义）的哲学观点。但现在一些人过分热衷于功利追求，对自然采取人类中心主义态度，对人则以自我为中心，破坏人与人之间、人与自然之间的和谐。针对这些情况，我主张在重视实用的同时，更多地提倡诗意境界和民胞物与精神及其理论基础"万物一体"的哲学。人与天地万物一气相通、融为一体，因此，人对他人、他物应有同类感，应以仁民爱物的态度和赤诚之心相待。这是一种真善美相统一的境界，也是一种人与万物一体的哲学。

以提高人生境界为目标的哲学决非抛弃普遍概念和普遍规律，决非抛弃知识，而是在它们的基础上提高我们的人生境界。一个不识不知的人，既不懂自然科学的普遍规律，也没有社会历史方面的知识，如何能提高自己的人生境界呢？当今世界正处于普遍性、必然性知识日新月异、迅猛扩展的时代，我们该以什么样的哲学和人生态度来面对世界呢？我们的哲学和人生态度该如何不断更新以适应不断变化的世界并指导我们的行动呢？哲学比科学有更多更高的任务，它既要有广泛的科学知识而不只是某一具体科学领域内的知识，又要超越科学知识，超越科学的普遍性、必然性。

以提高人生境界为目标的哲学，主张人们广泛涉猎各种知识，自然方面的、社会历史方面的、文学艺术方面的，古代的、当今的，中国的、外国的，越广越好。知识越广，哲学的内容就越深入越宽阔，尽管哲学本身不是知识体系。哲学所讲的最大最高普遍性问题是渗透到各种具体现象和具体知识领域中的。所以，哲学要使自己现实化，就不能停留于一般讲哲学本身，要具体讲各门现象和知识的哲学，如经济的哲学、政治的哲学、科学的哲学、审美的哲学等等。那种一听讲提高境界之学就以为是"绝圣弃智""心斋""坐忘"的想法，和我所讲的哲学境界毫不相干。罗素也说过，哲学不是像具体科学那样讲"确切的知识"，但认为哲学家可以对任何东西一无所知的看法是"相当错误的"。当代德国哲学家哈贝马斯在分析批评美国当代哲学家罗蒂的"陶冶哲学"时指出，"哲学尽管被归结为'陶冶的对话'，但它决不能外于科学而找到自己的适当位置"。

我对于哲学目标的这一界定，意在把中国传统哲学人与万物一体的思想、西方现当代关于人与世界整合为一的思想同西方近代的主客关系思想结合起来。这种境界不是抛弃主客关系，而是需要和包括主客关系却又超越之；这种境界不是不需要知识和规律性、必然性，不是"弃智"，而是需要广泛的知识和规律性、必然性而又超越知识、超越必然性；不是不要功利追求，而是既讲功利追求又超越功利追求。总之，这种境界不是单纯精神上的安宁或精神享受，而是对人世间一切现实活动的高远态度。

人生在世，总想投身社会、实现自我，但这一过程是一个充满矛盾斗争和痛苦的过程。我所主张的哲学是一种教人经得起痛苦和磨炼的人生态度之学。现在，大家都在谈论提高人的素质，其实素质也就是境界，就是人生态度。提高人的素质，就是要提高人的精神境界。

（《人民日报》2015 年 1 月 8 日）

对待传统文化得有三种精神

陈祖武 *

如何正确对待中华民族传统文化？近百年来，我们曾经走过若干弯路，几经反复，教训深刻。在建设中国特色社会主义、实现中华民族伟大复兴中国梦的历史征程中，这个问题依然需要引起高度重视、认真加以解决。这里谈谈对待中华民族传统文化应该具有的三种精神。

继往开来的精神。我国是一个历史悠久的文明古国。古往今来，中国人民在建设自己家园的艰苦奋斗中，一代接一代地积累、继承、创新和发展，铸就了源远流长、博大精深的中华优秀传统文化。这一优秀传统文化独树一帜、自成体系，是一个与时俱进、历久弥新的历史范畴，记载和反映了中华民族的坚强意志、崇高精神，早已同中华民族的兴衰存亡融为一体，是永远割不断的精神命脉，也是中华民族永葆青春、开创未来的强大历史基因。习近平同志讲得很清楚："优秀传统文化是一个国家、一个民族传承和发展的根本，如果丢掉了，就割断了精神命脉。"他强调，要把握好正确对待传统文化和现实文化的重大课题，善于把弘扬优秀传统文化和发展现实文化有机统一起来、紧密结合起来，在继承中发展，在发展中继承。因此，在对待传统文化问题上，我们主

* 陈祖武，1943 年 10 月生于贵州省贵阳市。现为中国社会科学院学部委员、中央文史研究馆馆员。长期从事中国古代学术史研究。主要著述有《中国学案史》《清初学术思辨录》《清儒学术拾零》等。

张历史与现实的统一，尊重历史而不能割断历史，具备继往开来的精神。不能继往就不能开来。不很好继承中华优秀传统文化，是难以开创社会主义先进文化繁荣发展新局面的。

科学扬弃的精神。中华民族的历史和文化，从形成到发展，经历了数千年不间断的漫长过程，走的是一条富有个性的独特发展道路。中华民族传统文化既然是一个历史范畴，就必然受到历史条件的制约，从而打上不同历史时期的文化印记。因而，中华民族传统文化不是单一的、纯粹的、一成不变的体系，而是以积极健康、向上向善的优秀文化为中坚和主导，多元互补、彼此渗透，精华和糟粕杂陈的复合文化形态。中华民族传统文化形成和发展的历史早已证明并将继续证明，把历史问题简单化，固步自封，是古非今，同无视、曲解乃至杜撰历史一样，都不是对待自己民族传统文化的科学态度。我们主张坚持古为今用、推陈出新的方针，坚持科学扬弃的精神，从实际出发，具体问题具体分析，取其精华，去其糟粕，努力实现传统文化的创造性转化和创新性发展。这是我们应该具有的文化观。我们不赞成厚古薄今、以古非今，也不赞成简单地从形式上去模仿甚至复原传统文化的某些特定仪式。

以人为本的精神。近百年来，对文化词义的界定，见仁见智，各有依据，可谓百花齐放、百家争鸣。尽管如此，就其本质来认识和把握，仍可以看到一个相似之处，即立足点都在人。在这个问题上，我们赞成这样的见解，即文化是一个民族的精神和灵魂，它既以经济发展为前提，又通过民族文明素质的提高反作用于经济，从而推动社会和历史前进。因此，我们讲弘扬中华优秀传统文化，归根结底是要解决人的问题，通过以文化人，达到提高全民族文明素质的目的。五千年来，中华优秀传统文化涵养了中华儿女的道德情操、精神追求、文化旨趣和人生价值，成为凝聚民族意志、维护国家统一、反抗外敌欺凌、谋求国家富强和人民幸福的强大精神力量。这样一个以文化人的过程，不知不觉地贯穿于每一个人的生命历程。《周易》说的"观乎人文以化成天下"，讲的大概就是这个道理。在新的历史时期，以文化人仍然是文化建设的神圣使命，需要以人为本的精神。春雨润物，任重道远。作为文化人，唯有慎终如始、持之以恒，为弘扬中华优秀传统文化而奋斗，方能不辜负时代的重托。

（《人民日报》2015 年 1 月 13 日）

信史与史传文学的异同

——从"三国"的"史"与"文"说起

冯天瑜 *

自明清以来,大众对于国史最熟悉的段落,大概是"三国";最津津乐道的历史故事,可能是"桃园结义""三顾茅庐""赤壁大战";最倾注爱憎情感的历史人物,大约为刘备、诸葛亮、曹操。这可以称之为"三国文化效应",而引发此种效应主要得力于元末明初罗贯中所写的史传文学《三国演义》。

《三国演义》既不像《东周列国志》那样对史事作忠实的通俗铺陈,也不像《封神演义》那样恣意虚构,将殷周鼎革写成神话,而是"据正史,采小说",讲述的基本史事和历史演变大势均"据实指陈,非属臆造",但题材取舍、人物描写、故事演绎则广纳传说野史素材,并借助艺术虚构。在受众那里,《三国演义》经常被当作三国信史,故清代史家章学诚称《三国演义》"七分实事,三分虚构,以至观者往往为之惑乱"。章学诚讲的观者"惑乱",就是信史与史传文学两者间的矛盾性给读者带来的困惑。今日大量呈现的历史题材影视剧,也给人们提出同类问题,值得关注。

* 冯天瑜,男,1942 年 2 月生于湖北省红安县。武汉大学人文社科资深教授,教育部重点基地中国传统文化研究中心主任,教育部社会科学委员会历史学部委员。从事思想文化史及地方史志研究,著有《中华文化史》《中华元典精神》等。

　　《三国演义》"七分实事"，依据的主要是西晋陈寿《三国志》及南朝裴松之《三国志注》。作为中国"正史"之一的《三国志》，是一部关于魏、蜀、吴三国鼎立时期的纪传体国别史。《三国志》叙事精炼，素称良史，然有叙事简略之短。南朝宋文帝时，史家裴松之奉旨为其作注，博引群籍140余种，注文多出《三国志》本文3倍。《三国志》和《三国志注》，大体提供了三国信史。罗贯中正是依据它们提供的基本历史架构，综合民间传说和戏曲、话本，倾注自己的社会人生感悟，创作出构思宏伟、颇具史诗品格的史传文学《三国演义》。

　　总观《三国演义》对魏、蜀、吴三个集团的描写，大体符合史事格局，反映了由汉而魏、由魏而晋的政权更替统系。可见作者重统而不违史，保持了对《三国志》的承袭关系，但人物形象刻画、细节描写多有虚构，以服务于拥刘贬曹的需要，突出斥奸颂仁、誉忠责篡的政治诉求，其艺术效果是强烈的。

　　一般认为《三国演义》"七实三虚"，而我认为尚未达到"七实"，凡精彩情节多属虚构。《三国演义》中关羽的温酒斩华雄、过五关斩六将等壮举，或为移花接木，或为纯属创编。诸葛亮事迹，隆中对有史据，而其军事成就多转借他人，如草船借箭乃孙坚、孙权父子所为。总之，对于《三国演义》我们只能以文学作品欣赏之，从中获得某种历史感和充分的美学享受，切勿以信史待之。

　　从如何看"三国"这一论题可见，信史与史传文学之间是既有联系又大有差异的，不能将两者混为一谈。法国历史传奇作家大仲马说，他把历史当作挂衣服的钩子，衣服则是他缝制的。大仲马的《铁面人》《三个火枪手》《基督山恩仇记》分别写路易十四时代、路易十五时代、后拿破仑时代，其鲜活的人物形象、跌宕起伏的故事情节给人以艺术享受，但我们不必也不应当从这些小说获得信史。对俄法战争史有精深研究的托尔斯泰所著《战争与和平》，不仅严格遵照历史真实框架来撰写，而且十分讲究细节真实，可以作为19世纪初叶俄国社会的百科全书看待，但我们不必也不应当将这部小说当作俄法战争的信史。当然，不同的史传文学与信史的接近程度不同，《战争与和平》比《铁面人》更接近信史一些，《东周列国志》比《三国演义》更接近信史一些。但即使是《战争与和平》也不能作信史看待，《东周列国志》更不可取代《左传》

《战国策》。

当下，史传文学尤其是大量历史题材影视剧广为播放，关于历史人物的史剧扑面而来（种种"戏说""传奇"尚不在本文讨论之列），在一定程度上具有普及历史常识的功能，但对这一功能不可期望过高。优秀的史传文学应当揭示历史的本质真实，但既然是文学，必然有虚构，所述人和事不一定都是历史实际甚至多半不是。完整而科学地讲述历史是信史的使命，不能以之苛求史传文学。同此，虽然若干信史写得富于文学性，《史记》便有"无韵之离骚"的美誉，但不能要求信史纵飞想象空间，充分满足人们的文学赏析需求。

总之，"文"与"史"固然不可分家，但又不能混淆。文史各有职能，文学求美，史学求真，即使达成真美统一的上乘之作，文学与史学的主要功能也不能相互取代。一旦以"文"代"史"，便会导致章学诚所言的观者"惑乱"。不能因这种"惑乱"去责备史传文学，应该对"惑乱"负责的是人们混淆了"文"与"史"。作为观者的我们，要想不受"惑乱"，就要学会把握信史与史传文学的联系性与差异性，把握历史真实与艺术真实的辩证关系。

（《人民日报》2015 年 1 月 19 日）

仅凭"读经"哪能建构现代精神家园

孙正聿 *

时下，学习传统文化有成为热潮之势，其中包括"读经热"。"读经"是学习领会我国传统文化的重要形式，这一点毋庸置疑。但"经"毕竟是封建社会和小农经济时代的产物，其中包含许多与现代社会不相适应的内容，尤其是欠缺现代科学的内容。建构现代精神家园，仅靠"读经"是不行的，还应注重现代科学研究和教育普及。

首先，科学改变人的世界图景。科学是具有普遍性、必然性、规律性的知识。它来源于经验，但并不依附于经验，而是超越经验。科学的世界图景不是以直接的"共同经验"为内容的，而是以科学概念、科学原理、科学方法等为内容构成的。它是一种概念化、逻辑化、精确化、系统化的世界图景，具有内容的规律性、解释的普遍性、描述的可检验性以及理论的可预见性等特征。

科学及其建构的世界图景，主要不是诉诸人的感性直观，而是诉诸人的理性思维。人是通过理性思维和科学知识去接受和理解科学的世界图景的。列宁曾举例说，人的感觉无法描述每秒 30 万公里的运动，而人的思维却能把握它。每一次划时代的科学发现都为人类提供了崭新的世界图景。现代科学的世界图

* 孙正聿，男，1946 年 11 月生于吉林省吉林市。哲学博士。吉林大学哲学社会科学资深教授。代表著作有《哲学通论》《理论思维的前提批判》《马克思主义基础理论研究》（上下卷）等。

景是经验常识无法想象的。超越常识的科学世界图景,为我们展现了奥秘无穷的世界,拓展了无限广阔的思维空间。以现代科学变革我们的世界图景,并形成科学世界观,是建构现代精神家园的重要内容。

其次,科学改变人的思维方式。两极对立、非此即彼,是日常生活中较为常见的形而上学思维方式。超越这种思维方式,就要进入恩格斯所说的"广阔的研究领域",就要学习和掌握科学思维方式。恩格斯曾指出,所谓形而上学思维方式,就是"在绝对不相容的对立中思维"。为什么这种思维方式会普遍存在?恩格斯非常明确地回答:"初看起来,这种思维方式对我们来说似乎是极为可取的,因为它是合乎所谓常识的。"一旦人的思维超出"日常活动范围",进入非日常生活的"广阔的研究领域",就会发生恩格斯所说的"最惊人的变故"——必须改变两极对立、非此即彼的常识思维方式。

科学的发展史就是人类理论思维的进步史。从人类理论思维的总体进程看,现代科学已经从对事物普遍联系和全面发展的宏观把握进入到对事物联系与发展内在机制的研究,从对事物线性因果联系的认识进入到对事物统计的、概率的理解,从对人类社会与自然界的断裂研究进入到对人与自然内在统一的探索。人们已经越来越深刻地懂得,我们用来构成世界图景的认识系统,是一个由众多相互联系和相互作用的认识成分按照一定层次结构组成、不断扩展和深化的有机整体。因此,现代人类的世界图景是多序列、多结构、多层次且相互交叉、相互渗透、相互转化的网络系统。现代科学"已把人类的思想训练到能够理解以前几世纪中有教养的人所不能理解的逻辑关系"。

第三,科学改变人的价值观念。科学以系统化的知识体系和逻辑化的思维方式规范人们的所思所想、所作所为。科学的价值规范集中体现科学精神。科学精神就是探索真理的求真精神、尊重事实的求实精神、自我反省的批判精神、超越现状的创造精神。它不仅着眼于经验事实,更着重于对现实的理性思考;它不仅着眼于定性分析,更着重于定量分析;它不仅要求人的心态保持"必要的张力",而且要求人的精神生活达到"辩证的平衡"。用科学理论支撑人的精神家园,最根本的就是用科学精神对待生活。

在科学的发展过程中,科学思维方式及其所建构的世界图景,不断变革和更新人类对自己和世界及其关系的理解,即变革和更新人们的世界观。世界图景和思维方式的更新必然引起价值观念的更新，变革人们的价值诉求、价值取向和生活态度，并形成价值系统的历史性转换。它引导人们在科学的世界图景、思维方式和价值规范中达到以科学精神为支撑的相互理解、相互沟通、相互协调和自我认同。这是人类走向未来的强大精神力量。

（《人民日报》2015 年 1 月 19 日）

孝道：中国优于西方之道

周桂钿 [*]

有人说"百善孝为首"或"百善孝为先"，也有人认为孝道是封建糟粕，不该继承，必须剔除。对这些说法，应从理论上予以分析。

如何理解儒家孝道的基本精神？儒家认为，每个人的生命都是父母给的，孝道就是报答父母的养育大恩。《孝经》有言："身体发肤，受之父母，不敢毁伤，孝之始也。"这就是说，青少年时期要保护好身体，减少父母担忧，是孝的开始。"教"字一边就是"孝"，说明教育是从孝道开始的，对少儿教育应从孝道始。从这个意义上说，"百善孝为首""百善孝为先"是对的。教育应以孝为首先。

但如果把孝理解为压倒一切善的最高道德，那就可能偏离儒家的基本精神。孝的精神实质，在儒家经典如《论语》《孝经》里均有现成答案。有人认为孝是最高道德，同时将孝道理解为一切都听父母的，要顺从父母。这是后代文人将孝单向化、绝对化的结果。"五四"时期，我国一些学者批判儒家孝道，主要就是批判此类被歪曲了的孝。

其实，《论语》《孝经》都提到"几谏"，即当父母亲做了不义的事，子女

---

　* 周桂钿，男，1943 年 1 月生于福建省长乐市。1981 年毕业于中国社会科学院研究生院。北京师范大学哲学学院教授，现为中国政法大学国际儒学院副院长，国务院特殊津贴专家。著有《董学探微》《秦汉思想史》等。

要对其进行委婉的劝谏。《论语》中还有"子为父隐"的说法。"几"与"隐"均有隐私之意，相当于家丑不可外扬。荀子说："从道不从君，从义不从父，人之大行也。"就是说道义高于君父、高于忠孝。儒家还有"大义灭亲"的说法，也是大义高于孝的意思。义有小、中、大，小义则隐，中义则几谏，大义则灭亲，这些与孝并行不悖。

对于今天我们如何尽孝道，可根据《孝经》的精神来探讨。青少年时应保护好身体，珍惜生命，尽可能地帮父母做一些家务事，努力学习，为未来的发展准备条件。这是"始于事亲"。成年后，不能只守在家，应出去做事。要做事，就得跟他人打交道，有上级、有同事，都要搞好关系，对长辈也应像对父母那般尊敬。这是"中于事君"。最后是"终于立身"，即孝是一辈子的事，要一辈子做好事、不做坏事，为社会、为人民多做奉献、作出贡献，留下好的名声，为父母争光。

《孝经》对不同社会角色有不同的尽孝要求。在我国春秋时期，社会成员分许多等级，最高层为天子，其次是诸侯，接下去是卿大夫、士，普通民众是庶人。从天子到卿大夫都是统治集团的成员，士为没有掌权的统治集团后备成员。当天子的不能只是伺候好自己的父母，更重要的是给自己管辖的百姓带来幸福，所谓"德教加于百姓，刑于四海"。诸侯相当于高层干部，如何尽孝？《孝经》提出"在上不骄，高而不危；制节谨度，满而不溢。高而不危，所以长守贵也。满而不溢，所以长守富也。富贵不离其身，然后能保其社稷，而和其民人。"现在一些高级干部骄奢淫逸、违法乱纪，最终入了监狱，自己受罪，父母蒙耻，就不能算孝子。卿大夫和士相当于中、下层干部与后备干部，言行举止要谨慎、守规矩，不能胡说八道、胡作非为，这样才能保持自己的地位，这就是孝。庶人只要勤俭，保证赡养父母，心中又有敬意，也就行了。《孝经》中的这些理念和规范，都可以结合今天的实际深入体会和合理借鉴。

从理论上了解儒家孝道并不难，难在对儒家孝道的融会贯通。可探讨几个现实的问题，如儒家讲孝子"三年无改于父之道"。有人问，如果父之道是坏的，也不能改吗？父活着时不合义的行为还要"几谏"，死后怎么会不能改！又如《论语》上说，"父母在，不远游。"那么，当今我们许多人都要出国留学，还非要等父母不在了吗？事实上，孔子同时强调"游必有方"，即远游当然是可以的，但应告诉父母到哪儿游，以便有事时能找到自己。还有人认为，尽孝道不该提倡跪拜。古代经常要跪拜，现在不多见了。但现在许多人结婚时，一拜天地，二拜高堂；有的地方给老人祝寿，场面热烈隆重，晚辈给老人跪拜，也很自然，没有人觉得不合适。这些属于各民族的风俗，会与时俱进、不断更新的，各民族也会选择自己认为合适的方式，因此不必按某种模式搞一刀切。

西方没有孝的观念。孙中山说：孝道是中华民族的特点，也是优点。西方有人认为，子女没有赡养父母的义务，因为没订过协议。但中华民族认为，不是什么事情都要订协议的。以一个民族的传统批评另一个民族的传统，是不可取的。在尽孝的问题上，我们要尊重自己的传统，遵循自身情感和理性的指引。

（《人民日报》2015 年 2 月 3 日）

构建我们自己解释历史的话语体系

姜义华 *

回顾近代以来中国史学的发展历程，我们会发现史学界曾经激烈争论的一些重大问题最终几乎都以无解而搁置。原因何在？一个重要原因就是 100 多年来我们对中国历史作出的解释，一些基本根据、基本前提、基本框架起初大多是从西方来的，是经过日本阐发转输而来的；后来我们的马克思主义的解释，好多也是经苏联诠释转输而来的。仔细想一想，近代西方构建解读中国历史框架的有些思想巨匠对中国历史的了解其实很有限。我们要遵循马克思主义从实际出发正确认识历史的根本原则，从中国历史出发，构建我们自己解释历史的话语体系，科学解释中国历史。

今天，中国的发展需要我们确立一个大历史观，对中国几千年来历史发展的各个阶段、各个方面作全方位深入了解，同时对世界历史包括不同文明、不同国家发展状况作通盘了解。只有这样，才能在一个大视野里深刻认识中国的历史，达到"述往事，思来者"的目的。做到这一点，需要从中国历史出发，从文明史的角度，围绕中国这样一个巨型国家、中华民族这样一个巨型民族、中华文明这样一个巨型文明成长的全过程及其主要特征，构建起我们自己解释

---

　* 姜义华，男，1939 年 2 月生于江苏省扬州市。1962 年毕业于复旦大学历史系。复旦大学人文学院原院长，文科特聘资深教授，博士生导师。著有《章太炎思想研究》《大道之行》《理性缺位的启蒙》《中华文明的根柢》等，主编《当代外国史学理论丛书》等。

历史的话语体系。

强调从中国历史出发构建解释中国历史的话语体系，是因为中华文明几千年来一直在走自己的路，具有自己的独特性。比如，在审视中华文明时，不能不首先注意到统一国家长期存在延续这样一个事实。中国最初是在广大农耕地区形成稳定的统一国家，随后又与广大游牧地区、山林农牧地区形成彼此优势互补、包容性很强的统一国家，创造了郡县制、科举制、科层制、权力制约与监督等一系列使统一国家长期有效运行的制度。一旦出现动乱与分裂，人们依然将重建统一国家及相关制度作为首要诉求。

再如，在中华文明形成和发展过程中，将个人、家庭、乡里、地方、国家、天下相互连接为一体的家国共同体，是中国统一国家得以存在和延续最为广泛最为强固的社会基础。历史上，中国统一国家的国家治理通常只到县一级，其下是具有血缘关系的家庭、家族，具有地缘关系的邻里、村社，具有职缘关系的同学会、同乡会、行会，具有同样宗教信仰的民间宗教团体，以及形形色色的各类帮会在实际运作。家长、族长、地方士绅、地方能人，乃至所谓地方枭雄，经常是其领袖人物。这些草根社群团体，能够借助家训、家规、家范，族规、族约、族训，村规、乡约等对其成员进行有效动员、控制与管理，通过共同信仰、共同习俗以及共有财产、公共事业、共同活动化解众多矛盾、协调各种关系，增强社会凝聚力，稳定基层秩序，从而成为国家政权对基层进行有效治理的重要支柱，成为动乱与分裂后重建统一国家的重要力量。

还如，中华文明不像其他诸多文明那样有一个统一宗教、统一教会。中华文明在精神领域占据重要地位的一直是"以天下为己任"的直面现实的责任伦理。几千年来，"民惟邦本，本固邦宁"的政治伦理，"以义制利，以道制欲"的经济伦理，"中为大本，和为达道"的社会伦理，"道义相交，天下文明"的世界伦理，一直是人们衡量与判断是非的准则。中华文明包容众多宗教，但知识、情感、意志、审美等都不离不弃这些社会责任伦理。而这可能正是中华文明的长处。

中华文明发展史中还有许多问题值得我们重新审视。研究这些问题，不是一味去肯定，也不是一味去否定，而是要发现历史、还原历史，真正认识中国历史的本来面貌，并实事求是地给以恰如其分的科学评价。只有这样，才能构建起解释中国历史的话语体系，不随着西方话语人云亦云。

（《人民日报》2015 年 2 月 4 日）

增强中华文化主体意识

——从"仁者自爱"说开去

楼宇烈[*]

"仁",是儒学的一个核心概念。人们对它的理解并不完全相同。就连孔子的三位高足,理解也有高下之分。《荀子》记载,孔子向他的弟子子路、子贡和颜渊提出一个相同的问题:"仁者若何?"子路认为,"仁者使人爱己"。对这个回答,孔子的评价是:"可谓士矣"。这个评价已不低。子贡认为,"仁者爱人"。对这个回答,孔子的评价是:"可谓士君子矣"。这比对子路的评价高了一层。颜渊认为,"仁者自爱"。对这个回答,孔子的评价是:"可谓明君子矣"。显然,这是一个更高层次的评价。

为什么孔子高度肯定"仁者自爱"?这是因为,在儒家看来,一个有仁德的人一定是自爱、自尊、自立的人,而一个真正自爱、自尊、自立的人一定会推己及人,做到"己欲立而立人,己欲达而达人"。这样,他就会爱人,也容易赢得他人的爱。儒家的这一理念对我们今天增强中华文化主体意识很有启示。

当今世界,文化交流、交融、交锋之势前所未有,西方强势文化深刻影响

* 楼宇烈,男,1934年12月生于浙江省嵊州市。1960年毕业于北京大学哲学系。北京大学哲学系教授,国务院特殊津贴专家。著有《王弼集校释》《中国的品格》等。

甚至侵蚀着一些欠发达国家和民族的文化。如何保持和增强自身的文化主体性，成为这些国家和民族最关切的问题之一。对于中华文化来说也是如此：如果没有主体意识，就有可能被其他文化侵蚀甚至同化，沦为"文化殖民地"。这是一个非常严峻的问题。提倡增强中华文化主体意识，就是要做到既不妄自尊大，也不妄自菲薄。中华文化是中华民族对世界文明的重大贡献，是中国人赖以生存发展的精神家园，是我们最深厚的文化软实力。只有坚持并不断增强中华文化主体性，我们才能有针对性地吸收异质文化的有益养料，滋润、丰富和繁荣、发展中华文化。

中华文化有足够的智慧与气度消化外来文化，佛教被成功消化吸收就是一个例子。在数千年的发展中，中华文化之所以能广泛吸纳各种文化养料而始终具有自身鲜明特色，就因为它对外来文化并不是简单地拿来或拒斥，而是始终保持自己的主体性，坚持以我为主、为我所用。然而，近现代以来，一些人对文化的认识存在两个显著的不平衡：一是中西文化比重的不平衡；二是人文文化和科学文化的不平衡。这种不平衡体现在教育中，就是对中华文化关注不够，而西方文化却占极大比重。这是有失偏颇的。

《论语》记载有这样一个故事。孔子和弟子周游列国，到卫国一看，人来人往，熙熙攘攘。弟子问：人口这么多，下一步该怎么发展？孔子曰："富之"。就是说，让人们的生活富裕起来。弟子又问，如果大家都富裕了，该怎么办？孔子曰："教之"。经过30多年的改革开放，我国人民生活得到很大改善，甚至在许多外国人看来也"富"起来了。接下来该怎么办？就该像孔子所说的"教之"，加强教育。但问题在于教什么。是沿着西方文化的"引导"来教，还是继承和弘扬中华优秀传统文化？在我看来，后者才是我们的正确选择。当前，增强中华文化主体意识，最迫切的是继承和弘扬中华民族传统美德，认真研究和吸取传统伦理观念中的合理因素，建立符合时代要求的伦理观念、道德规范和社会秩序。

总之，我们既要有强烈的民族文化认同，又要有宽广的世界眼光；既要有开放接纳、交流融合的雅量，又要有不削足适履、不买椟还珠的智慧和定力，这样才能在文化精神上实现中华民族伟大复兴。

（《人民日报》2015 年 2 月 6 日）

中国古代文明化历程的启示

李伯谦[*]

　　中国古代文明化历程经历了三个重要阶段：一是从社会复杂化到古国诞生；二是从古国向王国转化；三是从王国到帝国建立。

　　从考古发掘的材料看，距今6000多年以前的社会是基本平等的。但从距今6000年前后开始，不平等现象陆续出现，这就是社会复杂化。社会复杂化表现为贫富开始分化，一个氏族部落中某些成员的权力开始凸显。为了占有资源，不同部落之间开始发生冲突和斗争等。从许多遗址呈现的面貌看，其社会发展阶段显然已进入社会复杂化高级阶段，也就是古国阶段。

　　社会复杂化后，又是怎样一步一步向王国社会转化的呢？对于王国社会，我们已知的最早标本是距今5500年到4300年的浙江良渚遗址，其重要标志就是强制性权力高度集中和膨胀。从良渚文化开始一直到秦始皇统一中国，这个阶段都叫做王国阶段。当然，王国阶段还可以划分为几个小阶段。如果说良渚文化是王国阶段的第一个小阶段，夏、商两代则是第二个小阶段，进入西周便开始了第三个小阶段。此后，秦国崛起，秦始皇完成了中国的统一，标志着从王国到帝国的转变。

---

　　* 李伯谦，男，1937年2月生，汉族。1961年毕业于北京大学历史系考古专业。北京大学考古文博学院教授、博士生导师、"夏商周断代工程"首席科学家。著有《中国青铜文化结构体系研究》《文明探源与三代考古论集》《感悟考古》等。

进入帝国阶段后，国土范围大大扩大了，民族文化融合的程度大大提升了，郡县制代替了分封制，自耕农耕作制代替了井田制，举荐和任免制代替了官僚世袭制，法律也不断规范化。这些都是帝国的特征。

研究中国古代文明化历程，能给我们今天的社会发展带来许多有益启示。其一，在中国古代文明演进中，各个地方形成的模式并不一样，不同模式有不同前途。一种是突出神权的模式，如红山文化、良渚文化，把创造的大量社会财富都贡献给神灵，社会就没法持续运转，所以盛极一时后就垮了；另一种是突出军权、王权的模式，如仰韶文化、龙山文化，看似比较落后，但它们强调传宗接代，不会把创造的社会财富都贡献给神灵，所以能一直传承下来。其二，文明演进的道路不是一成不变的，中间可能发生改变。如良渚文化的前身叫崧泽文化，本来也是以军权、王权为主，但当它发展到良渚文化这个阶段时接受了崇尚神权的宗教观，结果越陷越深，最后就垮了。其三，文明演进的历程是不断实现民族文化融合、不断吸收异民族文化先进因素的历程。我们现在是 56 个民族，但文献记载古时万国，到周文王、周武王伐商时还有八百诸侯，即使秦帝国出现后周边还有很多不同民族。汉代及以后，以汉族为主导的民族文化融合也从来没有停止过。其四，重视血缘关系和祖先崇拜是中华文明绵延不绝的重要原因。从在青铜器上铸造铭文开始，尤其是商周时期，族徽和一些铭文末尾常见"子子孙孙永宝用"字样的现象，是当时重视血缘关系和祖先崇拜的明证，而这正是中原地区能够持续发展的重要原因。其五，在中国古代文明演进过程中，共同的信仰和文字体系是维护统一的重要纽带。共同的信仰，是指建立在血缘关系基础上的祖先崇拜；共同的文字体系，是指从甲骨文到籀文、小篆、隶书、楷书、草书的文字体系。其六，中国古代文明演进的过程，也是阶级形成以及统治阶级与被统治阶级不断斗争、妥协、再斗争的过程。国家要把统治阶级和被统治阶级的矛盾斗争控制在一定范围，不使其达到两败俱伤、俱亡的程度。其七，中央集权政治制度对保证大型工程兴建和国家统一发挥了重大作用，但其过度运用也会束缚人们的思想和创造性，需要找到恰当的平衡点。其八，"天人合一""和而不同"等理念及在其指导下正确处理人与自然、人与人、国与国等关系的实践，是中华文明发展比较顺利的重要保证。这些理念在长期实践中形成和发展，成为中华传统文化的核心。这些启示尽管是从中国古代文明化历程中得出的，但对今天的社会发展仍有借鉴意义。

（《人民日报》2015 年 3 月 6 日）

哲学的魅力

张奎良 *

人类思想史上出现过大批魅力四射的哲学家，他们以精湛思想和超人智慧引领时代，反映时代精神的精华。历史上还没有哪一门学问像哲学这样，使众多思想精英沉醉其中。哲学为什么具有这么大的魅力？

哲学具有独特的本性和其他学科所不具备的特殊功能。哲学不同于具体科学。具体科学有特定的研究对象，是从已知探求未知，可以用实验手段证实或证伪。具体科学的这种求实本性，要求研究者具有一定的知识基础和实验技能，这就容易把人挡在门外。哲学的对象则至大无边，是关于自然、社会、历史和思维的理论思考。它所提供的不是具体的部门知识，而是世界观、人生观、价值观及真善美的广阔境界。哲学不需要也不具备实验手段，它所凭借的是知识、理念、玄思及概念、范畴的逻辑推演。这种先天特性使得任何对世界、历史和人生有所感悟的人都可以跨进哲学的门槛。人生在世，波折起伏，不仅要渡过实践的难关，还要反思自己的境遇。不论现实多么严酷，人都祈望有一个舒畅、和美的精神世界。哲学是文化的灵魂、思想的寓所，是人在精神上求得解脱的希望园地。哲学以其宽广无垠的胸怀，任

* 张奎良，男，1937 年生于辽宁省新民市。长期从事马克思主义哲学史的教学和研究，现为黑龙江大学哲学学院教授。获得 20 世纪中国知名哲学家、国家有突出贡献的专家、国家级教学名师等荣誉称号。出版《马克思的哲学历程》等 13 部著作，发表近 200 篇论文。

凭思想驰骋。所以，哲学先天就对人有巨大亲和力，是大众的学问。当年德国制革工人约·狄慈根最早提出辩证唯物主义范畴作为自己对马克思哲学的理解，受到恩格斯的高度赞扬。哲学的这种开放性和人文性是其魅力的根本所在。

哲学能够拓宽人的视野，开启探求事物一般和本质属性的新境界。人们的日常经验认识面对的是具体问题，追求的是个别事物的特殊本质。但个别是与一般相联系而存在的，没有不具备一般本性的个别，也没有脱离个别的一般本性。一般是从个别中抽取出来的，是分析和综合的结果，只有认识一般才能更深刻地把握个别。由个别上升到一般，再由一般回复到个别，是认识的飞跃，也是哲学独具的认识功能。经验认识的局限性还表现在经常囿于事物的现象而忽视事物的本质。任何事物都以现象进入人的视野，哲学的一个重要功能就是透过现象揭示本质、认识规律。哲学在本质和现象的矛盾统一中，由表及里、由此及彼，使人的认识插上新的翅膀、跃上新的高度。

哲学具有寻根探源的彻底精神和反思批判的本性。哲学发端于人类对事物本质永不停歇的探求和追问，既不满足于表象的感知，也不停留在经验层面，总是追问现象之后的本质、偶然之中的必然。无论什么事物，一经哲学思维的过滤，就呈现本质性和深刻性。所以，现在除了传统哲学，教育、法律、艺术、管理、经济等学科也纷纷从哲学层面进行研究思考，显示了哲学揭示本质、认识规律的巨大魅力。哲学魅力还表现在它的反思和批判功能上。哲学总是从历史和现实两个视角不断拷问事物的必然性和合理性，其对事物的肯定理解中总是包含否定理解，包含对事物必然灭亡的理解。这种反思和批判的本性让哲学披上了一件永不生锈的铠甲，哲学也因此具有前瞻性、创新性和生机勃勃的魅力。

哲学最具魅力的是"爱智"，是聪明和智慧之学。哲学是世界观和方法论的统一，世界观既是对世界的总体看法，又是观察和认识事物的方法。一切从实际出发，实事求是，是辩证唯物主义世界观认识事物和解决问题的根本方法。唯物辩证法是世界观，表明世界的存在状态，更是使人表现聪明才智的认识方法。唯物辩证法的三大规律、五大范畴深刻揭示了事物的本质联系和存在状态，特别是对立统一规律，在和谐中发现对立，在对立中寻求统一，极大地超越了日常思维和经验认识，是正确观察和认识事物的有效方法。掌握了唯物辩证的世界观和方法论，就能使人认识畅通、思想豁达，不钻牛角尖、少做无用功，绕过暗礁、穿越迷雾，胜利到达认识的彼岸。

（《人民日报》2015 年 3 月 19 日）

正确体认当下中国社会的时代性

郑师渠*

近年来，历史虚无主义沉渣泛起，消解人们的共同信念和社会凝聚力，为害甚大，不容轻忽。廓清这一错误思潮的影响，需要做多方面工作，其中重要一点是引导人们尤其是青年人正确体认当下中国社会的时代性。

意大利史学家克罗齐说"一切历史都是当代史"，因为历史研究属于人类的精神活动，故"真的"历史必然是"活"的历史，它融入了当下。这一说法不乏辩证思维。换言之，人们对于历史的思考，总会有一个观察点或出发点，它归根结底与人们对身在其中的社会时代性的体认紧密相关。1901年梁启超发表《过渡时代论》，认为其时的中国正处于舍旧趋新的过渡时代。凡过渡时代都孕育着大希望，同时也隐藏着大危险。所谓大希望，是指它不仅是英雄豪杰的大舞台，而且是一个民族由衰趋盛的转折点，故曰"美哉过渡时代乎"；所谓大危险，是指它祸福相倚、充满风险，对未来道路选择的正确与否将决定国家与国人的成败祸福。因此，他强调过渡时代的政治家与国民必须具备三大品格，即"冒险性""忍耐性""别择性"，其中又以"别择性"最为重要。他说，当今世界上的政治模式多种多样，各国国情与国民之所宜也是多种多样

---

　　* 郑师渠，男，1946年生于福建省福州市。1970年毕业于北京师范大学历史系，留校任教至今。北京师范大学原副校长，历史系教授、博士生导师。著有《晚清国粹派文化思想研究》《思潮与学派》《社会的转型与文化的变动》等，主编《中国近代史》《中国文化通史》等。

的，"天下事固有于理论上不可不行，而事实上万不可行者，亦有在他时他地可得极良之结果，而在此时此地反招不良之结果者。作始也简，将毕也巨。"故当时中国的政治家若不能选择适合本国的发展道路，将会导致误国误民的严重后果，"则其负民也实甚"。

当前的改革开放时期也常被称为"改革期""转型期""过渡期"等。这不无道理。因为几十年来，中国社会发展逐步由"以阶级斗争为纲"转变为"以经济建设为中心"、由计划经济转变为社会主义市场经济，从物质到精神，中国社会的确发生了巨大变化，呈现明显的过渡与转型特征。尽管如此，我们仍要看到当今时代与梁启超所说的"过渡时代"毕竟名同实异，不可同日而语。梁启超认为"过渡时代"有广狭二义：就广义讲，人类社会无时不在过渡中，因为无过渡则无进步，是为常态；就狭义讲，则是体现了一个社会由"停顿时代"到重获新生间的过渡，社会的"发生力"因之被重新激活，是为非常态的脱胎换骨的蜕变期。梁启超所论的"过渡时代"乃指狭义。在他看来，其时中国面临的是一场"去所厌离之旧界"，而追寻西方"新界"，即改变中国两千多年的君主专制制度，仿行西方宪政、改弦更张的社会大变革。而当下中国的改革是在社会主义革命与建设基础上的进一步发展，与改辙易帜渺不相涉。这就是当下中国社会的时代性。

缘此可知，能否正确体认当下中国社会的时代性，同时又不忘梁启超关于"大危险"和"别择性"的警示，将深刻影响人们对待历史的态度。1990年，胡乔木在讨论《中国共产党的七十年》提纲时认为："就基本方向而言，中国共产党是一直在为中国人民谋福利的。尽管犯了错误，还是要为人民谋福利，把中国推向现代化。整部书要有这么一个思路。"很显然，他强调的"这么一个思路"，不仅充分肯定了我们党70年的奋斗历程，而且其观察点或出发点，正是源于对当下中国社会乃是社会主义革命与建设进一步发展的新阶段这一时代性的正确体认。党的十八大后，习近平同志对此有许多精辟论述。他指出："我们党始终强调，中国特色社会主义，既坚持了科学社会主义基本原则，又根据时代条件赋予其鲜明的中国特色。这就是说，中国特色社会主义是社会主义，不是别的什么主义。"习近平同志的重要论述告诉人们：历史与现实是统一的，对当下中国特色社会主义道路的自信，本身即饱含着对近代以来中国人民奋斗历史的敬意。

　　当前，一些人错读当下的中国，甚至认为中国正告别社会主义、归趋西方资本主义，因而他们趋向抹杀和歪曲历史，陷入历史虚无主义的迷津，也就不足为奇了。所以说，廓清历史虚无主义的影响，正本清源，重点在于引导人们正确体认当下中国社会的时代性。

（《人民日报》2015 年 3 月 25 日）

新青年引领新时代

——纪念《新青年》创刊一百周年

耿云志[*]

今年是在中国近现代史上发生重大影响的《新青年》杂志创刊一百周年。从《新青年》（初名《青年杂志》）创刊到五四运动爆发，一代新青年被唤起，他们表现出勇敢、自信和有理想，走上创造历史的前台，成为民族进取心的表达者和时代的先锋。

五四运动爆发前，受过《新青年》所带动的新文化运动洗礼的青年，在新思想、新观念的指引下，开始"动"了起来。他们创办刊物，传播新思想、新观念，兼以表达自己的理想。他们组织团体，尝试按新思想、新观念改造社会，改造自己的生活。

五四运动爆发后，由于广大青年学生的积极活动，带动了全国各地的群众爱国运动，并使新文化运动所引进、所生发出来的新思想、新观念像决堤的洪水急速向四方蔓延开来，波及各个社会阶层。新文化运动初起时，只限于教育界、学术界和报刊界的一部分人。到五四运动之后，广大青年学生、识字的职

---

 * 耿云志，1938年生于辽宁省海城市。现为中国社会科学院学部委员、近代史研究所研究员。长期从事中国近代政治史、思想史、文化史研究，著作二十余种，发表论文、文章三百余篇，有多篇被译成英文，所著《近代中国文化转型研究导论》已出英文版。

员，甚至略能读书的学徒、店员乃至家庭妇女，都通过报纸和刊物多少接触到一些新思想、新观念。到后来，即使许多不识字的人也因听到学生们的讲演或街谈巷议而对新思想、新观念略有所闻。所以，五四运动的爆发和迅猛扩展，使青年学生在全国人民面前展现出引领新时代的风采。

孙中山在五四运动爆发后的第四天，在批复陈汉明的信中，最早确认了青年学生的这种先锋地位。当时影响很大的报纸如《申报》《时报》等也都纷纷发表评论，赞扬青年学生起到了引领国民的作用。就连外国人士和外国舆论也都敏锐地看到这一点。美国驻华公使芮恩施在回忆五四运动时的情形时说："学生运动创造了历史"。当时在华讲学的杜威颇为激动地说，在中国，正在由青年学生负起"政治改革运动的领导责任"。美国的《大陆报》认为学生运动彰显出"新中国之胚胎"，"中国学生应为担负刷新中国之责任之人。"

青年学生以自己的行动，赢得了人们对他们作为时代先锋地位的承认。而五四运动后一段时间的历史发展，进一步从实践中展现出他们引领时代的作用。新生的中国共产党，其领导骨干除了极少数有"老革命党"背景外，绝大多数都是五四青年。孙中山领导的国民党经过改组，也吸收了大量五四青年。在其他社会各界特别是教育、学术、文学艺术领域，差不多都是由五四青年中的一些优秀分子肩负着领导和骨干的重任。这样一种格局，自然深刻影响乃至决定了中国历史发展尤其是思想文化发展的趋向。

青年，活泼有朝气，思想敏锐，追求上进，但青年终究不成熟。一是经验上不成熟，一是思想上不成熟。经验上不成熟，虑事不深，目光不远，举动不慎。思想上不成熟，悟道不深，信理不定，遇挫或则迷失，或则趋向极端。这是不可否认的。但近二三十年来，不断听到有人说，新文化运动过于激进，影响到后来的思想文化继续沿着激进的路走，以致把传统完全丢掉了。这种批评存在很大的片面性。

由青年引领时代发展，本不是社会发展的常态，而是由于老一辈人的错误和麻木而使青年承担起时代重任。由青年勉力承担起引领时代发展的责任，已属不得已。而造成激进主义情绪长期挥之不去的，更有其深刻的历史原因。在近代中国历史上，激进主义有其深厚的社会政治根源。因为外受列强侵略、欺凌，内受专制主义的压制和摧残，有志救国和忧时之士，无不忧愤迫切。所以，历次的政治改革与政治革命运动都或多或少犯有激进的毛病。

五四新文化运动本是因屡次政治改革不能成功、转而从改变中国人的思想观念入手进行的革新运动。这就是通常所说的启蒙运动。西方国家走上近代发展的道路，也曾经历启蒙运动。他们思想观念的更新几乎经历了二三百年的时间。但在中国，近代的新思想、新观念几乎都是从外国来的，而且是在非常短暂的时间里一下子涌进来。人们不易从容地进行抉择，对新思想、新观念往往尚未深入了解，便被实际运动的狂飙带进大潮之中。思想上的不全面、不系统、不深入，容易产生绝对化的倾向，各以自己所了解的一面认定为是绝对真理，极力排斥其他，因而不能造成从容讨论的风气，没有妥协磨合的余地。在这种氛围里，激进主义自是容易大行其道。而反对新思想、新观念的某些保守派，也喜欢用灭此朝食的架势攻击新文化，又从反面刺激追求新文化的青年们趋向激进。

近代中国激进主义的根源深藏在社会内部，不是哪一个人或哪一群人可以单独承担起责任的。在历史发展进程中，人们的各种态度取向组成一个完整的光谱。我们站在现实的高度回看历史，各种角色所起的不同作用，正是真实的历史的完整光谱。把你不喜欢的都去掉，只剩下你喜欢的，那就不是真实的历史了。

历史不是供人赏玩的，更不是供人诅咒的。聪明的选择是从历史中走出来，创造新的历史。

（《人民日报》2015 年 3 月 30 日）

汲取"忠孝节义"中的正能量

郭齐勇[*]

　　"忠孝节义"是我国传统道德标准，其中孝与忠是传统社会最基础的道德价值。"忠孝节义"早在东汉就已连用，不过当时是"忠孝义节"，在《旧唐书》中才有"忠孝节义"的用法。宋代洪迈曰："吾今为忠孝节义判官，所主人间忠臣、孝子、义夫、节妇事也。"作为封建社会的道德标准，"忠孝节义"具有封建专制社会的历史局限性。今天，培育和弘扬社会主义核心价值观，应批判地继承"忠孝节义"的合理因素，汲取其正能量、剔除其糟粕。

　　忠的本义是敬，即尽心。《左传》载，随国季梁强调"所谓道，忠于民而信于神也。上思利民，忠也"。季梁认为，社会管理者对老百姓要忠诚。《礼记》载，孔子赞扬虞帝治天下，无私，不厚待其子，爱护老百姓如父母爱子一样，对民众有出自天性的爱心，有忠厚而利民的教海，使民众富庶而有礼。可见，忠指对待别人尽己之心，特别是居职任事者应尽心竭力为群众谋利益。孔子讲"君仁臣忠""君惠臣忠"，表明他主张的忠是与仁和惠等密切联系的双向要求，而不是"君为臣纲"的单向度要求。我们今天倡导的忠，不是封建社会的愚忠，而是待人忠诚、忠贞不贰，忠于职守、爱岗敬业；忠于党和国家、

---

　　* 郭齐勇，男，1947 年 10 月生于湖北省武汉市。1992 年获武汉大学哲学博士学位。现任武汉大学哲学学院暨国学院教授，国务院特殊津贴专家。著有《中国哲学智慧的探索》《中国儒学之精神》等。

人民。我们提倡人的忠诚度，涉及每个人对自己的配偶、家庭、职业及单位的态度。倘若为了个人利益出卖国家或企业的机密，那就是不忠。

孝的本义是尊重父母。它是人从身边最近处做起的善行，因此有"百善孝为先"的说法。最起码的孝是赡养父母长辈，但孝又不仅限于赡养，而是从内心尊敬父母长辈。孔子说："今之孝者，是谓能养。至于犬马，皆能有养。不敬，何以别乎？"也就是说，离开了敬爱之心去赡养老人，那与养狗养马有什么区别呢？因此，我们要用至诚的心和切实的行动去感激父母，常回家看看，多做尽孝之事。曾子曰："孝有三：大孝尊亲，其次弗辱，其下能养。"这是孝的三原则：大孝是使双亲受人尊敬，其次不使父母的名誉受辱，最下等的是能赡养父母。如果做子女的违法犯罪、贪污腐败，就是大不孝！孝是最基本的爱心，儒家的仁爱不限于爱亲，而是以这种天伦之乐作为生命之爱的最初体验，以此为养育人性之起点，进而推己及人，爱他人，爱天下人，即孟子说的"老吾老以及人之老，幼吾幼以及人之幼"。我们很难想象，一个对父母都不爱的人，能去爱别人、爱陌生人？孝与忠有密切关系，人们常说"爱于亲者忠于国""忠臣必出于孝子之门"。仁义之士能把爱亲的体验推之于爱民爱国。在一般情况下，忠与孝是顺向的联系，有普遍性。在特殊的时空条件下，忠孝面临冲突，难以两全，忠诚义士应服从大义，为国尽忠。今天我们讲孝，应摒弃"父为子纲"的单向度、无原则的价值取向，但其合理内涵是值得弘扬的。

节的本义是止、操、信，指人对欲求有节制、节度，又有行为高尚的意思，如节操、品节等。古代士人讲气节操守，强调在生死关头要有静气与定力，不随风摇摆。节这一品德与忠、义等品德有紧密联系。孔子曰："三军可夺帅也，匹夫不可夺志也""志士仁人，无求生以害人，有杀身以成仁。"曾子曰："临大节而不可夺也。"孟子曰："富贵不能淫，贫贱不能移，威武不能屈，此之谓大丈夫。"《苏武牧羊》中说："历尽难中难，大节定不亏。"翁同龢自题诗："每临大事有静气，不信今时无古贤。"今天我们讲节，应摒弃封建社会中所谓"三从四德"的"妇道"，而强调做人要有原则立场，不能因眼前的名利而牺牲大节，不做实用主义、功利主义的墙头草，尤其是在权、钱、色的诱惑面前要洁身自好。

义的本义是宜，指适宜、恰当。孔子说，"君子义以为上""见利思义""不义而富且贵，于我如浮云"。孟子说，不该由自己所得的东西，却去取了过来，是不义。义是人们的行为准则，义行指合宜、得当的行为，包含有恪尽职守、发挥才能，对社会、家庭尽法律和道德上的责任与义务等内容。羞耻之心是义的萌芽。义是对是非善恶正确果断的裁决，既是道德情感，又是道德判断。义行则是人们责任感、义务感的外化过程。行义即自觉自愿地按义这种道德原则行动，是高尚的道德行为。成语中所谓见义勇为、慷慨就义、义不容辞、义无反顾、义正词严、义愤填膺等，都表达了社会大众对维护社会公平正义的呼唤与褒奖。简略地说，义是应当，即无条件地做应当做的事。在当下讲义，应充分考虑义与利的关系问题，在道义指导下实现义与利的统一。也就是说，求利当以道义为标准，坚持道义与谋求公利是一回事。

（《人民日报》2015 年 4 月 3 日）

修炼内功与巧借外力

张广智 *

写下这个题目时，蓦然想起一个发生在遥远年代的故事：公元前 12 世纪，希腊联军攻打小亚细亚的特洛伊，10 年不克。最终智者奥德修斯献"木马计"，希腊人置大木马于城外，佯装撤退，敌方中计把这个"礼品"拖入城内，待至深夜，藏在木马中的希腊人潜出，与城外的希腊将士里应外合，终于攻下这座城市。"木马计"的故事离我们久矣，然而一旦掸去附在它上面的尘埃，我们悟到的不完全是为了制胜而给敌方送礼物的妙计，还另有隐藏其间的人类最初的哲思：即内力与外力的相互联系与相互影响，由此规定了事物的性质及其发展变化。

在我看来，当代中国史学的发展既需要依靠内力，也需要借助外力。史学发展中内力与外力之间的相互切合、相互影响，充分体现在 20 世纪以来中国史学的发展历程中。20 世纪以来，具有悠久历史的中国传统史学开始艰难地走出现代化史学的新路。这既是中国史学内在的革命性改造的结果，也是外力促动的结果。换言之，20 世纪以来中国的史学史，倘若舍弃了与西方史学之间的关联与互动，那是难以想象的。因此，如何认识与处理中国的史学与西方

* 张广智，男，1939 年 9 月生于江苏省海门市。1964 年毕业于复旦大学历史系。现为复旦大学历史系教授，博士生导师。著有《克丽奥之路》《影视史学》《超越时空的对话》等，主要著作有《西方史学史》，主编六卷本《西方史学通史》《二十世纪中外史学交流》等。

史学的关系，是 20 世纪以来中国史学发展进程中需要正视的重大理论与实践课题。

西方史学东传从 19 世纪末开始，如波浪起伏，主要有三次高潮，分别发生在 20 世纪 30 年代前后、20 世纪 70 年代末以后以及新世纪以来的"第三次浪潮"。在这一过程中，西方史学作为一种外力，对中国史学产生了或表层或潜在、或直接或间接的影响。这种影响对中国史学而言，说它完全是积极的或完全是消极的，都失之偏颇。检阅这 100 多年来西方史学的东传史，我认为主要的经验教训集中在如何对待西方史学这一点上。历史陈示，当西方史学大步东来，国人之应对，或一概排斥，或全盘接受，这一"左"一"右"像钟摆那样回荡着，到现在还不能说这种"钟摆现象"已中止。这值得我们认真去反思。

应该说，在一定意义上，现当代西方史学内含一定的前瞻性。只要稍稍考察一下法国的年鉴史学、英国的马克思主义史学和美国的社会科学史学，就可见一斑。我们应全面系统地了解与认识西方史学的历史、现状和它的未来，以增强引进的自觉性、克服借鉴的盲目性。这就是我们常说的：在引进与借鉴西方史学的过程中，决不能迷失中国史学家的"主体意识"。恰如冯桂芬所言，学外国应当是"始则师而法之，继则比而齐之，终则驾而上之"。这种心态与气魄，亦应为当代中国史学家所拥有。我在主编六卷本《西方史学通史》时，曾提出"西方史学，中国眼光"一说，为同道所认可，也为学界所点赞，不管怎样，陋见可为上述"主体意识"作注。惟其如此，就不会轻易地为西方的某种"话语"所宰割，也不会任意地由他们的某种"新范式"所羁绊。因为有"中国眼光"，就不至于迷路，可与国际史学之先进相向而行，力争在某些领域先行，做个"领跑者"。

当代中国史学之路璀璨，前行中当然需要借助外力。然我之所求，未必是人之所予；人之所予，未必是我之所求。历史经验证明，"全盘西化"对于中国史学的发展来说，是"此路不通"。最根本的还是要"修炼内功"，舍此别无他途。当前，中国史学走向世界的呼声，随中华民族伟大复兴而不绝于耳，更凸显"修炼内功"的紧迫与重要。"修炼内功"，实非一朝一夕之事，更非轻而易举之事。为此，当代中国史学家还需作出不懈努力，给世界奉献能彰显当代中国史学个性与特色的学术精品，而不仅仅只是祖上传下来的二十四史。这就是说，要涌现出当代的"司马迁"，方堪与当代"希罗多德"论古今、话东西。当代中国沐改革开放之雨露，浴大好时代之春风，为史学家们"经风雨，见世面"创造了前所未有的有利条件。在这生机飞扬的年代，史学家应朝着这一目标前行，以开创当代中国史学发展的新篇章。

（《人民日报》2015 年 4 月 9 日）

弘扬君子之德

牟钟鉴 *

孔子以降，君子与小人成为标识一个人道德品格高下的重要范畴。直到今天，人们还经常说"不要以小人之心度君子之腹""君子一言既出，驷马难追""不要做伪君子、真小人"，等等。可见，君子之德在当今社会仍然具有强大生命力。今天，我们弘扬中华传统美德、培育和践行社会主义核心价值观，可以从传统君子之德中得到启示和借鉴。

根据儒家的论述，结合个人生活体验和社会现实，可将君子道德人格概括为"六有"，即有仁义、有涵养、有操守、有容量、有坦诚、有担当。

有仁义：有爱心，讲道义。君子之德的第一要义是"仁者爱人"，即心要有温度，能尊重他人、同情他人、帮助他人。仁德的培养可以从孝敬父母做起，由近及远，把爱心放大，关爱朋友邻居、关爱社会大众、关爱天下万物。表现在行为上，要坚守道义、维护正义。正如孟子所说，君子应当"居仁由义"。仁爱可以化解人与人之间的冷漠与怨气，道义可以疏导利欲、捆住贪婪。个人正当利益可以追求，见利思义、取之有道，便是君子；见利忘义、损人利己，便是小人。君子与小人之分，不在职业，而在境界。

---

* 牟钟鉴，男，1939 年 5 月生于山东省烟台市。1965 年毕业于北京大学哲学系。中央民族大学哲学与宗教学学院教授，国务院特殊津贴专家。著有《涵泳儒学》《中国宗教通史》（合著）等。

有涵养：重修身，明事理。《中庸》说："君子尊德性而道问学"。有涵养，要求人们品学兼优、知书达礼，严于律己、宽以待人。郑板桥有"难得糊涂"的名言，乃是指大智若愚，即不在眼前物质利益上斤斤计较，而能明达事理、忠厚待人。小人在小事上机关算尽，却往往在公德法制上犯大糊涂，使自己陷入泥坑。涵养使我们人格健全，成为文明人、文化人，远离野蛮、愚昧。

有操守：有尊严，讲大节。君子之德要求坚守正道、深明大义、矢志不移，乃至舍生取义，不为各种威逼利诱所降服。这就是孔子所谓"三军可夺帅也，匹夫不可夺志也"，曾子所谓"临大节而不可夺，君子人与？君子人也"，孟子所谓"富贵不能淫，贫贱不能移，威武不能屈，此之谓大丈夫"。君子要讲和谐，但不能随波逐流，更不能同流合污。《中庸》所谓"君子和而不流"，就是指在大是大非面前不能有丝毫含糊。

有容量：尊重他者，包容多样。君子心胸要广大，爱要有跨度。"爱"有两种：一种是强迫性和单向度的"爱"，这种"爱"容易变成怨和恨；另一种是互尊互信的"爱"，这才是真爱。孔子说："君子和而不同，小人同而不和。"在我国历史上，儒释道三教合流，多民族文化共生发展，形成多元通和模式，没有宗教战争和宗教裁判所，这是"和而不同"传统在我国绵延不绝的绝好说明。

有坦诚：胸怀坦荡，诚信为本。坦诚是君子的灵魂，虚伪是道德的大敌。诚信做人，直道而行，光明磊落，就会得到社会的尊重和信任；言而无信，表里不一，心里藏着一些不可告人的勾当，必然焦虑不安，或者戴着面具生活，这种两面人是得不到人们尊重的。这就是孔子所说的"君子坦荡荡，小人长戚戚"。

有担当：立志远大，肩负重任。宋儒张载说："为天地立心，为生民立命，为往圣继绝学，为万世开太平"。这四句话成为后世君子立身行事的座右铭。君子要有社会责任心和历史使命感。今日中国正在为实现中华民族伟大复兴而奋斗，我们生在这样一个伟大时代，应该为能发挥自己的才智、实现自身的价值而感到幸运。一定要有担当精神，不要局限在个人小圈子里，也不要碌碌无为了此一生，而要有"修己以安百姓"的雄心壮志，争做新时代的君子。

（《人民日报》2015 年 4 月 30 日）

反映规律的思想影响历史进程

茅家琦[*]

  从上世纪 50 年代研究中国近代史开始，我就和绝大多数同行一样相信两个观点：一是在中国，农民起义和农民战争"才是"历史发展的"真正动力"；二是农民起义和农民战争"总是"归于失败，总是被地主和贵族利用，当作他们改朝换代的工具，并形成一条"历史发展周期律"。但是，长期以来又感到这两个观点之间存在难以解开的矛盾："真正动力"与"历史发展周期律"之间的矛盾。既然农民起义和农民战争是历史发展的"真正动力"，就不应该出现"历史发展周期律"；既然出现"历史发展周期律"，农民起义和农民战争就不可能是历史发展的"真正动力"。

  关于这个困惑，在读到匡亚明先生为"中国思想家评传丛书"写的"总序"时有了新的体悟。"总序"中写道：历史事实反复证明，"凡是在各个不同时代不同领域和学科中取得成就者，大多是那些在当时历史条件下自觉或不自觉地认识和掌握了该领域事物发展规律的具有敏锐思想的人。他们取得成就的大小，取决于思想上认识和反映这些规律的程度如何。"随后，我又从恩格斯的著作中得到同样的启示。恩格斯在为马克思作的"悼词"中写道："他首先

  * 茅家琦，男，1927 年 2 月生，原籍江苏省镇江市。1951 年毕业于南京大学。曾任南大历史系主任，现为南大荣誉资深教授，获江苏省首届"社科名家"称号。著有《太平天国通史》《横看成岭侧成峰——长江下游城市近代化的轨迹》等，主编《台湾 30 年（1949—1979）》等。

把科学看成是历史的有力杠杆，看成是最高意义上的革命力量。"从"规律"和"科学"视角来审视，农民起义和农民战争能不能成为历史发展的"真正动力"，取决于农民起义领袖的思想是不是反映社会发展规律。在我国历史上，农民起义领袖们的思想认识虽然在一开始或多或少反映了社会发展规律，但最终跳不出封建思想的束缚，因而总是陷入"历史发展周期律"。

考察历史可以发现，一个时期内人们所能认识到的规律，当然是物质决定意识的体现，但在多大程度上能够利用规律改造社会则是意识反作用于物质的体现。从这个意义上说，反映规律的思想可以影响历史进程。在一定社会，同时存在多种不同思想，它们相互碰撞、融合，最终某一种思想（多数情况下是几种思想的融合）推动形成了一定历史实际。因此，准确地说，应是思想合力影响历史发展。这启示我们，决不能忽视思想意识对历史发展的反作用。用这一视角考察我国古代历史，会有许多新的认识。

关于我国古代史，通常的说法是：皇权思想主导着我国古代政治家。其实，主导我国古代政治家的除了皇权思想，还有神权思想以及政治家（主要是帝王将相）的政治欲望。在我国，皇权思想与神权思想结合在一起有着悠久的历史，历代政治家（帝王将相）在多大程度上接受并实践这种思想，又取决于他们自己的思想和价值追求，这在一定程度上就是欲望。皇权、神权和欲望三股思想不同形式的结合，主导着我国古代历史的多样发展。为了说清楚这个问题，下面以对比性极强的三位皇帝为例。

一是秦始皇。他的贪欲极度膨胀，大肆挥霍天下财富，压榨民脂民膏，民不堪命。他幻想子孙万代都做皇帝，结果却"二世而亡"。二是汉武帝。早期贪欲膨胀，晚年改正。汉武帝登上皇帝宝座后，长期征伐"四夷"，"师出三十余年。天下户口减半"。在对外征伐的同时，对内又大兴土木、多次巡游、祭祀名山大川、举行封禅大典等，极大地增加了人民群众的赋税、兵役和劳役负担。到汉武帝晚年，社会危机极度严重。大臣徐乐向汉武帝指出，当时已出现"土崩"之势。汉武帝接受徐乐的意见，下诏"深陈既往之悔"，提出"当今务在禁苛暴、止擅赋、力本农，修马复令以补缺，毋乏武备而已。"这就是汉武帝征和四年发出的轮台"哀痛之诏"——下诏罪己，改弦更张。正是控制了贪欲、转变了政策，才出现了汉武帝"有亡秦之失而免亡秦之祸"的历史。

三是唐太宗。唐太宗吸取隋朝短命而亡的历史教训，认为：为君之道，必须先存百姓；若损百姓以奉其身，犹割股以啖腹，腹饱而身毙；人君赋敛不已，百姓既毙，其君亦亡。于是，他将自己的欲望控制在一定范围内，不发展成为贪欲。在这种思想主导下，出现了历史上著名的"贞观之治"。可见，帝王的思想是否以及在多大程度上顺应人民意愿、反映历史规律，是决定王朝兴衰和历史发展的一个重要因素。

（《人民日报》2015 年 5 月 18 日）

生态文明时代的美学转型

曾繁仁 *

哲学是时代精神的精华，而美学则是哲学的重要表征。美学发展的最大动力是时代和社会的需要。恩格斯说，"社会一旦有技术上的需要，则这种需要就会比十所大学更能把科学推向前进。"当前，人类社会逐步进入生态文明时代，我国也将生态文明建设作为重要任务。生态文明时代所强调的"尊重自然、顺应自然、保护自然"等一系列新观念，改变了工业文明时代"人与自然对立"的理念。由工业文明到生态文明的重要社会转型，必然要求美学随之发生必要的转型。从 20 世纪 60 年代开始日渐勃兴的环境美学、生态美学，就是生态文明时代美学的重要学术转型，体现了美学对社会现实的回应，意义十分重大。

生态文明时代美学的转型是传统美学哲学立场的转型，使之由传统认识论转变到生态存在论，由人类中心论转变到生态整体论。长期以来，由于工业文明时代唯科技主义的盛行，认识论哲学在美学中占据统治地位。在我国具有广泛影响的"实践美学"，认为"美学科学的哲学基本问题是认识论问题""美是人的本质力量的对象化"，并以"人本体"与"工具本体"作为其主导性理

---

* 曾繁仁，男，1941 年 1 月出生于安徽省泾县。1964 年山东大学中文系毕业。曾任山东大学党委书记、校长等。现任教育部人文社科重点研究基地山东大学文艺美学研究中心学术委员会主任，山东大学终身教授等。著有《美育十五讲》《生态美学基本问题研究》等。

念。新的生态美学则是哲学立场的根本转变，由传统的"主体认识客体"以及"人类战胜自然"的认识论模式调整到"此在与世界"以及"人与自然共生"的"生态存在论""生态整体论"模式。在美学上则是由"人化的自然"的认识论美学转变到"诗意地栖居"的生态存在论美学。

生态文明时代美学的转型是传统美学观念的转型，使之由漠视自然的"艺术中心论"转变到自然潜在审美属性的重新发现，由形式的"静观美学"转变到"参与美学"的提出。长期以来，我国美学领域主导性的美学观念是将自然美视为"人化的自然"，"是人类征服自然的历史尺度"，这是一种十分明显的人类中心论的观点；新的生态美学则强调自然的部分"复魅"，即适度恢复自然的神圣性、神秘性与潜在的审美性。在主体与对象的审美关系上，传统美学强调一种静观的、仅有视听觉介入的距离之美；新的生态美学则强调主体与对象须臾难离的"间性"关系，是眼耳鼻舌身整个身体介入的"参与美学"。传统美学是一种过度强调对象的比例对称和谐的形式美学；新的生态美学则从人与世界的机缘性共在与生存生命的新视角，提出此前只初露端倪或从未有过的美学范畴，诸如家园、场所、栖居、游戏与参与美学、身体美学、生命美学等，在很大程度上改变了传统美学的面貌。

生态文明时代美学的转型是美学研究方法的转型，由传统美学的"主客二分"研究方法转变到新的"生态现象学"方法。传统美学的"人本体"与"工具本体"的哲学立场决定了它必然立足于一种"主客二分""感性与理性二分""人与自然对立"的美学研究方法，力倡审美是主体对于客体的"改造"，"判断先于快感""人类战胜自然"等；新的生态美学则力倡一种新的"生态现象学"方法，将一切主客二分、人与自然的对立加以"悬搁"，主张一种人与自然的"共生"、感性与理性的"共在"、身体与世界的"间性"。

生态文明时代美学的转型也是美学资源的转型，由传统美学的"西方中心论"转变到东方特别是中国古代美学资源的重放光芒。传统美学资源主要来自西方，而中国古典美学则被西方权威学者视为"没有达到上升为思辨理论的地步"而基本上被排除在美学建设之外。新的生态美学的兴盛使以"天人合一"为其主要文化立场的中国古代美学重放光芒。它的"天人合一""生生为易""己所不欲，勿施于人""民胞物与""道法自然""心斋坐忘""万物齐一""善待终生"

等古典形态的生态审美智慧很容易融入新的生态美学建设之中。

可见，生态文明时代的美学转型是经济社会与文化学术发展的必然趋势和紧迫要求，是一切美学工作者主动回应时代呼唤的自觉行动，也是中国美学得以走向世界的重要机遇。

（《人民日报》2015 年 5 月 28 日）

为世界文化发展作出更大贡献

袁行霈 *

一个民族的文化是经过千百年时间积淀下来的。文化是一个民族的灵魂和尊严，是一个民族区别于其他民族的标记。要将世界上各民族长期形成的、千差万别的文化变成单一文化，是不可想象的；世界文化失去多姿多彩而变成单一文化，也是人们不愿意看到的。中华文化博大精深，本质上是一种和平的文化，这样一种文化对于未来世界稳定发展是不可缺少的。在经济全球化的大趋势中，我们应以中华文化丰富世界文化，不断提升中华文化的影响力。

以中华文化丰富世界文化，中华文化应更主动地走向世界。牛津大学教授雷蒙·道森在 1967 年出版的名著《中国变色龙——对于欧洲中国文明观的分析》一书中，详尽介绍了西方对中国的种种看法，并总结说：在西方人眼中，中国的形象似乎在两个极端间变化：或者是理想的王国，或者是停滞与落后的象征。中国时而被描绘为富裕的、先进的、聪明的、美好的、强大的和诚实的，时而被描绘为贫穷的、落后的、愚蠢的、丑陋的、脆弱的和狡诈的。从这本书中可以看出，西方对中国的认识与中国的实际有很大距离。西方对待东方的态度，常常给人这样一种印象：只有西方才拥有解释东方的权威。在这

* 袁行霈，1936 年 4 月生于江苏省常州市武进区。民盟中央第七、八、九届副主席。现为中央文史研究馆馆长、北京大学中文系教授、人文学部主任、国学研究院院长。国务院学位委员会委员。著有《陶渊明集笺注》《中国文学概论》等。

里，我们并不想讨论西方对包括中国在内的东方的种种偏见，只是从中深切地感到，在经济全球化过程中，中华文化应更主动地走向世界，在世界上充分展示自己的真实面貌。随着世界联系越来越紧密，特别是中国经济日益繁荣，世界更需要了解中国，中华文化会得到更多的机会和途径走向世界，在世界上得到更广阔的发展空间。总体上看，经济全球化对中华文化发展来说机遇大于挑战。我们应清醒认识这种形势，把握这个历史机遇。

以中华文化丰富世界文化，应坚持中华文化的自主性。伴随经济全球化而来的是更加广泛和深刻的文化交往，对此我们持欢迎态度，积极汲取人类文明的一切优秀成果。近代以来，中国的有识之士为了救亡图存，积极向西方学习。这种学习经历了从科学技术层面到政治、人文层面的深化过程。在与外来文化的接触中，中华文化不断丰富发展自己，逐渐融入世界文明的主流。这一过程也使我们对文化的自主性有了更深刻的体悟。坚持中华文化的自主性，就要深刻认识到无论汲取其他文化的优秀成果，还是推动中华文化走向世界，都是我们自主的意识和行为。在我国历史上，汉唐人对外来文化的开放胸襟与拿来为自己所用的宏大气魄，即鲁迅称之为"闳放"的那种态度，就是自主性的很好体现。西方近代文化从明朝中叶起逐渐传入中国，鸦片战争之后大量涌入，影响了中国百余年来的历史进程，但中华文化并没有失去自主的能力。到了今天，我们更有条件坚持文化的自主性，自己决定自己文化的命运。

孤立的民族文化是难以存在的，单一的全球文化是不可思议的。不同文化只能以开明开放的态度互相包容，只能和平和谐地相处，以期达到共同发展、共同繁荣的目的。在经济全球化趋势中，我们要采取切实有效措施努力保持中华文化的民族特色；也要看到民族特色是因比较而存在的，越是有比较就越能显示自己；还要看到文化的民族特色不是一成不变的，在与其他文化交流的过程中，有些因素会凸显出来，有些因素则会逐渐淡化乃至消失。总之，与经济全球化同时到来的，既不是单一的世界文化，也不是文化的冲突，而是文化的自主、馈赠以及多元文化的繁荣。这种新的文化生态的出现和确立，是人类发展到更高阶段的一个重要标志。在这一进程中，中华文化可以为世界文化发展作出更大贡献。

（《人民日报》2015 年 5 月 28 日）

民惟邦本：古代治国重要经验

张晋藩 [*]

"民惟邦本"重民方略的实施，首先在于得民心。无数史实证明，"得民（心）者昌，失民（心）者亡"。中国第一个王朝夏建立以后，国王禹制作了五种乐器，民有求见者，可以击（摇）不同的乐器，禹听到不同乐器的声音就知道是何人以何事相告。这就是后世传颂的"五音听治"。由于来见者多，以至于吃一顿饭竟然十次接待来访者；沐浴一次竟然束发三次以应对觐见的百姓，正所谓"一馈而十起，一沐而三捉发，以劳天下之民"。

由于禹如此重视民众呼声与要求，因而得到了民众的拥护，顺利传位于儿子启。启即位后在一段时间内也沿用了"五音听治"的做法，从而巩固了夏王朝。但自孔甲以后，"桀不务德而武伤百姓，百姓弗堪"，迫使百姓发出了"时日曷丧，予及汝皆亡"的愤怒呐喊。夏终为商所灭。这可以说是民心向背决定国家兴亡的第一个史证。

商是一个邦畿千里的大国，却为"小邦"周所灭，一个重要原因就在于商末代国王纣"重刑辟"，实行法外极刑等暴政，以致民怨沸腾。关键性的牧野之战，"前途倒戈者亿兆夷人"，赫赫不可一世的商朝瞬间覆亡。胜利者在惊

---

　　* 张晋藩，男，1930 年 7 月生于辽宁省沈阳市，1952 年中国人民大学法律系研究生毕业，曾任国务院第二届学科评议组成员、中国政法大学副校长，现为中国政法大学终身教授。著有《中国法律的传统与近代转型》《中国法制文明史》等 30 余部专著，主编《中国法制通史》十卷本等。

喜之余，深深感到民心向背决定国家兴亡。

继起的周朝执政者周公，一再告诫其兄弟子侄民心的重要，并把民心与天命联系起来，借助天命渲染民心的重要性，"民之所欲，天必从之""天视自我民视，天听自我民听"。周公重民思想的核心在于重视民心，他的一切施政都可归结为得民心。因此，他实行礼乐刑政综合治国方略，创立以德主宰刑罚的法律制度，谱写了中国古代法文化史绚丽的一章。后世以德辅刑导源于此。

周公提出"明德慎罚"，"慎罚"即旨在保民，由此形成了一系列刑法原则和司法原则，比如区别用刑、罚当其罪等。由于周初立法体现了重民、保民的精神，因此法制兴带来了国家兴。周初的法制彰显了中华民族所创造的法制文明。以德主宰法制建设，可以说是各文明古国中仅有的，其影响至为深远。春秋时，孔子赞颂以礼乐（德的具体内容）指导司法的重要性，"礼乐不兴，则刑罚不中；刑罚不中，则民无所措手足"。

可见，周初统治者的一系列主张，把"敬天"落实到"保民"上，凸显了民的价值，其所推行的一系列国家治理措施都可归结到重民、保民和如何得民心上。在这里，第一次宣示了立法与司法的目的不在于刑人，而在于定是非、明曲直，有效地惩治犯罪，保民不受损害。这种刑罚目的论对后世影响深远。

战国时期，诸侯争雄，兼并战争连年不绝。为了取得战争的胜利，民的价值进一步受到重视。得民者兴、失民者亡的政治现实丰富了"民惟邦本"的思想内涵，如孟子所说，"得天下有道：得其民，斯得天下矣。"他还提出了一个千古不朽的命题："民为贵，社稷次之，君为轻。"荀子进一步总结道："用国者，得百姓之力者富，得百姓之死者强，得百姓之誉者荣。三得者具而天下归之，三得者亡而天下去之。"他还将民与君比喻成水与舟的关系，"君者，舟也，庶人者，水也；水则载舟，水则覆舟。"故"爱民者强，不爱民者弱"。

孟荀此论，既是夏商周兴衰之由的历史性总结，也是对古代治国理政要旨——"民惟邦本，本固邦宁"的精彩阐发。后世论者，大都仿此，只是带有时代烙印而已。例如，唐太宗李世民鉴于隋亡的历史教训，认为"为君之道，必须先存百姓"，并说"朕每日坐朝，欲出一言，即思此一言于百姓有利益否"。

（《人民日报》2015 年 6 月 1 日）

记住元朝那些事

陈高华 *

元朝是人们相对陌生的一个王朝，倘若将其与同为少数民族入主中原后建立的封建王朝清朝相比，反差就更加明显。造成对元朝历史陌生的因素比较复杂，如过去一些史家觉得元朝"残暴""野蛮""社会停滞"，对其评价较低，影响了研究的深入；当前关于历史的文艺作品中涉及元朝的很少，也影响了人们对元朝的认识。其实，元朝存在的时间虽然不长，但其历史可以说是丰富多彩的，对中国历史乃至世界历史都产生了不可低估的影响。我们要深入了解中国是怎样一步步走到今天的，就不能忽略元朝历史。元朝历史有不少亮点，对后代有很大影响。可以说，元朝作为中国历史上一个承前启后的封建王朝，是统一的多民族国家发展的重要阶段。

唐朝灭亡后，中国长期处于分裂状态。宋辽、宋金相继南北对峙，周围还有西夏、大理、畏兀儿等地方政权。吐蕃一度强盛，后来山头林立，互争雄长。13世纪初，蒙古部兴起于漠北草原，在其首领铁木真（成吉思汗）带领下建立大蒙古国，先后灭西夏、金和大理，畏兀儿和吐蕃地区相继归附。成吉思汗之孙忽必烈改国号为大元，以大都（今北京）为都城，1279年灭南宋，

---

　　* 陈高华，男，1938年3月生于浙江省温岭市。1960年8月北京大学历史系毕业。中央文史研究馆馆员，中国社科院学部委员、研究员、博士生导师。著有《元大都》《中国古代史史料学》等。

实现了全国的统一。忽必烈时代，元朝统治的疆土"北逾阴山，西极流沙，东尽辽左，南越海表"，远远超过了号称盛世的汉朝和唐朝。在元朝统治的广袤疆域内，有汉、蒙古、党项、女真、契丹、畏兀儿、吐蕃、回回等多种族群。国家的统一为各族成员流动创造了便利条件，边疆各族大批内迁，很多汉族成员则移居边疆，不少地区出现了不同族群杂居的现象，各族之间互相通婚相当普遍。今天，河南、山东、江苏、云南等地都有不少元代蒙古、党项、回回、畏兀儿人的后裔。民族的迁徙和融合，导致一些古老族群的消亡（如契丹、党项）和新族群的出现（如回族）。中国历史上，族群的构成和分布有几次大的变化，而元代开始形成的族群构成和分布格局一直延续到近现代。中国作为一个统一的多民族国家，是经历长期发展逐步形成的，元朝在这个过程中是极其重要的阶段。

坚持开放，使海上丝绸之路达到鼎盛，是元朝历史的又一亮点。汉朝开辟了经过中亚通向西方的交通线，同时探索了经南海前往西方的航线。前者即著名的丝绸之路，后者则被称为海上丝绸之路。8世纪中期爆发的安史之乱以及随后西域的动荡，使丝绸之路渐趋衰落，而海上丝绸之路则日益兴盛，到宋朝已成为连接东西方的主要交通线。元朝继承了唐、宋对外开放的政策，在政治上加强与海外诸国的联系，在经济上积极开展海外贸易。各种文献中记录的与元朝有联系的国家和地区在200个以上。这些国家和地区分布在中南半岛、马来半岛、菲律宾群岛、印尼群岛、印度洋地区、波斯湾和阿拉伯半岛以及非洲东北部，其中相当一部分是前代没有记载的。明朝初年绘制的《大明混一图》（1389年）和朝鲜绘制的《混一疆理历代国都之图》（1402年），都出现了非洲南部的大三角，两图类似。朝鲜地图的作者明确说是据元人两种地图合绘而成。可见，元代人对非洲地理形势已有所了解。海外地理知识的扩展反映了海外交通的进步。15世纪郑和七下西洋，是我国对海上丝绸之路的伟大贡献。可以认为，元代的海外活动为郑和航海奠定了基础。今天我们开展"一带一路"建设，如果要研究相关历史，元朝的海上丝绸之路需要认真探讨。

谈到元朝历史上的亮点，还有必要说说今天的北京就是在元大都基础上发展起来的。忽必烈称帝后，在原来金朝中都城的东北建造了一座新城——

大都。为了便于对统一的国家进行统治，元朝以大都为中心，建立了庞大的驿站系统，通向全国各地，直至边疆。大都建立至今已有700余年。在漫长的岁月里，除了两度短暂的变化，大都（北京）始终是统一的多民族国家的首都。

（《人民日报》2015年6月10日）

深入·比较·借鉴

徐大同 *

改革开放以来，我国的西方政治思想史研究取得较大发展，学科体系渐趋完善，专题研究不断深入。这些成绩的取得，关键是坚持在马克思主义指导下进行深入研究、比较研究和借鉴参考。这也是新形势下这一学科发展必须坚持的原则和方向。

所谓深入研究，就是坚持以马克思主义为指导深入研究西方政治思想史。对西方政治思想的介绍是了解、认识和研究西方政治思想的基本前提。多年来，我们通过各种渠道了解西方政治思想的历史和现状，在这方面做了大量工作。但随着时间的推移、科学的进步、水平的提高，我们需要更加完整、准确地认识西方，介绍工作还应继续。我们过去无论是对西方政治思想名著、专著的翻译，还是对通史、人物的专题研究，以今天的标准来审视，恐怕仍有许多不足，需要更正、补充和修订。

这涉及两个问题。一是要认识到各种政治思想无不是时代的产物。所谓适时而生、应时而变，它不仅受当地当时的经济、政治和文化等因素的制约，而且受思想家所处的生活条件、环境等的影响。一切政治思想都是一定经济基础

* 徐大同，男，1928 年生于天津市，政治学家。自 1950 年起，先后任教于中国人民大学、北京大学、1978 年至今在天津师范大学任教。现为天津师范大学资深教授、博士生导师，中国政治学会顾问。编有《西方政治思想史》五卷本、《中西传统政治文化比较研究》等。

上的上层建筑中意识形态的组成部分，都有其鲜明的阶级性、时代性。二是在评价问题上，不能"浮光掠影""点到为止"，应进行更加细致的研究。研究西方政治思想主要不是做文字诠释和细节考证等工作，而是联系各时代经济、政治和文化的历史背景，了解各种思想产生的根源和存在的根据，掌握各种思想间的联系和具体思想的深层内涵。这就要求我们不仅回答"是什么"，更要回答"为什么"。应从马克思主义基本原理出发，对西方各种政治思想进行历史的、实事求是的客观分析。

所谓比较研究，就是开展中西政治思想的比较研究，揭示两者的共性与差异，取得更深刻的认识。这既有利于我们深化对中国传统政治文化的认识，也有利于我们加深对西方政治思想的了解，使政治学这门学科更好地为我国发展服务。在比较研究时，应注意政治文化的民族性。在人类发展的历史长河中，各民族由于所处的条件不同，形成了形式各异的民族文化，包括各自的政治文化。各民族的政治文化在长期发展过程中，逐步成为一种政治文化定势。这种定势往往被该社会的政治、法律制度确认下来，并深入到每个社会成员的心灵和行为习惯之中，取得全体社会成员的共识，构成该民族政治文化的特质，并区别于其他民族的政治文化。在研究不同民族的政治文化时，不能褒此贬彼，或贬此褒彼，而应进行科学的比较，探寻其各自存在的理由和利弊得失，进而推动自己民族的政治文化建设。

所谓借鉴参考，就是从我国国情出发，坚持"为我所用"，借鉴参考西方政治文明有益成果。坚持以马克思主义为指导，从我国基本国情出发研究问题，是我国政治学研究必须坚持的根本原则。在这一前提下，一方面，要看到西方社会在历史发展的各个阶段中政治思想家曾提出一些有价值的思想和主张。特别是近代以来，他们结合各自国家、各自时代的实际情况，在关于如何建设、维护和发展国家政权等方面，提出过一些有益的看法和见解，值得我们借鉴和参考。另一方面，借鉴参考是有原则的，这个原则就是要从我国国情出发，为我所用。我们不是"为了研究而研究西方"，而是"为了中国而研究西方"，也就是说通过研究西方政治思想的发展规律，总结其经验教训，以提高我们认识国家、组织国家、治理国家的水平，为我国社会主义现代化建设服务。

有些人认为，西方的价值观念和政治制度就是最好的。对此，我们在研究中必须有清醒认识，任何政治思想以及政治制度的产生和发展都要适应本国、本民族的社会特点和时代需要。例如，民主在西方的政治思想传统中有着悠久历史。但民主的价值和理想在西方从来都是有争议的，民主的制度和实践也没有统一的模式。古希腊的民主与现代民主不可同日而语，今天的民主与19世纪的民主也有很大的不同。同时，由于各民族、国家的历史条件和具体情况不同，其民主思想和制度也都各有其特点，美、英、法等国的民主思想和制度有很大差异。可见，所谓的"西方"也不是铁板一块。

（《人民日报》2015年6月15日）

中华文化是个大包容概念

刘梦溪 *

　　什么是文化？概括地讲，文化是指一个民族的整体生活方式和价值系统。我们每天都跟文化打交道，生活在不同的文化环境中。每一种文化都不是单一的，而是多种成分共生的，呈现多种文化成分相融合的状态。中华文化更是如此。谈论中华文化，应认识到它其实是个大包容的概念。

　　过去我们经常说，中华文化是"黄河文化""黄土地文化"，具有内陆文化的特征。但近二三十年来，随着考古新发现和学术界对中华文化起源研究的深入，人们逐渐认识到，中华文化并非只有黄河文化一源，长江文化同样是中华文化的重要源头，但二者具有不同特征。如果说黄河文化具有内陆文化的特征，那么，由于长江自古以来航运便利、出海口通畅，长江文化已多少带有海洋文化的特征。或者至少可以认为，用内陆文化去描述长江文化是不全面的。黄河文化和长江文化反映在文化思想方面，也呈现不同风格。《诗经》作为写实主义文学的典范，产生在黄河流域；而浪漫主义文学的鼻祖《楚辞》，则产生在长江流域。儒家思想的代表人物孔子和孟子诞生在黄河下游；道家思想的代表人物老子和庄子则诞生在长江中游和

　　* 刘梦溪，男，1941年生，文史学者。中国人民大学语言文学系中国文学专业毕业。现为中国艺术研究院终身研究员、中国文化研究所所长，中央文史研究馆馆员。著有《学术思想与人物》《中国现代学术要略》等。

下游。自古以来，黄河和长江这两河两源文化相互交融而又各自发展，哺育着中华民族。

中华文化除了起源是多元的，学术思想也是多元的。儒、释、道三家并存，就是学术思想多元的体现。儒家在汉代地位隆起，此后一直是社会思想的主流，成为中华文化的大传统。但老子、庄子的道家思想同样对中华文化有着重要影响。他们后退一步，以"弱"态制衡"强"态，出发点和归宿都本诸自然，这与孔子、孟子思想有很大不同。如果说孔子、孟子的儒家思想所要面对和解决的是人与人的关系，那么，老子、庄子的道家思想所要面对和解决的则主要是人与自然的关系，主张人与自然为一体，以自然而然为旨归。除了儒、道两家的思想，佛教思想对中华文化的影响也不能轻视。有一种说法叫"三教合一"，唐以后就有了，说的是儒、释、道三家不是互相排斥、水火不容的，而是相互吸收、合作互补的。从这里可以看出儒家思想的包容性。因为自汉以后，儒家思想一直占据主流思想的位置，如果不是儒家的包容性，释、道两家不可能获得发展的空间。

中华文化的又一个特点是不排外，这也体现了它的包容性。儒学对佛学的态度，说明中华文化的大传统是不排外的，对来自远方的思想能够雍容接纳。在民间，即使是偏远地区、比较闭塞的地区，那里的民众也不排外。他们对异风异俗能够取一种尊重和欣赏的态度。与此相关联的是，中华文化不具有侵略性。中国历史上的汉朝，国力强盛，把王昭君送到北方塞外的边族，以结永好。唐朝是多元繁荣的盛世，又把一位文成公主远嫁吐蕃。在最强大的时候，用和亲的方式与邻居建立敦睦友好关系，彰显中华文化与邻相处遵循的是以"和"为大道的思路。

不仅中华文化，其实"中华"也是个大包容的概念。只要了解中国历史，就能体会到这种包容性，就能更好地理解今天的中国。实际上，今天的世界同样是多元并存的世界，不可能有哪一个国家拥有一统全世界的能力。人类应该承认差别，保护与尊重多样性。在这方面，孔子的"和而不同"思想显得弥足珍贵。人类的发展总归是存异求同的。《易经》说道："天下同归而殊途，一致而百虑。"道路、途径、方法、手段不必相同，终极目标常常不无共指。文化发展如此，其他方面也是如此，都应提倡包容。比如现代化，并非只有一种方式，同为现代化早发国家，美国的方式就与欧洲的方式不完全相同，亚洲国家的现代化方式又与欧美国家不尽相同。像中国这样的现代化后发国家，显然需要探索自己的方式。

（《人民日报》2015年6月16日）

"通变"与中国独特价值观

李德顺 *

中华文化区别于西方文化的一个重要方面，是视野集中于世事人生、伦理政治，有一条人本主义的主线；西方文化则偏重于探求知识、科学及其应用，有一条科学主义的主线。理解中华文化特有的精神气质，可以从考察中国人的价值观念入手，其中"通变"就是一个着眼点。

《周易》是凸显中华文化独特精神气质的经典文献之一，其中心思想很明确，就是"易"。"易"即"通变"。《周易》所言，就是如何依靠"通变"来追求善治和人生平安幸福的经验与道理。《周易》认为，人世间的事，有变才有通，国家和人民才能生存发展，因此要"通变"。当然，变中有所不变，变是为了保持主体的地位及其根本目标的不变。为此，《周易》提出了两条价值原则：天行健，君子以自强不息；地势坤，君子以厚德载物。这两条结合起来，就是主张依天地之道，始终把自强不息、厚德载物作为根本目标，处理好变与不变的辩证关系。数千年来，中华文化也确实保持了自强不息、厚德载物的"通变"精神。

拿语言文字形式来说，中华民族的语言文字历来多种多样、丰富多彩。作

* 李德顺，男，1945 年 9 月生于河北省唐山市丰润区。1986 年毕业于中国人民大学，哲学博士。现任中国政法大学终身教授，国务院特殊津贴专家。著有《价值论》《家园——文化建设论纲》等。

为其统一公共形式的汉语,从甲骨文的字体和发音开始,经历了从象形到形意兼备、从篆隶体到行楷体、从繁体字到简体字等一系列演化,才形成现代汉语,且变化仍未结束。再拿汉语的文学形式来讲,从远古神话传说、《诗经》中的民谣,到接替兴起的楚辞、汉赋、唐诗、宋词、元曲、明清小说,直到现代白话文学,总是在推出一种又一种创新形式,引领一代又一代风骚,并没有一个终结。而所有这些变化的动力,都来自人们的生活,与中国人的生活和精神追求相适应。

语言文字、文学艺术如此,建筑、服饰、饮食、医药等生活领域,以及生产、科技、军事、政治等社会领域,也无不如此。举凡为民族生存发展所必需的事务,中国人都能以"为仁由己""和而不同"的姿态,做出与时俱进的改变。在这些自我改变的过程中,中华文化固然遭遇了诸多曲折和磨难,甚至充满凶险和动荡,但最终总能浴火重生、不断更新,赢得更广大的生长空间与更旺盛的生机活力。而这一切所显示出的,正是自强不息、厚德载物的精神气质。

自强不息、厚德载物不仅是中华民族自立于世界民族之林的精神密码,而且是中华民族得以发展壮大的文化基因。它让中华民族具有宽广、从容、务实、机敏的胸襟气度,在长期实践中积累了在变中求不变的经验、技巧和具体成果,包括各种物质文化遗产和非物质文化遗产。从诸子百家学说、治政经验、礼仪风俗,到各种具体的文化形式和器物,以及中华先人传下来的看得见摸得着的文化遗产,内容博大精深。但必须看到,它们毕竟多属时政、规范和技术层面的成果,都是变化演进过程中的具体收获,因此有一定的历史阶段性和局限性,并非终极不变的样式。唯有自强不息、厚德载物的精神本身,才是中华民族特有且不可替代的文化"真身"。

自古以来,我国的有识之士就不怕改变自己,而是处变不惊,对内对外均以"海纳百川,有容乃大"的胸怀,吸收一切有益的东西,通过兼容并蓄成就自己。正因为如此,我们今天的文化才呈现出"马、中、西"汇通的新面貌。无论其中有多少得失曲折、有哪些未尽通达之处,"马、中、西"汇通都是近代以来中国从被动变为主动,面向世界、走上现代化道路的正常状态,也是新形势下弘扬自强不息、厚德载物精神的内在需要。

(《人民日报》2015 年 6 月 18 日)

文明交流互鉴大有可为

徐世澄 *

中国是世界文明古国之一，而拉丁美洲和加勒比地区（简称拉美）则创造了玛雅、阿兹特克和印加三大古代文明。中华文明和拉美文明都是人类文明的瑰宝，为人类的发展与进步谱写了辉煌篇章。中拉文明各有特点，也有相似之处。总的看，中华文明和拉美文明的共同点主要有：都是古老文明，中华文明有5000多年的历史，而玛雅文明的起源奥尔梅克文明距今也有3000多年历史；都有多元和多源的特点；都有鲜明的特色，并在积极引进和吸收其他文明的最新成果中不断创新。中拉文明在历史上就密切联系、相互影响，今天在交流互鉴上更是大有可为。

人类文明是多元共生的。文明因多样而有交流互鉴的价值，因交流而多彩，因互鉴而丰富。文明交流互鉴，是推动人类文明进步和世界和平发展的重要动力。文明交流又是心灵的对话、情感的沟通和友谊的纽带。周恩来同志曾形象地把外交、外贸和对外文化交流比喻为一架飞机，外交是机身，外贸和对外文化交流是飞机的两翼。邓小平同志也曾指出，经济上实行对外开放的方针要长期坚持，对外文化交流也要长期发展。2014年7月，习近平同志访问巴

---

* 徐世澄，男，1942年5月生于上海市。毕业于北京大学，曾留学古巴三年。中国社会科学院荣誉学部委员，曾任社科院拉美所副所长。著有《拉丁美洲政治》《古巴模式的"更新"和拉美左派的崛起》等。

西时提出构建"五位一体"的中拉关系新格局，其中将"人文上互学互鉴"置于与政治、经贸和外交同等重要的位置。这些都告诉我们，文明交流互鉴是促进中拉之间相互了解、促进各领域交流与合作的重要纽带。

一个国家的影响力，不仅在于经济发展水平等硬实力，而且体现在文明的影响力。加强同拉美文明的交流互鉴，是提升我国软实力的重要举措。"国之交在于民相亲"，文明交流互鉴重在融入本土、深入人心。文明交流互鉴是达到相互沟通和理解的最直接的办法，因为它能够跨越语言、意识形态、宗教等种种差异，直接触及人们的心灵，能够增进了解、深化友情、增信释疑。中拉合作不仅是物质层面的，也应是精神层面的。应该看到，目前中拉双方在文明交流互鉴方面，与双方关系的整体发展相比，特别是与快速发展的政治、经贸关系相比尚有差距，中拉人民之间的相互了解还远远不够。我们向拉美传播和介绍中华文明时，介绍传统文化较多，介绍现当代文化较少；介绍文艺方面的成果较多，介绍社会科学特别是社会主义核心价值体系方面的成果较少；政府参与较多，企业和民间参与较少。

党的十八大报告提出力争"中华文化走出去迈出更大步伐"，着力开创"中华文化国际影响力不断增强的新局面"。从实际情况看，在这方面我们还需作出更大努力。中华文化走出去，就是要通过对外文化宣传、交流和贸易等途径，增进国际社会对中华文明的认识，增强中华文化的国际影响力和国际话语权。就中拉文明交流而言，目前中华文明在拉美的影响力还有很大空间可以挖掘。中国与拉美国家都是发展中国家，双方文明都有开放包容的特点，可以互相学习、互相帮助、共同发展。同时应看到，拉美国家由于历史、地理等条件的不同，其政治主张不尽相同，经济社会发展水平也有差异，文化习俗各有特色。我们应在尊重彼此文化差异的前提下，开展平等交流和友好合作，形成"各美其美，美人之美，美美与共，天下大同"的局面。有了这样的局面，不仅文明交流互鉴会有广阔前景，还会促进我国和拉美政治、经贸关系健康发展。

（《人民日报》2015 年 7 月 1 日）

马克思主义的巨大功能

赵　曜*

列宁曾经说过，"马克思学说具有无限力量，就是因为它正确"。"无限力量"体现在理论功能上，就不会是一种而是多种。马克思主义具有多方面巨大功能，这使它在世界各大洲得到广泛传播。

总结功能。这是针对历史而言的。马克思主义者从事的是前无古人的崭新事业，在探索中既会取得成绩，也可能发生失误，而且二者往往是相互伴随、相互交织的。这就需要用科学的世界观和方法论，客观、全面地评价历史事件和历史人物，总结经验教训。客观就是唯物论，全面就是辩证法。通过总结，无论是正面经验还是反面教训，都可以成为马克思主义发展的宝贵财富。恩格斯说："伟大的阶级，正如伟大的民族一样，无论从哪方面学习都不如从自己所犯错误的后果中学习来得快。"善于总结历史经验，才能少走弯路，更好地开辟未来。

指导功能。这是针对现实而言的。理论来自实践，反过来又指导实践、经受实践检验。马克思主义不是固步自封、僵化不变的学说。随着实践的发展，马克思主义理论也在与时俱进地创新发展。马克思主义理论一经和实践相结

＊　赵曜，男，1932 年生。长期从事科学社会主义和国际共运史的教学与研究。曾任中央党校科社教研部主任、博士生导师，中国科社学会会长，第八届、第九届全国政协委员。曾获得"五个一工程"论文和著作奖。

合，就会产生改变世界的强大物质力量。坚持马克思主义对实践的指导，是中国革命、建设、改革成功的根本原因。对个人来说，马克思主义理论水平愈高，理论联系实际的能力愈强，工作也就愈有成效。这是一个定律。

预测功能。这是针对未来而言的。马克思主义作为科学世界观和方法论，可以对未来作出预测，并在这个基础上制定纲领目标。例如，马克思、恩格斯运用唯物辩证的发展观，在分析资本主义基本矛盾及其发展趋势时，用严密的逻辑推理和高度的科学抽象，提出代替资本主义社会的未来社会将划分为第一和高级两个发展阶段，并对第一阶段特征主要是经济方面的特征作出预测，这些特征构成科学社会主义基本原则的主要内容。我们党也是在科学预测未来的基础上，在民主主义革命时期提出最高纲领和最低纲领，在社会主义建设和改革时期提出实现社会主义现代化、"两个一百年"的奋斗目标和中华民族伟大复兴的中国梦等。

统领功能。这是针对路线方针政策而言的。理论带有根本性，一些重大问题的最终解决，都得靠理论统领。但是，领导和指导伟大事业，不能只有理论，还要有纲领和路线方针政策。纲领是党的奋斗目标，基本路线是党在一个历史时期的根本指导方针，方针政策是党在各个领域的具体规定。我们党在改革开放新时期，逐步形成了包括基本理论、基本路线、基本纲领、基本经验在内的完整治国方略。在"四个基本"中，基本理论处于统领地位。

鉴别功能。这是针对社会思潮而言的。任何时期都有反映某一阶级或阶层的利益和要求、得到广泛传播并对社会生活产生某种影响的社会思潮。尤其是在社会大变革年代，各种社会思潮尤为活跃，其中有进步的，也有保守的和反动的。怎样鉴别各种社会思潮的性质？关键是把握和运用马克思主义的立场、观点、方法。例如，在19世纪40年代，当时资本主义虽然还处在上升时期，但由于经济危机的爆发、资本主义矛盾和弊端的暴露，资本主义已失去吸引力，社会主义成为一种时髦，各阶级都打起了"社会主义"的招牌。马克思、恩格斯在《共产党宣言》第三章中，以维护何种生产关系为标准，区分了封建社会主义、小资产阶级社会主义、资产阶级社会主义；以在当时历史条件下所起的作用为准绳，区分了反动的社会主义和保守的社会主义，从而划清了科学社会主义与各种冒牌社会主义的界限。

改造功能。这是最根本的功能。马克思说："哲学家们只是用不同方式解释世界，问题在于改变世界。"马克思主义是人们认识世界和改造世界的强大思想武器，认识世界是前提，改造世界是目的。改造世界包括改造客观世界和改造主观世界。在马克思主义旗帜下，一个多世纪以来世界和中国的经济政治形势和经济政治思想都发生了巨大而深刻的变化，资本主义一统天下的局面已被打破，社会主义破土而出并在曲折中不断前进。在马克思主义的影响下，世界上出现了一批又一批具有坚定理想信念的社会主义者和共产主义者，马克思主义改造世界的功能因此而得到并将继续得到充分发挥。

（《人民日报》2015 年 7 月 6 日）

中华文化关注的是人

王友三 *

中华传统文化源远流长、博大精深，其中包含着丰富的无神论思想。从心性之学与天人之学考察中华传统文化，合理汲取其中的无神论思想，有助于我们今天培育和弘扬科学精神。

中华文明具有不同于西方文明的价值选择和判断。如果说古希腊文明起源于对自然界的"惊奇感"，希伯来文明起源于对上帝的"敬畏感"，那么，中华文明则起源于对人之为人心性丧失的"忧患感"。也就是说，中国古代先贤最关注的不是外在的自然，不是高高在上的天国，也不是纯粹的思辨领域，而是与每个人息息相关的心性、人性、生命、社会、人生。

古人云："思以其道易天下"。就是说，中国古人思考的是用他们的思想、观念，也就是"道"来改变天下、和谐社会、净化人心、安顿生命、培育人格。这一境界和状态，儒家谓之"至善"，道家谓之"上善"，佛家谓之"般若"。所以，"明心性"成为中华传统文化儒道佛三家共同的价值取向。儒家强调"存心养性""止于至善"，道家强调"心斋坐忘""性命双修"，佛家强调"即心即佛""明心见性"。"心性之学"关乎"成圣""成道""成佛"，一

---

  * 王友三，男，1928 年 5 月生于安徽省萧县。南京大学哲学系教授。1960 年毕业于南京大学历史学系，曾任中国无神论学会秘书长等职。著有《中国无神论史纲》《中国无神论史论集》等，编有《中国无神论史》（上下卷）《中国宗教史》（上下卷）等。

句话，关乎"成人"的问题。诚如孟子所说："学问之道无他，求其放心而已矣。"

中华传统文化的思维方式是天人合一。中国天人之学中的"天"，涵义是多样的，主要有"神灵之天""命运之天""自然之天"等诸说，它们的共同主张是天人合德。

神灵之天及其天（神）人合一论为周人所立。天（神）人合一的思维方式表明天（神）人是相关的。也正是这一"相关性""合德性"体现出周人的天（神）人之学的最终指向是人而不是神。周人的"天命论"的重心与其说是神，毋宁说是人。"天视之我民视，天听之我民听"是对这一思想的最好诠释。周人的这种天（神）人观具有原始的无神论倾向。

在儒家看来，"命运"代表一种不以人的主观意志为转移并对人有一定制约作用的力量。对于这一存在，儒家提醒人们要给予充分尊重，乃至敬畏。我们可以将儒家这一"天命"思想看作对人可能出现的盲目自大行为的告诫。而在处理"天命"与"人事"的关系上主张"谋事在人，成事在天"，表明儒家从没放弃重人事的基本立场。

道家老庄的"天""自然"等概念，表征着万物本来存在的状态。这一"天"（自然）是无为的存在，是没有意识和目的性的存在。这些观念都集中表现在"道法自然"这一命题中。可见，道家独特的天人之学有着浓郁的无神论意味。道家的"自然为本"与儒家的"人事为本"一起成为中国无神论发展历史的两条主线。以荀子为代表建立的以现实的自然之天为基础的天人之学，更是直接而明快地承认"自然之天"的物质性、客观性以及自然性。

从心性之学与天人之学考察中华传统文化之后，我们还应对无神论彰显的究竟是一种什么精神加以挖掘。主张"无神"，其实是对"人"这一主体而言的。"无神"的主张所要肯定的首先是"人"。因此，无神论的精神首先就表现在伸张"人"的精神和价值或者说人的主体价值。而人的主体性又是通过一些具体方面展现的，主要是有为精神、创造精神与自由精神。这些精神，无论在什么条件下都应得到肯定和颂扬。

（《人民日报》2015 年 7 月 8 日）

推动优秀传统文化的现代性转化

吴潜涛 *

中华民族在几千年历史发展中形成的博大精深的中华优秀传统文化，是社会主义先进文化的本源，是培植中国特色社会主义的沃土。它是社会主义核心价值观固有之本，社会主义核心价值观与其一脉相承。中华优秀传统文化具有涵养社会主义核心价值观的特殊功能和作用。

传统文化，是指由前人创造、形成并一直对后人产生影响和作用的思维方式、价值观念、道德规范、行为方式和风俗习惯等。传统文化既有精华，也有糟粕；既有积极、进步、革新的一面，也有消极、保守、落后的一面。中华优秀传统文化是浩瀚的中华传统文化遗产中先进性精华的集合体。它是中华传统文化中的优秀成分，凝结着中华民族最深层次的精神追求，包含着中华民族最根本的精神基因，呈现着中华民族独特的精神标志，支撑、促进着中华民族历经风险磨难、饱尝艰辛困苦而永葆旺盛生命力。

挖掘提炼中华优秀传统文化，有针对性地实现其现代性转化、创造性转换和创新性发展，是继承和弘扬中华优秀传统文化的着力点和关键环节。我们必须坚持唯物史观的立场、观点和方法，坚持古为今用、推陈出新，运用"批判

* 吴潜涛，男，1949 年 12 月生于河南省南阳市。清华大学马克思主义学院学术委员会主任、教授、博士生导师。中国伦理学会副会长、全国高校思想政治教育研究会学术委员会副主任。著有《伦理学与思想政治教育》《社会主义荣辱观研究》等。

继承"的方法来审视中华传统文化，通过去粗取精、去伪存真，提炼中华优秀传统文化。在正确认识中华优秀传统文化本质属性并萃取其基本内容的基础上，紧密结合中国特色社会主义建设实际，用通俗易懂的当代表达，对其中适于协调现代社会关系和鼓励人们向上向善的价值理念、主要命题、思想精华、道德基因等作出新阐释，使中华优秀传统文化为弘扬社会主义核心价值观作出贡献。

一个国家、一个民族的文化发展，除了应继承和弘扬本民族的优秀传统文化，还应积极吸收其他国家、其他民族的优秀文明成果。人类文化和文明发展进步的过程表明，一种文化与异质文化的交流和碰撞、冲突和融合，是保持文化生命力、实现自我更新和自我发展的重要机制，是文化演进发展的一种带有规律性的现象。每一个国家和民族的文明都有特色、长处、优点，都在不同程度上对人类文明作出过贡献。在对待其他国家和民族文明成果的问题上，我们应持互学互鉴的态度，学习借鉴一切有利于我国社会主义文化建设的有益经验、一切有利于丰富我国人民文化生活的积极成果、一切有利于发展我国文化事业和文化产业的经营管理理念与机制。正如习近平同志所指出的："使人类创造的一切文明中的优秀文化基因与当代文化相适应、与现代社会相协调，把跨越时空、超越国度、富有永恒魅力、具有当代价值的优秀文化精神弘扬起来。"

继承和弘扬中华优秀传统文化，既要与学习借鉴国外优秀文化成果相结合，又要使之与现实文化相融相通，体现时代性和创新性。正如习近平同志所强调的："善于把弘扬优秀传统文化和发展现实文化有机统一起来、紧密结合起来，在继承中发展，在发展中继承。"

（《人民日报》2015 年 7 月 15 日）

发挥好历史碎片的大作用

晁福林[*]

近年来，常听到对历史研究"碎片化"的批评。这种批评应当说是有一定道理的，如果只研究历史碎片，缺乏宏观的视野与认识，就会只见树木不见森林。记得早些年，一位漫画家画过一幅漫画，上面一位红学家正在细数曹雪芹有多少根白头发，似乎这就能解决红学上的大问题。这幅漫画讽刺的是繁琐考证，用来讽刺"碎片化"的历史研究倒也合适。

的确，过于沉溺于"碎片化"的研究无益于历史研究的发展，无益于揭示历史发展的规律。不过，历史研究又常常是从某些碎片开始的，这就犹如整体与局部的关系，没有局部也就无所谓整体。人们研究历史常常会从局部开始，这符合认识规律。从这个意义上说，尽管历史研究不应走向"碎片化"，但研究历史碎片不可避免，如何研究历史碎片确实值得深入思考。

其一，选择的历史碎片应是经过漫长时间筛选而存留下来的吉光片羽，是历史研究的珍贵资料。通过对这种历史碎片的研究、对个案的探讨，可以找到阐释历史的新角度。比如长期关注我国中古时代佛教寺院经济的著名历史学家何兹全先生，就整理研究了向来不为世人所重视的寺院账簿、僧尼私产记录这

---

* 晁福林，男，1943 年 1 月生于河南省杞县。1982 年毕业于北京师范大学历史系，留校任教至今。北京师范大学历史系原主任，现为历史学院教授、博士生导师。著有《先秦民俗史》《先秦社会形态研究》等，主编《中国古代史》等。

些可谓历史碎片中的碎片，揭示出我国中古时代遍布南北方的佛教寺院不单单是一个宗教组织，而且还是一个"社会实体"。通过对这些历史碎片的研究，可以了解当时的寺院经济及封建关系，了解寺院经团与官府的关系，是研究魏晋社会形态问题的一个重要参考。可见，一些历史碎片往往承载着丰富的历史信息，捕捉这些信息，认真研究它，就会推动相关研究的深入。

其二，研究历史碎片应当有全局眼光。研究历史碎片虽然必须，但不能只作繁琐考据，只关注琐细的小问题，却忽略了对大问题的研究。看待一个个的小碎片、小问题，需要从大处着眼。例如，作为人类历史社会形态研究一部分的中国古代社会形态研究，正方兴未艾。看中国古代的社会形态，应当有世界通史的视野。人类历史有着共同的发展规律，要经历从原始共产主义时代经由文明时代、再到高级共产主义时代的历程。走向高级共产主义时代，这是历史发展的共同目标。孔子的理想社会就是行"大道"的、"天下为公"的"大同"时代，孔子采用"天下"（而不是用周王朝或是鲁国）的概念来讲述自己心目中的理想时代，在今天看来非常高瞻远瞩，可以说孔子所说的"天下"就类似于我们今天所谓的世界通史视野。之所以要以世界通史的视野来看待中国古代的社会形态，是因为惟有如此才可以看清中国古代社会形态的特色，看清中国古代社会发展道路的世界意义。如果我们研究历史碎片时都有这样的全局眼光，历史碎片的意义就会大不一样。

历史研究的目的在于提供历史鉴戒，认清历史发展趋势，正如古人所谓"丽丽巨巨，日走千里，有必走之势也。虎豹熊罴，鸷而无敌，有必胜之理也。"历史碎片就像认识历史发展必由之路上一颗颗的铺路石子，用好这些小石子，也许会起到意想不到的大作用。

（《人民日报》2015 年 7 月 20 日）

为人民写历史　写人民的历史

萧致治[*]

改革开放 30 多年来，历史研究成果大量出版，研究队伍日益壮大，研究领域不断扩展，进入了繁荣发展的新时期。不过，历史研究也存在一些值得重视的问题，如历史论著读者不多、社会效益不够理想等。当前，历史研究需要解决好如何使研究成果广受读者欢迎、如何在实现中国梦中发挥积极作用这一重大问题。

历史论著少有人问津，是由多种因素造成的，而历史研究未能正确处理自身与人民的关系是一个重要因素。因此，历史研究要突破局限于学术研究的小圈子，为广大人民群众所喜爱，并激发人们建设中国特色社会主义的积极性，就必须坚持为人民写人民的历史。这就需要切实解决两个问题：一是为人民研究历史；二是研究人民的历史。早在 70 多年前，毛泽东同志在延安文艺座谈会上就指出："为什么人的问题，是一个根本的问题，原则的问题""这个根本问题不解决，其他许多问题也就不易解决"。为什么人的问题，不仅对文艺界来说是一个根本的问题，对哲学社会科学界来说同样是一个根本的问题。历史研究者如果只是在口头上而不是在内心深处、实际行动上解决为人民研究历史

* 萧致治，男，1929 年 11 月生于湖南省武冈市。1960 年毕业于中山大学历史系。现为武汉大学历史系教授。著有《黄兴评传》《鸦片战争史》等，曾获精神文明建设"五个一工程"奖、首届中国出版政府奖（图书奖）等多项奖励。

的问题，研究成果又怎么可能受到人民欢迎呢？为人民研究历史，要求历史研究者在选择历史研究课题以及评论历史人物、历史事件时，认真考虑对人民、对社会会起什么作用，是鼓励和滋养人民，还是不起作用甚至起反作用？为人民研究历史，还得研究人民的历史。人民是历史的创造者，这是唯物史观的基本观点。历史研究理应把人民作为主体进行研究，研究人民怎样艰苦奋斗、历经千辛万苦不断推动历史前进。

为人民写人民的历史，需要了解人民群众对历史有哪些方面的迫切需求，然后通过自己的研究努力满足人民群众的需求。同时，还要根据人民群众的口味，把论著写得深入浅出、通俗易懂。历史是一门包罗万象的学科。马克思、恩格斯说："我们仅仅知道一门唯一的科学，即历史科学。历史可以从两方面来考察，可以把它划分为自然史和人类史。但这两方面是不可分割的，只要有人存在，自然史和人类史就彼此相互制约。"习近平同志指出："历史是前人的'百科全书'。"几千年的人类历史积累了浩如烟海的文献资料，还通过考古发掘积累了难以数计的历史文物。对于一般人来说，全部掌握这些文献文物，既无必要，也不可能。即便是专门从事历史研究的人，也不可能做到。历史研究者应通过自己的研究，把最需要、最应该了解的中国历史和世界历史的基本知识告诉人民群众，使人民群众能够通过学习总结历史经验、掌握历史发展规律、认清历史发展趋势，更好地走向未来。这是当前人民群众精神文化生活的迫切需要，也是社会的需要、国家的需要。历史研究者理当义不容辞，努力去满足这种需要，而不能把历史研究变成书斋里一己之悲欢。

为人民写人民的历史，还应特别注重研究人民生产生活史这一历史研究的薄弱环节。对于人民的生产生活史，传统史学研究是很不够的。前人早已指出，一部二十四史，只不过是历代帝王将相的家谱。在这些历史著作中，真正创造历史的人民群众是毫无地位的。新时代的历史研究如何切实体现人民群众是历史主体，仍然需要历史研究者不懈努力，而注重人民生产生活史研究无疑是重要切入点。

总之，开创历史研究的崭新局面，使历史研究成果深受人民群众欢迎，出路就在于端正立场，为人民写历史、写人民的历史。惟有如此，历史学科才能在实现中华民族伟大复兴进程中大显身手、有所作为。

（《人民日报》2015 年 8 月 3 日）

让中国哲学讲中国话

安乐哲 *

数百年以来，中国古典文献特别是中国哲学被译成西方语言，一开始就被套上基督教的神学框架，这种"基督化"的烙印至今随处可见。汉英词典中对于中国哲学词汇有不少译法欠妥，却长期被奉为规范，误导后学。要克服西方人对中国哲学的不准确理解甚至是曲解，就必须准确翻译中国哲学词汇，让中国哲学讲中国话。

英籍奥裔哲学家维特根斯坦曾说过，语言的界限就是我们世界的界限。而西方现有对中国哲学词汇的翻译，没有准确传达中国哲学所秉持的宇宙观。人们在进行翻译时首先应意识到，这一工作是在面对一种与自身不同的世界观。中国哲学词汇与西方哲学概念所传达的世界观相去甚远，用西方哲学概念难以完整表达中国哲学词汇的意义。例如，说到儒家伦理，古汉语就没有对应于西方"ethics"或"morals"的词汇；再如，当代西方流行的"freedom"（自由）、"right"（权利）、"autonomy"（自主）、"individual"（个体）、"rationality"（合理性）、"democracy"（民主）、"private"（私人）等，在古汉语中也找不到对应的词。正因如此，历史上西方耶稣会教士与中国知识分子绝大多数的沟通交

* 安乐哲，1947 年生于加拿大多伦多市。现任夏威夷大学哲学系教授、夏威夷大学和美国东西方中心亚洲发展项目主任。翻译的中国哲学经典有：《论语》《孙子兵法》《孙膑兵法》《淮南子》《道德经》《中庸》等。

流都不成功。

西方当代哲学家对中国哲学的态度是矛盾的：一方面对中国哲学很感兴趣，希望了解；另一方面又不愿将中国哲学视为一种严肃的哲学探求，不承认它作为哲学学科的地位。这在一定程度上可归结为翻译者们对中国哲学词汇缺乏深入理解，其翻译的中国哲学著作难以让西方的哲学专业人士准确把握。做翻译和进行文化比较一样，都不能一厢情愿和简单化，而必须坚持主观与客观相结合，这是原汁原味地理解对方文化的一种必要意识。比如，对待儒家的"角色伦理学"，我们首先需要做的是让儒家伦理学从西方伦理学的语境中脱离出来，使它返回到自己的语境中去，让它自己讲述自己。要做到这一点，就需要找到儒家伦理学本身的语境，即先看它的汉语版本，找出它的核心伦理词汇，想办法弄懂它们说的是什么。也就是说，第一步是先让儒家伦理学显示自己的"主体性"，第二步再把它放到与别的哲学传统对话的位置。

在翻译和文化比较中坚持主观与客观相结合，一方面需要利用西方的经验，另一方面需要还原出一个语境，即中国哲学叙事说理时的情景。只要我们想对中国哲学传统有一个较为原汁原味的理解，就必须把那些情景考虑进去。从这个意义上说，中国哲学经典《易经》所提供的自然宇宙观词汇对我们进行中国哲学诠释具有基础意义。在这个诠释语境中，中国哲学文化能够以自己的词汇讲述它自己，从而颠覆以往很多西方人的翻译。它告诉我们：儒学是"准无神论"的；儒家所说的"天帝"，不是西方人头脑中的"天主"或"上帝"，中国智慧不需要上帝这个理念；儒学的"伦理道德"，不具有西方基督教的神性；儒学中的"人"是关系性的，而不是个体性的；中国社会是社群社会，西方的自由主义在中国哲学传统中没有位置；中西哲学传统讲的"超越"，内涵和实质存在重大差别；西方哲学追求"绝对真"，中国哲学探求的是"道"；现代中国成功避免了全盘西化的最糟糕结果，而继承了儒学中"生生""仁民"等众多合理要素；等等。

（《人民日报》2015 年 8 月 10 日）

民族复兴需要文化自信

何星亮 *

为什么要继承和弘扬中华优秀传统文化？因为这是创造中华文化新辉煌的必然要求。众所周知，中国自近代以来，不少知识分子对自己的传统文化失去自信，主张学习西方就必须全盘照搬，文化发展上也是如此。直至今天，仍有一些人持这种观点。习近平同志指出，"不忘历史才能开辟未来，善于继承才能善于创新""只有坚持从历史走向未来，从延续民族文化血脉中开拓前进，我们才能做好今天的事业"。这一重要论述阐明了我国文化建设必须坚持的基本原则，那就是树立文化自信。

文化自信是相信自身文化的生命力和影响力，也就是认为自己的文化具有重大历史和现实价值，必须继承和弘扬。文化自信包括多方面的内涵，包括对自身文化发展历史与现实的理性认知，对历史文化成就的崇敬与自豪，对自身文化长处和不足的了解，对自身文化创新和取长补短能力的科学认识，对未来文化发展前景充满希望。

之所以需要树立文化自信，是因为优秀文化成果具有超时代性或永恒性。中国传统文化中的中正仁和、自强不息的理念和仁义礼智信等价值观，至今仍

---

* 何星亮，男，1956 年 8 月生于广东省梅州市兴宁市。现为中国社会科学院学部委员，中国社会科学院民族学与人类学研究所研究员，国务院参事，全国政协委员。著有《图腾与中国文化》《中国自然崇拜》《中华民族的形成与中国的民族政策》。

有重大价值。此外，天下为公、以民为本、与时俱进、知行合一、修身自省、和而不同、居安思危等思想，也具有超时代性。中国优秀传统文化可以为今天的人们认识和改造世界提供有益启迪，可以为治国理政提供有益启示，也可以为思想道德建设提供有益启发。我们应结合时代条件加以继承和发扬，赋予其新的内涵。

中华传统文化与世界上其他文化相比，具有自己的优越性。一是唯有中华文明延续五千年而不衰。罗素曾说：中华文明是唯一从古代存留至今的文明。从孔子的时代以来，古埃及、巴比伦、马其顿、罗马帝国都先后灭亡，只有中国通过不断进化依然生存。二是自秦以来中国历经两千多年而最终保持统一，不像欧洲那样分成众多国家，这与中华文化不无关系。三是中华文化在历史上曾长期处于世界领先地位，中华文化是世界主流文化之一，对西方文化也曾产生过重要影响，只是在 19 世纪以后才开始衰落。四是在世界几大文化体系中，中华文化排他性最小、包容性最强，世界三大宗教都在中国存在和发展。五是在世界各国中，中国的古文献资料最为丰富，为文化传承奠定了坚实基础。这些优越性，是我们树立文化自信的依据。

在现代化过程中，现代与传统是紧密相连的。现代化的本质是在传统基础上适应现代发展趋势而不断创新。历史上成功的现代化运动大多是一个双向互动的过程，既善于克服传统文化对现代化运动的阻力，也善于使传统文化转换成现代文明。抛弃传统、丢掉根本，就等于割断了自己的血脉。不忘本源才能开辟未来，善于继承才能更好创新。对传统文化特别是其中一些合理的价值理念和道德规范，要坚持古为今用、推陈出新，努力用中华民族创造的精神财富来以文化人、以文育人。

文化是民族的灵魂、民族的血脉。没有灵魂的民族不可能屹立于世界，没有血脉的民族不可能发展壮大。实现中华民族伟大复兴，需要复兴中华文化。在当今世界思想文化不断交流交融交锋的新形势下，如果我们没有文化自信，一味否定传统、妄自菲薄、自轻自贱，必将丧失自己的优秀文化传统，成为西方文化的附庸。只有树立文化自信，才能在继承和弘扬优秀文化传统中建设文化强国。

（《人民日报》2015 年 8 月 14 日）

历史理论的源与流

沙健孙[*]

历史是人类社会的过去，它是不可能再现的，所以研究历史只能凭借史料。尽可能系统地搜集、整理、分析有关史料是历史研究的基础性工作。不过，对于相同的史料人们仍然可能作出不同的解读、得出不同的结论，这就主要涉及历史观、方法论等问题了。唯物史观的创立，是人类认识史上的一次革命，它使科学地研究历史成为可能。正因为如此，学习、研究和运用马克思主义历史理论，对于推进历史研究具有重大意义。

马克思主义历史理论在形成与发展的过程中，固然也批判地吸收了以往思想家的某些积极成果，但这个理论并不是简单地从已有的理论中推导出来的。它从历史实际出发，是对历史现象的抽象，是从对历史的研究中得到的关于历史发展进程的规律性认识。恩格斯的《家庭、私有制和国家的起源》是一部阐述唯物史观的代表性著作，它的副标题是"就路易斯·亨·摩尔根的研究成果而作"。恩格斯的这部著作，主要利用了摩尔根的研究成果，同时也利用了他自己掌握的关于凯尔特人和德意志人的材料以及摩尔根没有掌握的希腊和罗马历史的若干材料。

————————

* 沙健孙，男，1934 年 2 月生于江苏省宜兴市。北京大学历史系本科毕业。曾任北京大学副校长，中共中央党史研究室副主任。现任马克思主义理论研究和建设工程《中国近现代史纲要》课题组首席专家。著有《毛泽东思想通论》《二十世纪中国的历史道路》等。

诚然，为了用马克思主义历史理论来指导历史研究，我们首先要对这个理论进行认真学习和梳理。不过，从根本上讲，历史理论的发展历史只是历史理论的流，历史本身才是历史理论的源。为了掌握和运用马克思主义历史理论并不断推动其发展，仅仅依靠钻研历史理论的经典文本、研究这个理论发展的历史是不够的。我们还应当力求对中国和外国的历史有比较系统的了解，以便从宏观与微观的结合上对历史发展的进程及其规律作认真的思考和探讨。无本之木，不可能长为大树；无源之水，不可能成为不竭的溪流。这是不言自明的道理。

马克思主义历史理论是开放的体系和发展的学说。马克思、恩格斯创立唯物史观已经有 160 多年。在这期间，世界历史经历了许多新的变化和发展。资本主义发展到它的最高阶段即帝国主义阶段。资本主义的世界体系被突破，社会主义首先在一国而后在多国取得胜利，尽管它后来经历过严重曲折，但仍然在坚持并不断有新的发展。亚洲、非洲、拉丁美洲等广大地区的民族解放运动逐步兴起并不断取得胜利，广大发展中国家在前进中展现出许多新特点。适应历史发展的巨大变化，史学界在世界史、地区史（包括以往很少研究的非洲史、拉丁美洲史等）、国别史、国际关系史等研究方面，在中外历史资料的整理编纂方面，都有许多新的进展。这些条件，是马克思主义的创始人在当时所没有也不可能有的。这些成果是我们进一步检验、丰富和发展马克思主义历史理论的重要基础。但是，历史研究方面取得的这些新成果，似乎还没有被我们充分利用。从事历史理论研究的人，往往注意在钻研、考证、解读有关经典文本上下功夫。这当然是必要的，今后仍需要加强。但是，如果我们的工作主要停留在这个层面，而不去系统了解和有效利用历史发展进程本身及其研究成果，要想在马克思主义历史理论的创新方面取得长足进展，显然会很困难。

恩格斯在 1890 年致康拉德·施米特的信中就曾提出："必须重新研究全部历史，必须详细研究各种社会形态存在的条件，然后设法从这些条件中找出相应的政治、私法、美学、哲学、宗教等等的观点。在这方面，到现在为止只做了很少的一点工作，因为只有很少的人认真地这样做过。在这方面，我们需要人们出大力，这个领域无限广阔，谁肯认真地工作，谁就能做许多成绩，就能超群出众。"恩格斯的这个建议在今天仍然没有过时。当前,历史理论研究和历史研究在很大程度上是互相脱节的。重视对历史发展进程本身及其研究成果的系统了解和有效利用,这应当是坚持和发展马克思主义历史理论、推动我国史学繁荣发展的一个重要条件。

(《人民日报》2015 年 8 月 19 日)

立足语言多样性研究汉语

沈家煊*

上世纪下半叶，国际主流语言学界曾流行一句话：火星上来访的科学家一定会得出结论，除了词汇互相听不懂，全体地球人说的是同一种语言。许多语言学家相信，只要深入研究一种语言（比如英语）的结构，从中概括出一些抽象到不能再抽象的规则，就能解释所有人类语言的句子生成方式。

经过半个多世纪的探索，现在很多人意识到，语言结构的多样性远远超出人们的想象。如果语言共性真的存在并需要将其找出来，也应先充分了解语言的多样性，研究的重点应从一致性转移到多样性上来。因此，上面那句话应该改为：火星上来访的科学家一定会得出结论，地球上生物多种多样，人类的语言也多种多样。真正的语言共性也许不在语言的结构而在使用语言的交往之中。为了建立抽象规则而设立许多在语言表面看不到的抽象范畴，这在一定范围内是可行的，但做过了头就很成问题，就会损害语言的多样性。

从语言类型上看，汉语和印欧语大不一样。19世纪的语言类型学从构词的方式着眼，将汉语视为"孤立语"的代表，有别于"屈折语"和"综合语"，这是大家较为熟悉的。20世纪的语言类型学重点研究造句的类型，仍

---

* 沈家煊，男，1946年3月生。中国社会科学院学部委员，语言研究所研究员、中国语言学会会长。著有《不对称与标记论》《语法六讲》等。

然发现汉语有不少独特的地方。汉语的语法研究，从《马氏文通》开始，基本上是搬用西方语言（即印欧语）的语法范畴和框架，但在解释汉语现象的时候总是圆凿方枘、扞格难通。计算机的中文信息处理也遇到难题，印欧语的造句规则"主语＋谓语"一定是"名词＋动词"，但汉语不受这个限制，"老王上海人"（名＋名），"打人不对"（动＋动），"逃，屠头"（动＋名）也都成句。100 多年来，我们想摆脱印欧语眼光的束缚，用朴素的眼光看汉语，寻找汉语自身组词造句的规律，这种努力一直没有停息。吕叔湘先生晚年曾呼吁，汉语语法研究要敢于大破大立，不要被"主语""谓语""动词""形容词"这些从西方语法引进的术语牵着鼻子走。近年来，这种努力有了明显进展。

一是对汉语"流水句"特点有了新认识，这对固有语言学认知提出了挑战。汉语的句子大多是赵元任所说的"零句"，有的有主语没有谓语，有的有谓语没有主语，小句前后并置，相互之间可断可连，似断还连，不需要连词就能表达连贯的意思。"你不去，别人也不去，事情重要，我去。"这种流水句正是汉语通常的表达方式。"他的为人，你可以信赖"，也是两个小句的并置。曾经有人认为，并置方式只适用于简单的社会和单纯的文化，常见于美洲的一些土著语言。汉语对这种认识提出挑战，因此意义重大。

二是对汉语名词和动词关系有了新认识，这对语言演化理论具有重要意义。西方语言学界大多认为名词和动词互相对立是维持语言生命所必需的，而且句子以动词为中心。但近年来发现，有好些语言不是这样的。所谓的动词其实都兼有名词性，相当于英语里的"动名词"。例如，"死"既是 die 又是 death（死不可怕，我不怕死）。好比细胞分裂一样，印欧语里的动词已经从名词里分裂出来，形成"名动对立"；汉语的动词还没有从名词里分裂出来，仍包含在名词之中。这对人类语言演化理论无疑具有重要意义。

事实上，汉语和印欧语的重大差别还跟东西方的思维习惯、范畴观、哲学精神有千丝万缕的联系。西方学者对汉语真实情况的了解不如我们对西方语言的了解，他们经常引用的汉语语法参考书本来就是按印欧语的语法观念写的，好比在国外开的中餐馆，为了迎合人家的口味已经不是地道的中国餐。中国的语言学家应积极参加到国际语言学界中去，把汉语放在世界语言变异的大背景下研究，既要克服只从汉语看汉语的狭隘性，又要摆脱"印欧语眼光"的束缚，为人类语言研究作出我们应有的贡献。

（《人民日报》2015 年 8 月 19 日）

史学重在探寻规律探讨命运

刘泽华 *

自古以来，我国史学就强调"经世致用"。周初提出"夏鉴""殷鉴"，其后又有"欲知大道，必先为史""以古为鉴，可知兴替""史之为用，其利甚博，乃生人之急务，为国家之要道"等。概而言之，就是"以史明道"。道的含义很广，要义有"道理""道路""知然否"等。这些精辟之论都隐含着我们所说的规律问题，规律问题也就是命运问题。史学的内容那么多，如何探求命运问题呢？

探讨规律、命运问题，首先要敢于面对历史的真实。历史一去不复返，考古可以显示部分本相，但多数靠历史著作的记述来传递。由于人们立场、观念的差别，历史记述本身就有"真""虚""假"的问题，即"直书""曲笔""虚言"等差别。后人对历史的认识，同样因立场、观念的差别，又加了一层"真""虚""假"。因此，历史研究者的首要之责是求历史之"真"。诚如钱大昕所说："史非一家之书，实千载之书，祛其疑，乃能坚其信，指其瑕，益以见其美。"求"真"不是一件容易的事，不仅要有充分的才、学、识、德，还要敢于面对由于利益纠葛而出现的掩饰、扭曲历史之"真"现象，因而还要有

———————————

　* 刘泽华，男，1935 年 2 月生于河北省石家庄市。南开大学历史系肄业。已退休，获"南开大学荣誉教授"之称。主要从事中国政治史、政治思想史研究。著有《中国的王权主义》《中国政治思想史集》（三卷）等。

"胆"。只有揭示历史之"真",才有可能求规律、说命运。

弄清历史现象之"真"是探讨规律、命运问题的第一步,进一步则是探求历史内在的本质之真。本质不是罗列材料的直观认识所能达到的,要靠抽象。比如历史上的租佃关系,把现象揭示出来固然要下很大功夫,但其本质是什么?在马克思主义传入中国之前,占主导地位的认识是地主对租佃者施"仁义"、养活了租佃者。苏轼说:"民庶之家,置庄田,招佃客,本望租课,非行仁义。"从苏轼的言辞看,当时颇为流行的看法是地主家对佃户行"仁义",而苏轼的看法具有反潮流性,非常了不起。同时代的李元弼说的就与苏轼相反:"佃户勤强,便足衣食,全藉主家照顾。"吕陶说得更直接:"天下之自耕而食为天子之农者,十无二三;而食于富人而为之农者,盖七八矣。"佃户是"食于富人"的。尽管有思想家对恶劣的地主进行过挞伐,但主、佃是谁养活谁?多数人认为佃户是被地主养活、靠地主而得生的。马克思主义传入中国后,认识发生了根本性转变,认定是地主剥削佃户,而得出这一结论的理论依据是剩余价值学说。马克思主义剩余价值学说把古今剥削规律的谜底基本说透了,这才真正揭示出历史内在的本质之真。

司马迁说的"通古今之变",就是要探寻规律、探讨命运。本质性连续就是规律,而不论现象有怎样的变化和变形。如何做到"通古今之变"?比如,当前我们常听到关于社会不公的声音。如何认识和对待社会不公问题,需要历史地考察。30多年的改革开放带来了我国经济社会快速发展,快速发展不可避免地使许多历史中的问题更加凸显,这些问题也关涉规律和命运。其实,像社会不公这类问题有更深层的历史原因,需要史学参与解析。勇于面对现实的史学应该能够提出可资参考的解决之路,但实际上我们的史学还没有顶上来,功能还亟待全面发挥。

托克维尔说过:"当过去不再照亮未来,人心将在黑暗中徘徊。"当今时代,我们面临很多有关民族和人类命运的问题,史学应该走到前台来。

(《人民日报》2015年8月27日)

实践观念是重要哲学范畴

赵家祥 *

人类掌握世界有三种基本方式：实践方式、理论方式和实践观念方式。所谓实践方式，是指人按照自己的观念、思想、理论、需要、目的、愿望等，以物质工具手段为中介去改造外部世界，使其适合自己的生存发展；所谓理论方式，是指人在实践方式基础上产生的一种精神方式，是人们在头脑中认识、反映、再现外部世界的客体的过程。而连接理论方式和实践方式的桥梁，就是实践观念方式。这样来看，实践观念是哲学研究的一个重要范畴。

我国目前通行的马克思主义哲学教科书在讲认识的辩证过程时，大都没有包括实践观念；在讲理论联系实际的原则时，大都不讲实践观念这个连接理论和实践的桥梁，这是一个缺陷。补上这个缺陷，能使马克思主义哲学关于认识过程的理论更加完善，使理论联系实际的原则得到更好贯彻实行。

马克思在《资本论》中说："蜘蛛的活动与织工的活动相似，蜜蜂建筑蜂房的本领使人间的许多建筑师感到惭愧。但是，最蹩脚的建筑师从一开始就比最灵巧的蜜蜂高明的地方，是他在用蜂蜡建筑蜂房以前，已经在自己的头脑中把它建成了。"他还明确指出，劳动过程结束时得到的结果，在这个过程开始

　　* 赵家祥，男，1937 年 6 月生于天津市武清区。1964 年毕业于北京大学哲学系。现任中国历史唯物主义学会顾问，国务院特殊津贴专家。著有《历史唯物主义教程》《马克思东方社会理论的历史考察和当代意义》等。

时就已经在劳动者的表象中存在着，即已经观念地存在着。马克思在这里所说的存在于表象中的观念、事先在头脑中建成的实践活动成果，以及设想的实践活动方式方法等，就是实践观念。实践观念以目的、意志、愿望、要求、方针、政策、路线、纲领、战略战术、计划方案、设计蓝图、模拟图形等形式出现，以改造外部世界对象和创造外部世界所没有的新客体为直接目标，是直接支配人的实践活动的观念。

理论联系实际是马克思主义的基本原则。理论具有普遍性，而每一次实践活动都是个别的。实践主体具有特定的目的和技能，使用特定的工具手段，采取特定的方式方法，具有普遍性的理论无法直接指导个别的实践活动。要使理论能够指导实践，就必须在实践活动前，根据实践主体的目的和需要以及被改造的客体的具体情况，首先把理论转化为实践观念，形成连接理论与实践的桥梁，这样才能发挥理论对实践的指导作用。人们常说"三思而后行"，"三思"就是实践活动前在头脑中构建好实践观念，"后行"就是按照构建好的实践观念从事改造世界的实践活动。毛泽东同志在《论持久战》中说："一切事情是要人做的，持久战和最后胜利没有人做就不会出现。做就必须先有人根据客观事实，引出思想、道理、意见，提出计划、方针、政策、战略、战术，方能做得好。思想等等是主观的东西，做或行动是主观见之于客观的东西，都是人类特殊的能动性。"这里讲的根据客观事实引出的思想、道理、意见，属于理论观念；提出的计划、方针、政策、战略、战术，则属于实践观念。而根据正确思想（包括理论观念和实践观念）展开的行动，则属于改造客观世界的实践活动。

实践观念是理论指导实践的必要环节。人的认识过程，可分为从实践到认识和从认识到实践两个阶段。从实践到认识这个阶段的认识，属于理论观念；从认识到实践这个阶段的认识，则属于在理论观念指导下形成的实践观念。这两个不同阶段的认识，其含义是有区别的，理论观念不能直接指导实践，只有把理论观念转化为实践观念，才能直接指导人的实践活动。由此可见，实践观念是在讲认识过程时不可缺少的重要范畴，也是在理论指导实践过程中不可或缺的环节。

（《人民日报》2015 年 8 月 31 日）

中华文化要"自己讲""讲自己"

张立文 *

中华民族是一个智慧的民族、一个善思的民族。自商周直至清代，虽有王朝更替，但国家没有亡、文化没有断。然而，近代以来，受欧风美雨的影响，我们似乎逐渐失去了自己文化的主导权、话语权，或照猫画虎式地"照着讲"，或承袭衣钵式地"接着讲"。在弘扬中华优秀传统文化的当下，我们必须超越"照着讲""接着讲"，理直气壮、自作主宰地"自己讲""讲自己"。

"自己讲"首先要"讲自己"。"讲自己"是中华文化主体挺立于世界文化之林的标志，是中华文化觉醒、自信的表征。这个中华文化主体是自强不息、厚德载物的主体，是海纳百川、有容乃大地蕴涵中西古今人类精神反思的理论思维主体。"讲自己"就是我们讲自己的中华文化，而不是照着、接着西方文化讲。中西文化既有共相，也有殊相，不能以共相吃掉殊相，也不能以殊相否定共相，两者既冲突又融合，相对相关、不离不杂。"讲自己"就是中华文化自己讲述自己对时代精神核心话题的体认，讲述中华文化对每个时代所面临的错综复杂冲突的化解，讲述中华文化对每个时代所发生的危机的义理调节，讲述中华文化对安身立命、价值理想和精神家园的至诚追求。"讲自己"不仅设

---

* 张立文，男，1935 年 3 月生于浙江省温州市。1960 年毕业于中国人民大学中共党史系，曾任教研室主任。1991 年享受国务院政府特殊津贴。现任中国人民大学一级教授、哲学院博士生导师，中国人民大学孔子研究院院长。著有《中国哲学思潮发展史》《和合哲学论》等。

计了"自己讲"的性质、内容和价值指向，还明确了主体域文化思想创新和转化的职责。中华文化"自己讲""讲自己"之所以可能，主要基于以下几个方面。

基于中华文化价值系统历史觉醒的动能。每一次思想的突破创新、文化价值系统的自觉，都源于对时代冲突和危机的深刻洞察与体认，然后激发了从理论思维高度提出化解之道的自觉动能。东周时战争连绵、杀人盈野、社会无序，"协和万邦"的局面遭到破坏。孔子在对"礼崩乐坏"的反思中重塑价值理想、重构伦理道德、重建社会秩序，祈求社会和平安定、人民安居乐业。在经济全球化、社会信息化的当下，世界已成为命运共同体，人类面临共同的冲突和危机，化解这些冲突和危机关系全人类的生命安全、社会发展。中华文化"尚和合"的和生、和处、和立、和达、和爱作为化解各种冲突与危机之道再度勃兴，标志着中华文化的觉醒和自信，是温故创新的活水和根基，是中华文化一浪高过一浪的内生增长力。

基于中华文化价值系统开放包容的品质。开放才能"致广大而尽精微"，包容才能"极高明而道中庸"。因其开放，而能海纳百川，博收广采古今中外文化思想；因其包容，而能有容乃大，融汇转化古今中外文化思想。汉明帝时印度佛教传入中国。正是由于中华文化具有开放包容的品质，儒释道三教才得以对话、交流、切磋，不仅产生了儒学化的佛教，也产生了佛学化的儒家。在佛教与中华文化价值系统会通融合中，特别是与占主导地位的儒学融合中，诞生了中华化的佛教，并传播到东南亚和世界各国。当今时代，中华文化以其开放包容的品质，吸收各国、各民族的思想文化，外为中用、西为中资，冲突融合、集成创新。开放包容是中华文化价值系统之所以不断创新的前提条件，之所以内涵更新、发展繁荣的生命力和驱动力，之所以"自己讲""讲自己"的本真诉求。

基于中华文化价值系统唯变所适的特质。天地人三才之道瞬息千变，文化思想倏忽万状，历史时空的政治、经济、制度、环境也变动不居。唯有与时偕行，才能适应时代变化的需要。中华文化价值系统具有唯变所适的特质，每个历史时期冲突和危机的产生与化解，都推动了中华文化创新。中华文化创新体现时代精神的精华，也赋予中华文化价值系统以新的生命力。中华文化价值系统的逻辑演化是系统的、有序的，其理论思维的创新和转化，都是对以往既定的、固化的逻辑体系、价值观念、思维方法的冲决，这种冲决使中华文化发展经历了先秦的元创期、秦汉的奠基期、魏晋南北朝的发展期、隋唐的深化期和宋元明清的造极期及当代的创新期。创新是中华文化的生命线，是中华文化之所以能够"自己讲""讲自己"的不竭动力。

（《人民日报》2015 年 8 月 31 日）

中华文化具有会通精神

张岂之 *

《庄子·天下篇》说，天下大乱的时候，产生了许多学说，"譬如耳目鼻口，皆有所明，不能相通。"儒家《易传·系辞上》云："圣人有以见天下之动，而观其会通。"主张思想文化的融会贯通。西汉史学家司马迁认为，"天下同归而殊途，一致而百虑"，诸子百家立论不同，但也有彼此相通的方面。东汉史学家班固在《汉书·艺文志》中说，诸子百家学说"相反而相成"。由此可见，会通精神是中华文化的一个重要特点。

中国思想文化史就是思想文化会通的历史。这从《吕氏春秋》一书可以看出端倪。该书亦称《吕览》，为战国末期秦相吕不韦集合门客编成，以儒家和道家学说为主，兼论名、法、墨、农、阴阳各家。此书肯定儒家的政治伦理，主张实行仁政，也赞成道家的君无为而臣有为的观点，体现了儒、道的会通。汉高祖刘邦之孙刘安被封为淮南王，与门客编撰《淮南子》一书。其中，既有道家的"无为"思想，也有儒家、墨家以天下为己任、劳作不息的论述。

从战国末期到秦汉及魏晋时期，其间贯穿着儒家与道家学说的会通，由此产生了魏晋玄学。魏晋玄学以《周易》《道德经》《庄子》为基础，称为"三玄"。

* 张岂之，1927 年生于江苏省南通市。著名思想史家、教育家。现为西北大学名誉校长、西北大学中国思想文化研究所所长、清华大学双聘教授、中央马克思主义理论研究和建设工程首席专家。主要著作有《宋明理学史》《中国思想史》《中国思想文化史》等。

它既讲自然变化，也谈社会人事变迁；既鄙视世俗，表现出超然物外的态度，又主张保持"名教"（身份等级的象征）传统和对自身既得利益的重视，用以论证"名教"与自然的一致性，体现了儒家与道家学说的会通。

中国思想文化的再一次会通，起于唐代"三教并立"（这里的"教"指教化），至两宋，由南宋理学完成。唐代，中国佛学吸取了儒学和道家老子学说的某些方面，有些僧人以"人皆可以为尧舜"来解释佛性，并出现了专讲孝道的佛经，如《父母恩重经》。有些僧人以忠孝思想为内涵、以家族组织为形式编写了禅律《百丈清规》，使佛教中的若干宗派世俗化，这样佛教才有了立足的文化基础。唐代思想家推崇儒学，同时研究佛学，居庙堂之上讲修齐治平、道德教化，处江湖之远则"栖心释梵，浪迹老庄"。时至两宋时期，儒学吸取了佛学宗教哲学的某些论证方法，使自身的哲学思辨特别是在本体论上有了新的理论创造。

"会通"，用南宋理学家朱熹的话说，就是为儒学寻找"活水源头"，否则儒学就会枯竭凋零。他在诗里写道："半亩方塘一鉴开，天光云影共徘徊。问渠哪得清如许？为有源头活水来。"他和其他理学家将"三教"会通在以儒学为主的思想体系中，称为"新儒学"。与朱熹理学有别，南宋产生了以陆九渊为代表的心学思想，认为"心即理"，只要"发明本心"，即可"穷理尽性"。明代思想家王守仁继承陆九渊心学传统，论述"心即理""致良知""知行合一"学说，反映了人们要求独立思考的理性要求。

明末清初思想家黄宗羲说，思想学术为天下之"公器""公识"，要由天下士人共同研究，确定其价值。在他看来，思想学术上的会通精神有助于打破学术上的门户之见，综合各家之长，开辟出一条新路。

（《人民日报》2015 年 9 月 1 日）

西方中心主义的历史演进和现实指向

庞卓恒 *

西方中心主义作为西方资本主义社会的主导意识形态，其要旨是强调以资本主义自由、民主、人权为核心价值的西方文明是人类最优秀的文明，决定人类文明发展方向。西方中心主义大约从 17、18 世纪开始出现，至今已有近400 年的发展演变历程。在不同时期和不同学科领域，都有几位代表性人物对它加以增补和提升，力图使它对非资本主义的意识形态具有更大的渗透力和影响力。

400 年来，西方资本主义的历史地位和处境经历几次重大变化，推行西方中心主义意识形态的指向也相应发生了变化。17、18 世纪，西方资产阶级处在反封建革命时期，其意识形态代表人物主要强调的是以资本主义自由、民主、人权为核心的价值体系和社会制度在反封建方面的进步性和优越性。19世纪中叶以后，西方资产阶级在国外面临殖民地、半殖民地人民反对帝国主义和殖民主义的斗争，在本土面临无产阶级反对资本主义的斗争。在此形势下，资本主义意识形态代表人物发起两面进攻，一面针对殖民地和半殖民地人民，一面针对本土无产阶级，强调资本主义价值体系和社会制度的优越性和不可取

* 庞卓恒，1935 年生于重庆市。教授、博士生导师。1959 年毕业于北京大学历史学系。曾任天津师范大学历史与发展研究所所长，中国社会科学院马克思主义研究院特聘研究员。著有《比较史学》《唯物史观与历史科学》等。

代性。

到了 20 世纪，上述两个指向表现出新特点。其中两位代表性人物的影响尤须关注，即马克斯·韦伯和弗里德里希·哈耶克。韦伯断言，基督新教伦理中勤奋敬业、讲求实效的"理性精神"是促成西方"理性资本主义"产生和发展的一个重要原因；那种"理性精神"是从西方古代犹太人、希腊人和中世纪基督徒精神中一种基因似的要素发育出来的，是西方文明特有的优越性所在，一切非西方的宗教包括他所说的儒教、道教、佛教和伊斯兰教都没有所谓的"理性精神"，不可能产生"理性资本主义"，也不可能产生与"理性资本主义"相联系的"民主的"政治制度和"独立的"法制体系，只能在专制制度压迫下停滞不前、苟且生存。美国社会学家帕森斯在韦伯理论基础上编制出一套宣扬"现代化 = 西方化 = 美国化"的理论，鼓吹非西方国家要实现现代化就必须走西方化、美国化的道路。

哈耶克也断言，"在基督教以及希腊人和罗马人奠定的基础上逐渐成长起来的西方文明"最珍贵的核心价值，就是对"个人自由"的尊重，由此建立起来的一整套体现自由主义原则的经济、政治、法律和社会制度，是非西方国家应当效法的榜样。他认定社会主义是违反"人性"的，是"必然"导致法西斯主义和纳粹主义的有害运动。上世纪末东欧发生剧变时，许多人就是在各种"哈耶克俱乐部"和"哈耶克协会"旗号下参与进去的。

当今西方中心主义意识形态的现实指向，主要是对非西方世界进行以西方资本主义自由、民主、人权为核心的"普世价值"渗透。这已成为西方国家对非西方世界推行和平演变和各种形式"颜色革命"的长期战略的一部分。不久前，美国《国家利益》发表文章称："对美国来说，这意味着要坚信自由和民主等'软实力'的吸引力……如果我们相信自己的价值观，美国就应该能够看到中国的渐进式变化。"这充分表明，他们把灌输资本主义"普世价值"作为对我国进行和平演变的一项重要战略。

但是，形势比人强。时下，"告别西方中心主义""破除西方中心主义""西方中心主义走向末路"逐渐成为热词。而搞清楚西方中心主义的历史演进和现实指向，有助于我们认清其本质，坚定中国特色社会主义道路自信、理论自信、制度自信。应当看到，在当下中国社会思潮中时不时涌动起来的"西化"潮流，其思想渊源正是来自韦伯、哈耶克等人大力增补了"现代学术元素"的西方中心主义意识形态。因此，我们必须坚定价值观自信、文化自信，在中西文化差异比较中构建平等对话的逻辑思维，跳出"西方中心主义"的思想陷阱，坚持和发展中国特色社会主义，促进人类文明繁荣进步。

（《人民日报》2015年9月8日）

中国历史学的传承与创新

安作璋*

习近平同志在致第二十二届国际历史科学大会的贺信中指出："历史研究是一切社会科学的基础""历史是人类最好的老师"。这充分说明了历史研究的重要意义。新中国成立以来，中国历史学在马克思主义指导下取得了重大成就，但也走过一些弯路。新的历史时期，中国历史学如何继承悠久传统和丰厚遗产并不断创新，需要我们认真思考。

20 世纪初，率先打破两千年史学旧传统、举起"新史学"大旗的是梁启超。之后，王国维运用"二重证据法"研究中国古代史并作出杰出贡献。马克思主义传入中国后，被用于指导历史研究，使中国历史学呈现新的面貌。新中国成立后，我国历史研究的最大成就是马克思主义史学得到迅速发展。在马克思主义指导下，涌现出一批史学大师，如郭沫若、范文澜、翦伯赞、吕振羽、侯外庐等。老一辈的史学家都十分重视运用马克思主义基本原理来研究中国历史。例如，郭沫若在《中国古代社会研究》一书中明确表示，要为恩格斯的《家庭、私有制和国家起源》作续篇。侯外庐在自传《韧的追求》里特别讲到，他 1943 年获得一篇马克思遗稿的俄译本，请一位同志译为中文，读后"增加

---

    * 安作璋，1927 年 1 月生于山东省曹县。山东师范大学终身教授。1951 年齐鲁大学文学院历史系毕业。1980 年晋升教授，1991 年荣获国务院"政府特殊津贴"，1993 年国务院学术委员会评定为博士生导师。著有《秦汉官制史稿》《秦汉史研究文集》等。

了研究中国古代社会史的理论和勇气"。当然，这一时期的历史研究也存在一些不足和失误之处。比如，存在公式化、简单化和贴标签式的教条主义倾向；在运用阶级分析法时有非历史主义倾向，庸俗化地理解阶级斗争的历史作用；有的人往往把精力用在解释马克思主义经典作家的个别语句上，忽视了中国历史的特点。实际上，这些做法恰恰是违反马克思主义的。随着时代发展，历史研究必然会产生一系列这样那样的理论，但我们始终不能放弃以马克思主义为指导，要避免从一个极端走向另一个极端。以马克思主义指导历史研究，最根本的一条就是要真正理解马克思主义，掌握马克思主义的精神实质和立场观点方法，并将其与中国的历史实际相结合。正如恩格斯强调的，"如果不把唯物主义方法当作研究历史的指南，而把它当作现成的公式，按照它来剪裁各种历史事实，那它就会转变为自己的对立物。"

中国历史学要始终在马克思主义指导下开展研究，这个原则不能有丝毫动摇。但是，这并不能成为我们抛弃优秀传统和对外封闭的借口。中国的传统史学有许多值得我们今天学习和借鉴的地方。从几千年连续不断记载历史和史料积累方面看，中国传统史学具备独特优势。古代史学家敢于秉笔直书，不虚美、不掩恶的优良传统和实事求是的实录精神，也值得我们学习。梁启超把唐代刘知几所论史识、史学、史才与清人章学诚所论史德合称为"史家四长"，认为"要想做一个史家，必须具备此四种资格"。这"史家四长"仍值得今天的史学工作者学习。此外，我国几千年来形成的编撰史书的一些方法和体裁仍值得今天借鉴，史学经世致用的优良传统更需要在今天发扬光大。

中国历史学的发展还必须和世界文明的发展趋向相一致，尽量吸收人类文明最新成果。要做到这一点，就必须和国际史学界保持经常的交流，取长补短，掌握历史研究的最新动态和研究成果，不做时代的落伍者。如果我们对国际史学界缺乏敏锐的观察，不虚心学习，那么，在世界形势瞬息万变的情况下，中国的历史学必将逐渐失去生命活力。需要指出的是，对国际史学我们不应盲目排斥，但也不能盲目接受，尤其是不能被西方的一些史学理论牵着鼻子走。要用马克思主义理论进行分析鉴别，批判地吸收、科学地改造，去其糟粕、取其精华。

可以预见，未来中国历史学发展将会面临更多的问题和挑战，这就要求我们在历史研究中努力进行创新。创新应该是全方位的，无论是理论、观念、方法、手段等都要创新。创新绝不是标新立异，那样的所谓"创新"是不可取的。真正的创新应该是在马克思主义指导下，在继承吸收前人和当前研究成果的基础上有开创性的发展，是对当前和今后历史研究有启迪意义和导向作用的创新。当然，在某个具体问题上把研究的深度和广度再向前推进一步也是创新，但更重要的创新是那些具有方向性、导向性的研究。我深信 21 世纪中国史学必将出现一个崭新的局面，必将发挥它在社会主义五位一体文明建设中应有的作用，必将在世界文明史上留下光辉的一页。

（《人民日报》2015 年 9 月 21 日）

"一带一路"需要语言铺路

李宇明 *

　　"一带一路"建设借用丝绸之路这一历史资源，与沿线各国发展经济合作伙伴关系，共同打造政治互信、经济融合、文化包容的利益共同体、责任共同体和命运共同体。它涉及几十个国家、数十亿人口，这些国家在历史上创造了多姿多彩的文明形态。海行靠舟，陆运需车。语言，即思想之舟舆。在推进"一带一路"建设中，语言如何铺路、怎样搭桥？

　　既达意又表情。习近平同志在哈萨克斯坦首谈丝绸之路经济带时，就高瞻远瞩地提出"五通"。实现"五通"，当然需要语言互通。首先，政策要用语言表述。协商制定区域合作规划与措施，并使相关政策、法律、规划、措施为民所知所用，环环都需语言交流。其次，设施联通更需语言连通。语言之路不通畅，其他方面也难以通畅。再次，"五通"之中，民心相通看似最"软"，但要把"一带一路"建设为命运共同体，实现利益互惠、责任共担，民心相通更为根本。"一带一路"建设可以用英语等作为通用语，但这种通用语只能达意、难以表情，只能通事、难以通心。欲表情、通心，需用本区域各国各族人民最乐意使用的语言。粗略统计，"一带一路"建设涉及国家的国语或国家通

　　* 李宇明，男，1955年生于河南省泌阳市。北京语言大学党委书记。曾任国家语委副主任、教育部语言文字信息管理司司长。获国务院政府特殊津贴、全国"五一"劳动奖章。出版《儿童语言的发展》《语法研究录》《*Language Planning in China*》等著作20余部，发表论文430余篇。

用语有近50种，再算上这一区域民族或部族语言，重要者不下200种。这50种或者200种语言，乃是表情、通心之语，应当列入"一带一路"语言规划的项目单中。

既看得明白又看着顺眼。"一带一路"建设的基本理念是互利共赢，表现在语言理念上就是提倡平等互惠。在各种概念的中外翻译中，应尊重各种文化的语言使用习惯，特别要注意能让更多的人看得明白、看着顺眼，注意词语使用得体。比如"汉语推广""过剩产能输出"等，都未必是合适的用语，因为这些词语要么含有不平等的话外之音，要么是用中国眼光看世界，容易引起误读。此外，有人把"一带一路"分为"新起点""真正起点""黄金段""核心区""中心线""支点国家"等，特别是国内一些地区正在"抢占制高点"。如此"截路分等"是否合适，值得仔细斟酌。如此看来，应尽快启动"一带一路"术语研究，制定有关术语使用与翻译原则，提供具体翻译词表，拟订忌讳词表或不建议使用词表，及时提供语言咨询服务。

信息化时代，大数据与"互联网＋"使语言的作用急遽放大。推进"一带一路"建设，应重视语言规划。第一，研究"一带一路"语言状况。摸清底数、列出清单、组织调研，建立语言数据库。在此基础上，编辑各国语言志，编纂单语词典、多语词典及各种专业词典，编写教科书及普及用书等。第二，注重培养语言人才。改革开放以来，我国外语学习不断升温，公民外语水平大有提高。但学习的语种较为单一，主要集中在英语等大语种上，而能使用"一带一路"建设中"表情、通心"语言的人才十分缺乏，需要加大培养力度。第三，了解相关国家的语言政策及语言使用习惯。语言政策是公共政策的重要组成部分，语言使用习惯是重要文化习惯。应有计划地研究相关国家语言政策及语言使用习惯，出版相关书刊，以便当事者遵守这些政策、尊重这些习惯。第四，充分利用语言技术。当下人类的语言交际多数伴随着语言产品，得助于语言技术，比如智能手机、短信微信、电子邮件、PPT、翻译软件等。在"一带一路"建设中，应重视搭建语言技术平台，充分利用语言技术，大力发展语言技术，打造语言产业，共享语言红利。第五，做好社会语言服务工作。语言服务，需要政府与民间双手推动、更多依靠民间力量，需要公益服务与有偿服务双腿行进。应向各国政府、企业、社会机构及家庭、个人等提供各种语言服务，包括语言规划、语言咨询、语言教育、语言翻译、语言技术支撑等。

（《人民日报》2015 年 9 月 22 日）

如何看经典学经典

刘纲纪 *

加强理论学习，离不开学习经典著作。经典著作卷帙浩繁，学什么、怎么学是一个需要解决好的问题。为此，首先要弄清何谓经典著作、怎样看待经典著作，做到突出重点、学有成效。

经典著作，是指在人类历史上产生深远影响的著作，可分为两大类：非马克思主义经典著作和马克思主义经典著作。比如，我国古代的《书经》《易经》《老子》《论语》《墨子》《孟子》《庄子》《荀子》《韩非子》，古希腊柏拉图和亚里士多德的诸多著作等，均属非马克思主义经典著作。这类经典著作还应包含马克思主义经典作家曾予以肯定和批判继承的各种著作。比如，15 世纪意大利文艺复兴时期但丁的人文主义著作；16 至 17 世纪英国莎士比亚、培根、洛克的著作，以及斯密、李嘉图的经济学著作；18 世纪法国的启蒙主义著作；18 世纪末至 19 世纪初从康德到黑格尔的德国古典哲学著作，英、法两国的空想社会主义著作；等等。

马克思主义批判和继承人类历史上诸多有进步意义的思想，使人类思想发展到一个前所未有的新高度，第一次把对人类历史的认识变成了科学。因此，阅读经典著作既要重视马克思主义产生前的经典著作，更要注重马克思主义经

    * 刘纲纪，男，1933 年 1 月生于贵州省普定县。1956 年毕业于北京大学哲学系。现任武汉大学资深教授，国务院特殊津贴专家。著有《中国美学史》（多卷本）《艺术哲学》等。

典著作，把两者密切联系起来。很多情况下，只有在尽可能全面、准确地掌握马克思主义之后，才有可能真正读懂、读深、读透马克思主义产生前的各种经典著作。

西方 20 世纪以来出现的各种思想流派，如西方马克思主义、后现代主义的代表性著作，是否应列入经典著作？如果从这些著作是人们了解资本主义思想发展史而需要阅读的历史文献来看，也可将其列入非马克思主义经典著作。问题在于，这些著作同马克思主义曾批判吸收的资本主义著作相比，情况已发生重大变化。资产阶级处于上升发展期时，竭力批判封建主义，推动生产力发展，符合那个时代的发展趋势，从而也是符合大多数人民利益的。正因如此，当时资产阶级的思想家能够面对客观事实，提出在不同程度上具有启示意义的理论。20 世纪，资产阶级主宰西方国家经济社会发展。在这种情况下，大多数思想流派持资本主义是人类历史上合理社会的观点。即便是对资本主义持批判态度的思想流派，如后现代主义等，其最终结论也是这样的。

西方 20 世纪出现的思想流派大多数是保守的。它们不能用超越当代西方资本主义的历史视野去观察思考人类社会发展，也不可能成为历史上有长远影响的思想。这并不意味着可以把西方现代思想流派的著作放到一边不予理睬，因为对这些著作进行深入分析，可以从反面证明马克思主义的正确性，推动马克思主义在当代的发展。同时应看到，后现代主义等思想流派的著作中也含有对西方现当代资本主义的批判成分，通过分析，摒弃其错误论点后，有助于我们认识西方现当代资本主义的实质。另外，还有一些从认识上研究当代自然科学发展问题的著作，如瑞士哲学家皮亚杰的发生认识论等，当然可以摄取过来，丰富马克思主义科学认识论。

20 世纪 80 年代以来，我国翻译出版了大量西方现当代思想流派的著作。这开阔了人们的思想视野，但也出现了盲目崇拜、追随西方现当代思想流派的现象。这种现象必须改变，但不能回到对西方现当代思想流派闭目塞听的状态；相反，应跟踪观察其发展，站在马克思主义立场上对其进行深入分析研究，使其成为我们今天学习研究马克思主义经典著作的参考材料。

（《人民日报》2015 年 10 月 9 日）

科学把握运用马克思主义基本原理

靳辉明 *

关于马克思主义基本原理，经典作家在不同时期有过不同表述。马克思、恩格斯用一般原理、基本思想来表述，列宁用基本原理、基本原则来表述，毛泽东同志更多用普遍真理、基本原理来表述。这些用语属于同等意义的范畴，均用以表述马克思主义基本原理。显然，马克思主义基本原理是在历史上形成并为人们所认同的科学概念，应科学把握和运用它。

马克思主义经典作家不仅继承了先辈们创造的有价值的思想成果，而且超越了他们，把人类思想推进到一个新的发展阶段。在人类历史上，无数的思想先驱，如中国的孔子、老子，西方的柏拉图、亚里士多德，以及古典经济学家、哲学家、空想社会主义思想家等，他们的思想创造丰富了人类精神宝库，具有很高价值。但不可否认，他们也都具有历史和阶级的局限性。而马克思主义基本原理之所以能超越他们的思想，就在于其创始人站在新的时代高度，代表先进生产力和先进阶级（工人阶级）的根本利益，同人类历史发展方向是一致的。

马克思主义基本原理具有以下特征：其一，充分体现马克思主义的根本性

＊　靳辉明，男，1934 年 12 月生于山西省侯马市。1960 年毕业于中国人民大学哲学系。现任中国社会科学院马克思主义研究院教授，国务院特殊津贴专家。著有《马克思主义若干重大问题研究》《当代资本主义新论》等。

质和整体功能，是科学性和革命性高度统一的世界观和方法论。其二，相对于个别原理和特殊原理而言，是对更为广阔时空领域的事物本质和发展规律的概括。其三，更具稳定性和有效性，不会因为具体条件的变化而发生质的改变。其四，对于人们的实践活动具有普遍和根本的指导意义。可以说，马克思主义基本原理是对客观事物本质和规律的高度概括，是一种抽象的理论形态；但它又寓于个别事物之中，只有与不同领域、不同阶段的具体实际紧密结合，才能发挥指导功能。正如马克思、恩格斯所说，"这些原理的实际运用……随时随地都要以当时的历史条件为转移"。因此，必须防止两种倾向：脱离当时变化了的条件，机械搬用马克思主义基本原理的教条主义倾向；借口历史条件变化，宣扬马克思主义"过时论"的错误倾向。这两种倾向将长期存在，在不同时期会有不同的表现形式。

马克思主义基本原理是有层次的，大致说来包括两个层次：一是揭示客观世界最一般规律的原理；二是揭示人类社会发展和社会形态更替规律的原理。我们是立足于当代中国具体实际来探讨马克思主义的，因此要研究中国化马克思主义的基本原理，即中国特色社会主义的基本原理、基本原则。它具有中国特色，是马克思主义基本原理的具体体现。这些原理是在中国具体历史条件下产生的，适用于中国实际，同时对经济文化落后国家进行社会主义革命和建设也有重要借鉴意义。

学习和研究马克思主义基本原理全在于运用。马克思主义活的灵魂就在于与实际结合，在于指导实践并在实践中发展和完善自己。把马克思主义基本原理成功地用于指导实践，是一个十分困难、极其复杂的过程，会出现各种各样的偏差。应当看到，马克思主义作为一种理论体系转化为现实政策和实践活动，有许多中间环节需要研究、论证和再创造，不能把马克思主义基本原理直接等同于现实政策。毛泽东同志有句话讲得很深刻：马克思主义是我们指导思想的理论基础。如果把马克思主义的真理性和意识形态性简单化、庸俗化，就会损害其科学性，使一些人对马克思主义的正确性产生怀疑。因此，科学把握和正确运用马克思主义基本原理，还应深入研究马克思主义真理性和意识形态性的关系，作出令人信服的阐释。

（《人民日报》2015 年 10 月 14 日）

从伦理学反思新自由主义

夏基松 *

在当代西方伦理学领域，传统个人主义价值观仍占据基础地位。然而，随着西方社会的后工业化发展，社群主义伦理学派应运而生，对西方传统个人主义伦理学提出了挑战，其局面颇为引人瞩目。

西方社群主义伦理学的兴起，是对以新自由主义面目出现的个人主义伦理学的批判性反应，其代表人物有加拿大哲学家查尔斯·泰勒和美国哲学家阿拉斯代尔·麦金泰尔、迈克尔·桑德尔、迈克尔·沃尔策等。围绕伦理学与社会政治理论的前提和重要原则等问题，社群主义伦理学与个人主义伦理学展开了激烈论战。二者的分歧主要体现在以下三个方面。

个人决定社群还是相反。社群主义与个人主义的一个根本分歧在于它们对个人与社群关系的不同立场。个人主义强调个人决定社群，认为只有个体的人才具有天赋的权利、利益、意志和意图，而社群只是个体随意、自发和自由的组合。因此，它否认作为整体的社群利益和意志。社群主义则相反，它认为个人主义的权利和功利概念是理论上的虚构，而社群才是真正的伦理实体，是个体自我及其认同的构成性要素，因为个体的个性、人格、意识等都是在社会的文化传统、道德规范、意识形态等熏陶下形成的；如果

* 夏基松，男，1925 生于浙江省杭州市。浙江大学教授、博士生导师，我国著名的现代西方哲学专家。著有《当代西方哲学》《现代西方哲学教程》《波普哲学述评》等。

离开社群，个人就不可能获得规定性。当然，社群主义从未否认过个人的自主性、自由和创造性，但认为其始终受到特定历史阶段社会整体状况的制约。

个人权利是先天的还是后天的。个人主义坚持个人权利是天赋的、天经地义的，神圣不可侵犯。它的一个基本信条是：只要不伤及社会和他人利益，个人就无须向社会负责；只有对社会和他人利益造成伤害时，个人才会受到惩罚。因此，国家和社会的首要责任就在于捍卫个人的天赋权利。而社群主义认为，人权观念是后天的，无法脱离社会历史情境而被先天规定。正如查尔斯·泰勒在批评自由主义时所说，自由主义将个人选择生活方式的自由置于核心地位，但人不可能在社会之外具备从这种选择中发展自身的能力；也就是说，人们必须在社会中被赋予这种自由选择的能力。在社群主义看来，自由主义"原子式"的个体权利概念一旦离开了它所归属的社群，就既不可能被规定也不可能被理解。

个人利益先于社会利益还是相反。个人主义强调个人利益至上原则——"我"优先于"我们"，反对因社会利益而损及个人利益。与之相反，社群主义强调社群及其历史和文化传统是个人生存的前提。如果个人利益优先于社群利益，那么，可能出现的状况是，在社群利益受到损害时，个人利益也不可避免地会受到损害。很多时候，社会利益的损害，例如生态环境的污染、网络空间的破坏等，甚至会导致个人利益受到更多、更大的损害。在批评自由主义的基本假定时，社群主义主张放弃个人主义的"原子主义"前提。迈克尔·桑德尔认为，"我"天然地就不是一个自由主义者所假定的"无牵无挂的自我"。因此，伦理学和政治学不应以个人主义为基石，而应以良序的社群为基础。

总的来说，社群主义伦理学认为，西方当代个人主义—新自由主义的价值偏好、理论假定和论证，已经无法提供充分的协调机制来应对诸多全球性和整体性（即社群）层面的危机。个人主义—新自由主义的困境在于，它将个人的价值和自由分离化、绝对化、抽象化了。如果说个体所构成的社群是一个动力系统，那么，个人主义—新自由主义只看到了这个系统中凸显的节点，而忽略了各节点彼此联系、相互影响的互动关系。这种对社会、历史和文化环境的弱视或无视，正是社群主义强烈反对的。西方社群主义伦理学的这些观点，对于我们从哲学和伦理学的层面认识新自由主义有一定的启示和借鉴价值。

（《人民日报》2015 年 11 月 2 日）

历史虚无主义怎样掩人耳目

陈之骅 *

当前，历史虚无主义的噪音、杂音仍不时响起。有人认为，根本不存在历史虚无主义，如果一定要说有，那么，马克思主义和共产主义就是最大的历史虚无主义，因为它们是脱离实际和无法实现的。还有人认为，历史虚无主义是史学领域的一个流派，是研究工作的一种"理论创新"和"范式转换"，是一些学者的"一家之言"。我们旗帜鲜明反对历史虚无主义，就要针对诸如此类的观点，搞清楚历史虚无主义是怎样掩人耳目的。

历史是客观存在的，怎么能被"虚无"掉？其实历史虚无主义并非虚无所有历史，而是有所"虚无"有所不"虚无"。他们虚无和否定的主要是革命特别是中国共产党领导的社会主义革命，是革命的历史必然性和人民群众对革命道路的选择，是革命领袖们的功绩，是社会主义制度、理论与实践以及作为指导思想的马克思主义；而不虚无并竭力加以美化的则是一切与上述历史活动逆向而行的事件、人物和思潮等。无论虚无还是不虚无，历史虚无主义者都打着"重新审视历史"的旗号，无视历史事实，使用经过精心裁剪的所谓"史料""档案"，恣意歪曲历史的本来面目，将完整的历史现象碎片化，抓住

---

* 陈之骅，男，1934 年 6 月生于浙江省杭州市。中国社会科学院荣誉学部委员、世界历史研究所研究员，博士生导师。1959 年苏联列宁格勒大学毕业。曾任世界历史所副所长、中国苏联东欧史研究会会长等职。著有《克鲁泡特金传》《历史唯物主义与俄国史研究》等。

一点不及其余；或是进行毫无根据的假设、推理，甚至不惜编织谣言、伪造历史。显然，当前流行的历史虚无主义并不是什么学术思潮，更不是史学领域的什么流派，这些都不过是掩人耳目的幌子。历史虚无主义的定位不在学术领域，而在政治领域。历史虚无主义的主要目的是否定社会主义制度、理论和实践，否定共产主义远大理想，同时为实现全盘西化和走资本主义道路制造舆论。

回顾一下苏联解体的历史过程，历史虚无主义的真实面目便会暴露无遗。众所周知，历史虚无主义是苏共垮台和苏联解体的一个重要原因。当时，苏共最高领导人为了推行其"人道的民主的社会主义"，提倡"毫无限制的公开性"，把所谓"还原历史"作为突破口。一些史学家，更多的是政论家、文学家和经济学家，开始全盘否定斯大林及其领导下的社会主义建设成就和反法西斯卫国战争，进而否定列宁和十月社会主义革命，最终全盘否定苏联和苏共历史。西方敌对势力趁机加强对苏联的意识形态渗透。他们把历史虚无主义作为一个有力抓手，并以社会改良主义、新自由主义、抽象的人性论和"普世价值"等相配合。历史虚无主义在苏联的泛滥，瓦解了人们对马克思主义和共产主义的信仰，玷污了苏共及其领导的无产阶级政权，而西方资产阶级民主制度则不断被美化。这些做法搞乱并腐蚀了党员和群众的思想，消解了党组织的战斗力，成了苏联解体和苏共垮台的重要催化剂。可见，我们必须认清历史虚无主义的严重危害和恶劣影响，高度警惕并坚决抵制历史虚无主义思潮。

消除历史虚无主义的影响，一要加强对历史唯物主义的学习和宣传。历史唯物主义是马克思主义的重要组成部分，其立场观点方法特别是关于历史发展规律和主要动力的理论以及阶级分析和历史主义的研究方法，是战胜历史虚无主义的强大思想武器。二要加强历史教育、普及历史知识。学好历史特别是中国近现代史，就能理解今天我们所走的中国特色社会主义道路是中国共产党人在长期探索中将马克思主义基本原理同中国具体实际相结合、总结和吸取国内外历史经验教训作出的唯一正确选择。有了这样的认识，才能看清历史虚无主义的本来面目。习近平同志指出："历史是人类最好的老师。"这充分表明了历史教育的重要性。只有深入开展历史教育，才能使历史虚无主义不攻自破。

（《人民日报》2015 年 11 月 2 日）

扎实推进中国海洋文明研究

杨国桢 *

在世界历史上，西方现代化在某种程度上说是依海洋而兴的。在大航海时代崛起的西方国家不断对海外进行武力征服、殖民扩张，海洋文明成了西方资本主义文明、工业文明的历史符号。20 世纪，海洋文明进一步被一些发达国家意识形态化，他们夸大"海洋—陆地"二元对立，宣扬海洋代表西方、现代、民主、开放，而大陆代表东方、传统、专制、保守。在这种语境下，海洋文明的多样性被否定，中国的、非西方的海洋文明史被遗忘。这种"二元对立"的语境制约了我们对海洋重要性的认识。在大力推进"一带一路"建设的新形势下，我们应高度重视对中国海洋文明史的研究。

在过去相当长时期，许多人以西方的论述为标准，认为中国只有黄色文明（农业文明），没有蓝色文明（海洋文明）。这种观念认同黑格尔、马汉等西方思想家所描绘的海陆对立世界观，将中国传统观念纳入这一格局，构建出"中国是大陆国家，不是海洋国家；中国有海洋活动，没有海洋文明"的一套话语。直到今天，这种观念依然有很大影响。但大量研究成果证明，海洋文明并不是西方独有的文化现象。西方海洋文明在近现代与资本主义相联系，并不

* 杨国桢，男，1940 年 3 月生于福建省龙岩市。1961 年毕业于厦门大学历史系，留校任教至今。厦门大学历史研究所原所长，现为人文学院教授、博士生导师。著有《林则徐传》《明清土地契约文书研究》等，主编《海洋与中国丛书》《海洋中国与世界丛书》等。

等同于只有资本主义社会才有海洋文明。海洋文明也并非天生就是先进文明，而有其自身变迁过程。还应看到，濒海国家和民族的海洋文明表现形式各不相同，都有其存在价值。

中国海洋文明存在于海陆一体结构中。中国既是陆地国家，又是海洋国家，中华文明具有陆地与海洋双重特性。中华文明以农业文明为主体，同时包容游牧文明和海洋文明，形成了多元一体的文明共同体。海洋文明是中华文明的源头之一和有机组成部分。作为中华文明的子系统，中国海洋文明的主体经历了一系列变化：早期是东夷、百越文化系统，先秦、秦汉时代是中原华夏与东夷、百越文化互动共生的文化系统，汉唐时代是汉族移民与夷、越后裔融合的文化系统，宋元以后则是汉蕃海商互联互通的文化系统。中国海洋文明与其他单纯依赖海洋国家的海洋文明不同，需要妥善处理内陆与海洋的关系，其理想状态是陆海平衡、陆海统筹。但在历史上，陆主海辅、重陆轻海、以陆制海的观点和政策常占上风，这个矛盾纠结困扰着中国走向海洋的历史选择。但是，不能因此就否认中华民族源远流长、辉煌灿烂的海洋文化和勇于探索、崇尚和谐的海洋精神。中国海洋文明在中华文明内部结构中的这种复杂性，正是其区别于其他海洋文明尤其是西方海洋文明的重要特性。

当前，我国提出建设"丝绸之路经济带"和"21 世纪海上丝绸之路"，兼顾陆地与海洋，建立在中国既是陆地国家又是海洋国家的历史土壤上，是统筹陆海大格局、全方位对外开放的大手笔。它秉承和平合作、开放包容、互学互鉴、互利共赢精神，力求与沿线国家建成政治互信、经济融合、文化包容的利益共同体、命运共同体和责任共同体。贯彻落实这一倡议，亟须我们加强中国海洋文明研究。中国海洋文明博大精深，留存下来的文献浩如烟海，但目前还缺乏全面的搜集和整理。20 世纪 90 年代兴起的海洋史学还处于发展的初期阶段，中国海洋文明的多学科交叉和综合研究则刚刚起步，中国的海洋叙事还显得力不从心。对此，应从基础性理论研究和专题研究入手，扎扎实实推进中国海洋文明研究。

（《人民日报》2015 年 11 月 17 日）

让世界分享马克思主义中国化理论成果

顾海良[*]

面向 21 世纪，如何推进马克思主义中国化，并让世界分享马克思主义中国化理论成果，是中国马克思主义理论发展和学科建设的重要使命。

马克思主义中国化包括两个方面的基本含义：一是把马克思主义基本原理运用于中国具体实际，分析和解决中国实际问题；二是按照马克思主义的立场、观点和方法，总结中国社会的实际发展和中国共产党的实践经验，并将其上升为科学理论，形成具有中国特色的马克思主义新的内容和形式。简言之，马克思主义中国化是"化中国"和"中国化"的结合。前者主要是理论运用于实践的过程，后者主要是实践上升为理论的过程；前者主要是理论指导和运用的过程，后者主要是理论概括和升华的过程。在对这一历史过程的把握中，有几方面经验值得重视。

马克思主义基本原理同中国具体实际相结合。分析和解决中国的实际问题，推进实践基础上的理论创新，是马克思主义中国化的根本原则。马克思主义基本原理在同各国具体实际相结合中，形成了具有各国特色的马克思主义，这是马克思主义历史发展多样性的生动体现。中国共产党摒弃机械照搬马克思

---

* 顾海良，男，1951 年生于上海市。教授，博士生导师，国务院学位委员会学科评议组理论经济学组成员、全国马克思主义经济学说史学会会长。曾任教育部党组成员（副部长级）。曾获"全国五个一工程"奖等。著有《马克思"不惑之年"的思考》《画说〈资本论〉》等。

主义个别词句、个别结论或外国现成经验的有害做法和错误观念，立足中国实际，深刻理解和把握中国历史与现实，具体分析和解决中国实际问题，使中国化马克思主义始终成为中国社会进步和发展的光辉旗帜，成为中华民族独立和振兴的精神支柱。

始终坚持理论创新。马克思主义中国化的历史过程，以中国共产党在中国社会变革实践中的理论创新为显著特色。中国共产党的创新理论既是马克思主义的，又是中国化的；既是对中国革命、建设和改革探索过程的理论总结，又是对马克思主义所作的具有中国特色的理论概括。与时俱进作为马克思主义的理论品质，体现于马克思主义中国化整个理论与实践过程，是马克思主义中国化得以接续推进的思想精髓。贯穿于马克思主义中国化历史过程的，无论"化中国"还是"中国化"，实际上都是中国共产党对于什么是马克思主义、怎样对待马克思主义这一根本问题的实践探索和理论回答。

以实现中华民族伟大复兴为基本主题。实现中华民族伟大复兴，是中华民族近代以来最伟大的梦想。这个梦想凝聚了几代中国人的夙愿，体现了中华民族和中国人民的整体利益，是全体中华儿女的共同期盼。实现中华民族伟大复兴的中国梦，是对近代以来中国人民追求共同理想的深刻诠释和生动概括，具有坚持中国道路、弘扬中国精神、凝聚中国力量的强大感召力和影响力，彰显道路自信、理论自信、制度自信，凸显马克思主义中国化历久弥新的理论主题。正因如此，在世界马克思主义研究交流中，我们不仅对中国特色社会主义道路和制度更加自信，对中国化马克思主义更加自信，而且产生了讲清、讲深、讲透、讲好中国化马克思主义"新话"的使命感和责任感。

坚持时代化与大众化。这是近百年来马克思主义在中国发展与传播的重要特点，也是21世纪马克思主义中国化的新要求。马克思主义中国化与其时代化、大众化是并行的。这三者之间，中国化是根本过程，时代化和大众化分别反映了这一过程的科学精神和价值取向。三者结合在一起，是对中国特色社会主义理论体系发展要求的概括，也是对中国化马克思主义特征的概括。

希望更多国外学者来到中国，把他们关于马克思主义在世界各国传播和发展的理论带给我们；希望中国的马克思主义理论研究者走出去，加强国际交流，让国外学者更多了解中国，同世界分享马克思主义中国化理论成果。我们要有理论自信、理论自觉，把中国化马克思主义展现出来，把具有时代风采的理论结晶展现出来。

（《人民日报》2015 年 11 月 18 日）

文化是"一带一路"建设的重要力量

郝时远 *

"一带一路"建设立足亚洲、欧洲、非洲经济贸易和人文交流的历史通道，坚持"和平合作、开放包容、互学互鉴、互利共赢"的丝路精神，顺应世界多极化、经济全球化、文化多样化、社会信息化的时代潮流，致力于发展全球自由贸易体系和开放型世界经济。其中，人文精神烘托的经济合作和开放发展彰显了文化的力量。习近平同志指出："一项没有文化支撑的事业难以持续长久。"文化是"一带一路"建设的重要力量。

"一带一路"的互联互通包括政策沟通、设施联通、贸易畅通、资金融通、民心相通。习近平同志指出："民心相通是'一带一路'建设的重要内容，也是关键基础。""一带一路"建设的重要土壤，就是充满文化活力的民间交往和交流。民心相通在于文化的相互理解和相互尊重，历史、语言、宗教、风俗等社会生活的民间认知和交流是民心相通最广泛的领域。"一带一路"沿线各国历史文化的现代交集和共识，正在成为民心相通的重要支点之一。

举例来说，在"一带一路"建设包含的"中蒙俄经济走廊"建设中，"万里茶路"的历史文化传统正成为中国、蒙古、俄罗斯三国重振"草原丝

* 郝时远，男，1952 年 8 月生于内蒙古自治区。史学硕士。中国社会科学院学部委员、研究员。现任中国社会科学院学部主席团秘书长，兼任中国世界民族学会会长等。著有《中国共产党怎样解决民族问题》《类族辨物——"民族"与"族群"概念之中西对话》等。

路"的文化共识。这条古代商道在三个国家形成了一系列重要节点城市，如俄罗斯的伊尔库茨克、恰克图，蒙古的乌兰巴托，中国的呼和浩特、张家口、北京等。这条商道向北延伸到莫斯科和欧洲其他地区，向南通达福建等茶叶产地。这条"万里茶路"带动了沿途城镇、商业、加工业、服务业的发展和文化交流。当年，形形色色的驼队商旅操着不同语言，信仰不同宗教，承载不同文化，共同推动了这条商路的繁盛。这是历史留给中国、蒙古、俄罗斯的一份重要文化遗产，是有利于建设现代"中蒙俄经济走廊"的人文资源。

从历史文化遗产的视角推进现代国家之间的互利合作，这是一种新的历史文化观，也是开创新历史、发展新文化、造就新繁荣的重要立足点。共同推动"一带一路"建设，各个国家不仅需要立足本国实际，而且需要具有相互关照的全局视野。中国倡导和谐包容、文明宽容的理念，尊重各国发展道路和模式选择，主张求同存异、兼容并蓄、和平共处、共生共荣，这是一种高尚的文明观、包容的文化观、和谐的社会观。将其付诸实践，既需要实体经济的支撑，也需要科学阐释人文精神、推动文化传承、提供智力支持，更需要植根民间社会的文化和承载这些文化的人民去精耕细作。

在"一带一路"建设中，我国西部地区、边疆地区正在发生前所未有的区位变化，古代社会的"边缘"、现代国家的"边疆"正在转变为开放发展的前沿、内外联通的中心。在纳入"一带一路"建设的省、市、自治区中，内蒙古、新疆、西藏、广西、宁夏五个少数民族自治区以及云南、甘肃、青海、黑龙江、吉林、辽宁等多民族省份和边疆地区，都有"核心区""内陆开放型经济试验区""国际通道""战略支点""新高地""辐射中心"等新的发展定位。"一带一路"建设对边疆地区无疑是一大利好，而且从长远来看，西部地区、边疆地区将成为支撑国家发展的"新空间"。

西部地区、边疆地区虽然发生了区位的战略性转变，但与东南沿海地区的经济社会发展差距依然显著，加快发展、扩大开放、实现全面建成小康社会奋斗目标仍需付出艰苦努力。面对"一带一路"建设展开的中国改革开放"新空间"，这些地区需要抓住机遇、迎接挑战，努力实现"大利好"。同时应意识到，边疆地区不仅是文化多样性资源最丰富的区域，而且与邻国共享着许多历史文化资源，在语言文化、风俗习惯、经济生活等方面具有相互融通的优势。作为中华文化有机组成部分的少数民族文化，可以在开放发展中发挥民心相通的重要作用。"国之交在于民相亲"，民心相通就能使国际关系"亲、诚、惠、容"准则渗透于各国人民的生活和心田。

（《人民日报》2015 年 11 月 26 日）

经济篇

"双重转型"铸就可持续发展之路

厉以宁 *

改革开放以来，中国经济走出了双重转型之路。双重转型，是指从计划经济体制转向社会主义市场经济体制的体制转型，与从传统农业社会转向工业社会的发展转型的结合或重叠。这两种转型的结合或重叠是没有先例的。可以说，30多年来，中国经济的双重转型构成了独特的改革开放之路，也铸就了中国经济和社会可持续发展之路。

总结 1979 年至今 30 多年的改革与发展实践，中国在双重转型过程中积累的经验可以归纳为八项。一是体制转型是双重转型的重点，要以体制转型带动发展转型。二是思想先行，必须解放思想，清除计划经济理论的影响，否则改革与发展都寸步难行。三是产权改革是首要且最重要的改革，必须通过产权改革形成真正的市场经济微观主体。四是在经济增长的同时改善民生，这样才能使双重转型得到最有力的支持，也才能通过扩大内需使经济增长进入良性循环的轨道。五是不断推进自主创新、产业升级，这样才能形成新的发展优势和新的人口红利、资源红利、改革红利。六是不断提高经济质量，提高经济质量的标志一是结构优化，二是环境保护、节能减排、资源合理利用和清洁生产。七

---

* 厉以宁，男，1930 年 11 月生于江苏省南京市。1955 年毕业于北京大学经济系。现任北京大学社会科学学部主任、光华管理学院名誉院长。是我国最早提出股份制改革理论的学者之一。主持了《证券法》《证券投资基金法》起草工作。代表作：《中国经济改革与股份制》《非均衡的中国经济》。

是抓住城镇化这个今后若干年内最有潜力的投资和扩大内需机会，保证中国经济增长继续以较高的速度推进。八是大力发展民营经济，民营经济是社会主义市场经济的重要组成部分，国有企业和民营企业应当共同发展，既有合作又有竞争，进而形成双赢格局。这八项经验说明了中国双重转型之路是怎样一步步走过来的，也表明中国的发展必须立足于自己的国情，不根据国情进行转型和发展，什么经验都不会产生，也不会有中国道路。

中国经济的双重转型是伟大的实践，不仅推动中国经济持续繁荣发展，创造了"中国奇迹"，而且开拓了发展经济学新领域，推动发展经济学研究取得前所未有的进展。传统发展经济学在第二次世界大战后期开始兴起，研究的是一些发展中国家如何从农业社会过渡到工业社会，以及与此有关的资本、土地、劳动力、技术等生产要素重新组合和发挥作用等问题。发展经济学研究虽然涉及制度调整，但存在很大局限性：它主要研究的是从传统经济体制过渡到资本主义制度，不曾涉及从计划经济体制向市场经济体制特别是向社会主义市场经济体制的转变。正因如此，中国的创造性实践具有独特价值和示范意义。摆脱计划经济体制的束缚而又维护社会主义制度，这是中国实践对发展经济学理论和实践做出的最大贡献。20世纪80年代是一个探索的年代，中国经济学家集体参与了关于改革开放的大讨论、大探索，这在发展经济学史上是从未有过的事情。而后，老中青三代经济学家在改革开放道路上接力探索，把自己的聪明才智奉献给中国的改革发展事业。在讲中国经济学的积极贡献时，我们不应妄自菲薄。正是有赖于中国经济学家集体的参与，当今发展经济学研究才取得了前所未有的进展，国际发展经济学研究者的视野才得到了大大拓宽。

目前，中国双重转型的任务尚未完成。改革需要深入，发展也需要继续，并双双登上新台阶。我们的目标是明确的：从体制转型方面说，是建立完善的社会主义市场经济体制；从发展转型方面说，是实现工业化，建设现代化社会，使全国人民走向富裕，构建社会主义和谐社会。改革要深化，发展要再接再厉，关键是继续以体制转型带动发展转型，当前应重点解决好塑造市场主体、土地确权、国有资本体制改革、收入分配体制改革、推进城乡一体化和城镇化五个问题。在双重转型过程中，政府应以有效管理为目标，市场应以有效运行为目标。政府应做政府该做的事，市场做市场可以做的事；凡是市场做不了或做不好的事，由政府去做。这样，政府和市场之间的关系就协调了，各种经济关系也就理顺了。

（《人民日报》2014 年 4 月 18 日）

中国经济稳定增长的路径

林毅夫 [*]

最近，中国经济增长的可持续性成为热门话题，原因在于从 2010 年第一季度开始，中国经济增长速度逐季下降，至今已持续 17 个季度，为改革开放以来所不曾有过。国外一些经济学家和媒体评论者认为，中国经济增速持续下降是由内部难以解决的结构性问题导致的，中国经济崩溃难以避免。这一说法是站不住脚的。

处于转型期的中国经济必然存在许多结构性问题，但近年来中国经济增速下降的原因并不在于内部结构性因素，而在于外部周期性因素。2010 年至 2013 年，中国 GDP 增速分别是 10.4%、9.3%、7.7%、7.7%。同期，其他新兴市场经济体的 GDP 增速同样在下滑，而且比中国严重得多，比如，印度分别为 10.1%、7.0%、5.3%、4.9%，巴西分别为 7.5%、2.7%、0.9%、2.2%。不仅新兴市场国家在同一时期是这样，一些高收入国家自 2010 年以来也出现了增速下滑的情形，比如韩国、新加坡等。不同国家在同一时期经济增速持续放缓，必然存在共同的外部原因，这就是国际金融危机引起的世界经济增速下滑。而且比较来看，中国的情况明显好于其他国家。所以，那种认为 2010 年

　＊　林毅夫，男，1952 年 10 月生于台湾省。美国芝加哥大学经济学博士。世界银行前首席经济学家兼高级副行长。现为全国政协常委，全国工商联专职副主席，北京大学国家发展研究院名誉院长。代表作：《中国的奇迹：发展战略与经济改革》《新结构经济学》。

以来的增速放缓是由中国经济内部结构性问题导致、中国经济必然崩溃的观点，显然是说不通的。

自 2008 年国际金融危机爆发以来，发达国家经济虽然有所复苏，但欧洲、美国、日本都尚未进行必要的结构性改革以恢复经济正常增长的活力，所以很可能陷入长达 10 年或更长时间的低增长、高失业、高赤字的新常态，中国对发达国家的出口增长不容乐观。1979—2010 年，中国出口年均增长 17%，现在还不到 10%。出口增长大幅下滑是中国经济由高增速降为中高增速的重要原因。中国确实需要调整增长模式，从出口拉动型增长转为内需拉动型增长。但是，我不同意中国应从投资拉动型增长转向消费拉动型增长的观点。消费固然重要，但以消费来拉动增长，就意味着每年都必须增加消费，而这就必须增加居民收入，也就是说，每年都要提高劳动生产率。怎样提高劳动生产率？技术创新、产业升级、发展高附加值产业，以及改善基础设施、降低交易成本等都需要投资。如果劳动生产率和居民收入不提高，只刺激消费，刚开始人们可能会用自己的储蓄来增加消费，但几年之后储蓄用完了就要举债，债务规模持续扩大就会爆发危机。所以，仅仅依靠消费拉动增长是无源之水。提高投资效率是必要的，但认为中国应放弃投资拉动的增长模式而改为实行消费拉动的增长模式则是不正确的。

存在许多经济和社会回报率高的投资机会，是发展中国家和发达国家的最大差异之一。在需要进行经济刺激时，发达国家很难找到好的投资机会，发展中国家这种机会则很多。经过 30 多年的高速增长，中国仍然存在很多经济和社会回报率高的投资机会。一是产业升级。虽然中国很多行业存在产能过剩问题，但作为一个中等收入国家，仍有机会进行产业升级，这种升级需要吸收大量投资。二是基础设施。中国已经在这方面进行了很多投资，但过去投资主要用在城市之间的交通上，如高速公路、高铁、机场等，而城市内部基础设施仍较落后，像地铁、地下管网建设等，仍然需要很多投资。三是发展环保产业。四是城镇化中蕴含的投资机会。

现在，中国和发达国家的产业技术差距情况 20 世纪 50 年代的日本、60 年代的新加坡及 70 年代的韩国非常相近。它们在同样的差距水平上保持了 20 年 8%—9% 的增长速度，这说明中国经济还有 20 年保持 8% 左右增长的潜力。

中国政府积累的债务只占 GDP 的 40%，与其他国家相比属于较低水平，还有相当大的财政空间实施积极的财政政策；中国的储蓄率接近 50%，为投资提供了比较充足的资金来源，这些都是中国经济发展的潜在优势。当然，要把这些潜力挖掘出来，就必须深化改革，消除双轨制遗留下来的收入分配问题，消除腐败等影响经济秩序、社会稳定的问题，充分发挥有效市场和有为政府的作用。

（《人民日报》2014 年 7 月 11 日）

两种含义的社会必要劳动时间辨析

卫兴华 [*]

　　劳动价值论是马克思经济理论的核心，坚持和发展马克思主义经济学，必须坚持和发展马克思劳动价值论。目前，学术理论界对于劳动价值论还存在一些争议，其中怎样理解决定价值的社会必要劳动时间就是一个重大问题。

　　马克思在《资本论》第一卷中提出了社会必要劳动时间（以下简称"第一种时间"）决定商品价值的观点，在第三卷中又提出另一种含义的社会必要劳动时间（按照市场需求的商品总量应耗费的社会必要劳动时间）及其与价值的关系。有学者认为，第二种含义的社会必要劳动时间（以下简称"第二种时间"）决定商品价值或两种含义的社会必要劳动时间（以下简称"两种时间"）共同决定价值。对此，马克思主义理论研究和建设工程重点教材《马克思主义政治经济学概论》的说明是：第一种含义的社会必要劳动时间决定商品的价值；第二种含义的社会必要劳动时间则决定由第一种含义所决定的商品价值量的实现程度……简单地说，第一种含义涉及价值决定，第二种含义涉及价值实现。这个说明是科学的，符合《资本论》的原意。

＊　卫兴华，男，1925 年 10 月生于山西省五台县。1952 年中国人民大学政治经济学专业研究生毕业。中国人民大学首批荣誉一级教授，享受国务院政府特殊津贴。获第一届、第二届孙冶方经济科学奖。著有《政治经济学研究》《我国新经济体制的构造》等。

劳动价值论是由抽象到具体不断拓展的过程。《资本论》第一卷第一篇论述的劳动价值论，其假定是供求关系一致，因而全部商品可按由社会必要劳动时间决定的价值出售。这种抽象分析所得出的是本质的规定，以后的具体规定则是对本质规定的丰富和展开。

离开第一种时间就无法知晓第二种时间应是多少。假定市场需要 1000 双皮鞋，就必须先知道第一种时间是多少才能确定第二种时间：比如，第一种时间是 10 小时，就能确定第二种时间是 1000×10=10000 小时。但不能由此得出两种时间共同决定商品价值。如果由第二种时间决定或两种时间共同决定价值，就无法说明价格与价值的背离问题了。马克思的价值和价格理论认为，当供求关系一致时，价格与价值相一致；当供过于求或供不应求时，价格会低于或高于价值。马克思在《工资价格和利润》一书中明确指出："如果以为劳动和任何一种商品的价值归根到底是由供给和需求决定的，那就完全错了……供给和需求可以说明为什么一种商品的市场价格会涨到它的价值以上或降到它的价值以下，但决不能说明这个价值本身。"主张第二种时间或两种时间共同决定价值的观点，实际上是用供求关系"说明价值本身"。

把供求关系拉入价值决定中来，是对马克思劳动价值论的否定。比如，社会需要皮鞋 2000 双，只生产了 1600 双，第一种时间为 10 小时，价值 10 元，总劳动时间为 16000 小时，总价值为 16000 元；第二种时间为 20000 小时，由于市场需求 2000 双，超过供给的 1600 双，供不应求，价格上涨，每双鞋价格涨为比如 12.5 元。按第二种时间决定论，不是价格高于价值，而是商品价值由 10 元涨到 12.5 元了。这等于说商品没有内在价值，其价值会随着供不应求程度而增长，实际 10 小时的社会必要劳动时间会随着需求大于供给而变多。这还是劳动创造价值的理论么？

马克思从来没有讲过第二种时间决定价值或两种时间共同决定价值。《资本论》第三卷第十章提及第二种时间："如果某种商品的产量超过了当时的社会需要，社会劳动时间的一部分就浪费掉了，这时，这个商品量在市场上代表的社会劳动量就比它实际包含的社会劳动量小得多。因此，这些商品必然低于它们的市场价值出售"。这里所讲的"社会劳动时间的一部分就浪费掉了"、在市场上代表的社会劳动量小于实际劳动量，是指一部分劳动时间形成的价值不能实现，而非价值决定问题。因此，不能以这段话为依据，认为第二种时间决定价值是马克思的观点。

（《人民日报》2014 年 9 月 12 日）

我国工业经济步入新常态

吕　政[*]

2001—2010 年，我国工业增加值年均增长 11.2%，工业增长构成以重工业高速增长为主导。2011 年，工业增长速度开始回落，2011 年、2012 年、2013 年分别为 10.4%、7.7%、7.6%。我国工业从 10% 以上的高速增长回落到 7%—8% 的中高速增长，不是经济周期波动的暂时现象，而是国民经济中长期发展的必然趋势，是一种缘于市场需求规模、结构和增速变化的新常态。

高速公路等基础设施建设进入后期。2000 年以来，我国高速公路、港口、机场、高速铁路等基础设施建设迅速扩张，成为拉动重化工业高速增长的主要动力。例如，我国高速公路通车里程由 2000 年的 1.63 万公里增长到 2012 年的 9.62 万公里，年均增长 15.9%。而目前，我国高速公路建设已进入后期，建设重点转向车流量较少的偏线和冷线；港口吞吐能力已经出现过剩；机场建设重点转向二、三线城市的支线机场。

城市空间扩张规模变化。2000—2012 年的 12 年间，我国城市建成区面积增加了约 2.3 万平方公里，超过 1949—2000 年城市建成区面积的总和。由于受到土地供给瓶颈的约束，未来我国城市面积扩张不可能继续保持这样的规模

---

　　* 吕政，男，1945 年 7 月出生于安徽省金寨县。1981 年毕业于中国社会科学院研究生院。中国社会科学院学部委员、经济学部副主任，国家有突出贡献的专家，山东大学特聘一级教授，兼任中国工业经济学会理事长。代表作：《工业经济学》《经济增长与结构调整》。

和速度，城市基础设施建设对重化工业产品需求的增长将趋缓。

汽车进入家庭增速的变化。2000—2010年，我国轿车进入家庭出现了井喷式的高速增长，年销量由60万辆上升到960万辆，年均增长31.76%。而2011—2013年平均每年仅增长7.8%。2013年城镇每百户家庭轿车拥有量全国平均约为24辆，远低于发达国家，仍然有广阔增长空间。问题在于广大农村和中西部地区受收入水平的制约，汽车进入家庭将是一个长期和渐进的过程，井喷式增长难以重现。

收入差距扩大对消费需求增长的制约。我国人均占有工业产品的数量仍显著低于发达国家，工业生产能力还有扩张空间，目前工业生产的过剩是相对过剩。城乡二元经济结构导致农民有效需求不足，是制约消费品市场增长的突出矛盾。居民收入差距扩大，高收入群体的边际消费倾向递减，低收入群体有效需求不足，也制约着消费需求增长。

商品房价格过快上涨压缩了其他产业的市场空间。2004年以来，城市商品房价格上涨过快，加重了以居住为目的购房者的经济压力，削弱了对其他消费品的购买力，压缩了其他产业的市场空间，阻碍了国民经济产业体系的协调发展。

发达国家经济复苏和世界经济增长前景的不确定性，对我国工业品出口形成制约。2008年国际金融危机爆发后，世界货物贸易从2001—2007年年均增长14.1%回落到2008—2011年的3.8%。发达国家为应对国内经济危机采取"再工业化"等措施，国际资本流动放缓甚至回流，国际产业转移放缓，国际贸易保护主义抬头。在这种背景下，我国对外出口增速回落不可避免。

以上分析表明，我国工业发展的条件已经发生变化，工业增长速度回落是客观趋势。当然，我国人均GDP只有7000美元左右，工业化和城镇化任务尚未完成，拉动经济增长的市场需求还有广阔空间，保持7%—8%的中高速增长是可能的。在工业增长速度回落的情况下，必须通过深化改革、结构调整、技术创新、加强经营管理、扩大开放以及保持适度的投资规模，促进工业持续、稳定、协调和高效益增长。

（《人民日报》2014年10月17日）

新型城镇化与突破"胡焕庸线"

李培林 *

美国诺贝尔经济学奖获得者斯蒂格利茨在世纪之交曾说，影响 21 世纪人类进程最深刻的两件事将是新技术革命和中国城镇化。根据世界各国城镇化的经验，城镇化一般要经历人口向城镇集中、郊区城镇化、逆城镇化、再城镇化等不同发展阶段。我国目前一方面人口还在向城镇集中，另一方面郊区城镇化正在加速推进，逆城镇化的征兆也开始显现。逆城镇化并不是反城镇化，而是城镇化发展中继郊区城镇化之后的一个更高的发展阶段。逆城镇化的典型特征是，城市中心人口为了逃避交通拥堵、污染严重等问题而向远郊乃至乡村流动，乡村生活重新繁荣。逆城镇化与城乡一体化是一致的，即在乡村可以享受到城市的生活品质，同时可以望得见山、看得见水、记得住乡愁。

我国是一个人多地少、农民众多的大国。受资源环境承载能力所限，城镇化再发展也很难像一些发达国家那样，把 90% 以上的人口集中在城镇。我国目前城镇化水平达到约 55%，一些逆城镇化的征兆已经显现：一是农家乐的兴盛；二是一部分城市中产家庭追求生活环境而向小城镇和乡村迁移；三是城镇居民越来越普遍的异地养老。这些点点滴滴的征兆，预示着一个新的大众消费

* 李培林，男，1955 年生于山东省济南市。法国巴黎第一大学（索邦大学）博士。现任中国社会科学院副院长、学部委员、学部主席团成员。兼任国务院学位委员会委员，中国地方志指导小组常务副组长。主要著作：《另一只看不见的手：社会结构转型》《村落的终结》。

潮流，将有利于改变一些地方出现的乡村空心化、乡村住宅闲置和乡村衰落现象。

我国在经济新常态之下仍然有巨大的发展潜力，是因为我国还有巨大的结构变动弹性，特别是城乡结构变动弹性。城镇化水平每提高 1 个百分点，都意味着资源配置效率的提高，而我国城镇化水平估计要达到 75% 才能稳定下来。

在我国的版图上，从黑龙江黑河到云南腾冲，有一条呈 45 度角的斜线，这就是地理学家胡焕庸 1935 年提出的我国人口密度划分线，亦称"胡焕庸线"。20 世纪 30 年代，这条线的东南以 36% 的国土聚集 96% 的人口，而西北以 64% 的国土承载 4% 的人口。令人惊奇的是，在历经 80 年的城镇化和各种人口迁移之后，这条斜线的人口分布涵义仍然未变。中国科学院的地理学家根据 2000 年第五次人口普查的数据进行测算，发现这条线东南部人口仍占全国总人口的 94.1%，西北部占 5.9%。

"胡焕庸线"在某种程度上也成为目前城镇化水平的分割线。这条线的东南各省区市，绝大多数城镇化水平高于全国平均水平；而这条线的西北各省区，绝大多数低于全国平均水平。李克强同志 2014 年 11 月参观国家博物馆人居科学研究展时指着中国地图上的"胡焕庸线"说，中西部如东部一样也需要城镇化，要研究如何打破这个规律，统筹规划、协调发展，让中西部百姓在家门口也能分享现代化成果。

新型城镇化是突破"胡焕庸线"的一个有利契机。新型城镇化不能把眼睛只盯着建设国际大都市、建设特大城市群，也要注重改变乡村的面貌、改变中西部地区的面貌。应顺应城镇郊区化和逆城镇化发展的趋势，因势利导，善加利用。当然，新型城镇化的大潮会有冲击和荡涤，因此要守住几条底线。

第一条底线是不能损害农民利益。推进新型城镇化的首要目的是让农民普遍富裕起来。只有农民富裕起来了，中国才能真正实现现代化。我国大多数地区人多地少，全国平均每个农户占有的土地仅为欧洲发达国家的 1/60 到 1/80。逆城镇化要为农民创造增加收入的机会，使农村聚居点繁荣起来。在快速城镇化过程中，特别要避免农村凋敝、农业衰败和农民利益受损。

第二条底线是要保持乡土田园风光和地方特色。乡土田园环境是整个国家呼吸的"肺叶"。各地各具特色的乡土田园风光，是活在我们民族集体记忆里的美丽中国,必须通过立法进行永久性保护。所谓城乡一体化和新农村建设,就是既要使农民享有同市民相当的生活品质和公共服务,又要使农村保持田园风光。

第三条底线是要符合长远发展的乡村规划。城乡一体化并不是城乡一样化,不是把农村变成城市,不是要使乡村成为新的水泥高楼的森林。很可惜的是,至今我国多数乡村地区还没有很好规划。城乡基本公共服务均等化,首先是政府服务均等化,包括建设规划、供水、供电、交通、通讯、垃圾处理、环境整治等。应逐步把城乡统一纳入政府公共服务框架,让乡村真正美丽起来,让农民的日子过得更好。

(《人民日报》2015 年 1 月 8 日)

农村土地制度改革须守住三条底线

韩 俊*

　　土地制度作为国家一项基础性制度安排，事关农民权益保护、新型工农城乡关系构建和社会和谐稳定大局。农村土地制度改革涉及的主体和利益关系十分复杂，有些问题认识还不一致，有些问题一时还看不准，必须综合各方利益关切，按照中央统一部署，坚持试点先行，探索可复制、可推广的改革成果，总结完善后再逐步推开。在农村土地制度改革中，必须守住土地公有制性质不改变、耕地红线不突破、农民利益不受损这三条底线。

　　农村土地属于农民集体所有，这是我国农村最大的制度。深化农村土地制度改革，不能把农村土地集体所有制改垮了。一个时期以来，理论界对我国农村土地集体所有制议论较多。有人主张，只有实行土地私有化，允许土地兼并和集中，才能发展现代化大农业。但我国农村人多地少，如果实行土地私有，不加限制地让工商资本大规模圈占土地，就会造成大批农民失地失业，产生严重社会问题。农村土地实行农民集体所有，保障了农民平等拥有最主要的农业生产资料，也保障了农民最基本的居住需要，是实现农民共同富裕的制度保障，是中国特色社会主义的重要制度特征。在变更农村土地公有制性质上瞎

---

　　* 韩俊，男，1963 年 11 月生于山东省高青县。1989 年 5 月毕业于西北农林科技大学，获博士学位。现任中央财经领导小组办公室副主任、中央农村工作领导小组办公室副主任。4 次获孙冶方经济科学奖。代表作：《调查中国农村》《中国农村改革（2002—2012）》。

折腾是要付出巨大代价的。深化农村土地制度改革的根本方向是，落实农村土地集体所有权，稳定农户承包权，放活土地经营权。落实集体所有权，就是落实"农民集体所有的不动产和动产，属于本集体成员集体所有"的物权法规定，明确界定农民的集体成员权，明晰集体土地的产权归属，实现集体产权主体清晰。稳定农户承包权，就是公平合理地将承包权分配给每个有资格的集体成员。放活土地经营权，就是将土地经营权配置给有经营意愿和经营能力的主体，提高农业土地资源利用效率，破解"谁来种地、怎么种"的难题。

我国耕地总量不足、质量堪忧，而城市建设走的是外延扩张和大量消耗土地资源的路子。与此同时，尽管农村常住人口趋于减少，但农村建设用地不降反增。不少地方出现"空心户""空心村"，土地资源严重闲置。在快速城镇化进程中，如果缺乏有效的土地空间规划管理和具有法律强制力的农田保护措施，不仅良田会继续大量流失，危及粮食安全，而且城镇化会无序发展，"城市病"会滋生蔓延。深化农村土地制度改革，必须守住耕地红线不突破这条底线，不能把耕地改少了。这是对子孙后代负责，是确保主要农产品基本产能特别是口粮基本自给的基础。守住耕地红线，既需要发展紧凑型城镇、提高城镇人口密度，也需要提高农村建设用地的集约度，统筹利用城乡存量建设用地，提高城乡建设用地利用水平。应强化耕地占补平衡的法定责任，防止发生只占不补、先占后补、占多补少、占优补劣的现象。应建立耕地和基本农田保护领导干部离任审计制度，做到守土有制、守土有责。

农村土地制度改革既涉及农村内部利益关系调整，又涉及工农、城乡以及国民经济部门之间利益格局调整。深化土地制度改革，必须坚守农民利益不受损的底线。当前，土地制度存在的矛盾确实很多，最大的问题就是征地范围过宽，对农民的补偿标准明显偏低。从保护农民利益的角度讲，当务之急是在法律上改革征地补偿办法。应按照党的十八届三中全会提出的"建立兼顾国家、集体、个人的土地增值收益分配机制，合理提高个人收益"和"保障农民公平分享土地增值收益"的要求，坚持公平合理补偿的原则，着力解决因征收补偿安置标准过低造成被征地农民生活水平下降、长远生计无保障等问题。依法约束滥用征地权，明确补偿资金不落实的不得批准和实施征地。建立征地补偿争议协调裁决制度，完善司法救济程序。过去，无论经营性建设用地还是公益性建设用地，只要城市建设需要，政府都动用征地权对农村集体土地实施征收。如果沿着这条老路走下去，农民就只能等着"被城镇化"。改革土地征收制度，就是要严格界定公益性和经营性建设用地，回归宪法规定的"国家为了公共利益的需要"才动用征地权这一基本原则。在此基础上，对符合规划的经营性建设用地不再实施征收，农村集体土地可以直接进入一级市场。农村宅基地制度是国家为保障农民基本生活和居住权利而实施的一种特殊制度安排。应完善农村宅基地管理制度，引导和规范农村宅基地合理流转。同时，防止以扩大城镇非农建设用地来源为目的，强行收回农民宅基地，损害农民宅基地权益。

（《人民日报》2015 年 1 月 29 日）

中国包容性发展延续中国奇迹

包容性发展延续中国奇迹

蔡　昉[*]

从 1978 年到 2013 年，我国经济走过了不平凡的 35 年。35 年，按照 20 世纪 80 年代初我国的平均预期寿命算，相当于一个人半生的时间。在这期间，我国实现了年均 9.8% 的国内生产总值（GDP）增长率，人均 GDP 实际增长 17 倍多，超过历史上任何国家增长最快时期一代人经历过的生活水平改善幅度。例如，发达国家历史上经济增长最快的时期，平均来说，一个人终其一生实现的生活水平改善程度，英国只有 56%，美国大约为 1 倍，日本也仅为 10 倍。难怪美国经济学家萨默斯感慨道：300 年之后的历史学家，一定不会忘记大书特书这一前所未有的中国奇迹。

国内外学者纷纷探讨中国奇迹之谜，找出这样那样的因素，用以解释中国奇迹。如果用更为概括的方式，那么可以说，中国经济奇迹来自改革开放创造的包容性发展。诚然，目前我国城乡居民在收入和基本公共服务享有方面的差距仍然很大，若按照世界银行有关标准，还有 2 亿左右贫困人口，所以还不能

———————————

　　* 蔡昉，1956 年 9 月出生于北京市。毕业于中国社会科学院研究生院。现任中国社会科学院副院长、第十二届全国人大常委会委员、中国社会科学院学部委员。代表作：《破解中国经济发展之谜》《从人口红利到改革红利》等。

说做到了社会全体成员均等地从经济增长中获益。但总体而言，我国在经济增长方面取得的成功，的确是包容性发展的结果。

人口众多是我国最大的国情，人力资源丰富也是我国最大的优势。我国的改革从农村实行家庭联产承包责任制开始，就是着眼于解放劳动力，从而极大提高了劳动积极性和资源配置效率。从"以粮为纲"到农林牧副渔全面发展，从"离土不离乡"到进城务工经商，及至从民工潮到民工荒，正是依靠这种人民群众全面参与改革开放的模式，经济增长和收入提高都达到了前所未有的速度。根据定量分析，非农产业就业比重从1978年的29%提高到2013年的78%。35年来，我国经济增长的84%可以归结于这种参与或包容水平的提高，包括劳动力增长、人力资本积累、劳动力从农业向非农产业转移的资源重新配置、人口抚养比下降带来的高储蓄率以及劳动力丰富延缓资本报酬递减等。

进入"十二五"时期以来，我国人口红利逐渐消失，经济增长从高速转入中高速的新常态。如何通过改革获得经济持续稳定增长的新红利，包容性发展的"中国故事"仍然具有重要启示意义。例如，在选择改革的重点突破领域时，只有围绕解决人民群众反映强烈的问题，破除抑制市场主体活力和要素优化配置的障碍，才能充分发挥经济体制改革的牵引作用。因此，更加充分的就业、更加均等的基本公共服务供给以及更具分享性的收入增长，既是人民群众的期待，也是改革的重点。

人力资源仍将是我国未来发展的最大优势。对潜在的改革红利进行分析可以看出，在相关领域推进改革，可以获得显著的制度红利。如户籍制度改革、教育和培训体制改革、渐进提高退休年龄的改革以及生育政策逐步调整等。这些改革如能及时或以适当的节奏推进，在2030年之前可以把GDP年均增长速度提高1个百分点，在2030年之后则可以把GDP年均增长速度提高1.7个百分点。仅以户籍制度改革为例。目前已有1.7亿农民工稳定地在城镇就业和居住，还有约1亿农民工在本乡镇从事非农就业。他们一旦获得城镇户口和均等化的基本公共服务，就不会因经济波动而周期性返乡，也不会因家庭原因而退出城镇劳动力市场，非农产业的劳动力供给将更加充分。这种更具包容性的新型城镇化将继续吸引农村劳动力转移，不断提高资源配置效率，为经济增长增添新动力。而充分且稳定的就业、不断提高的收入和均等享受的社会保障，将进一步释放居民消费潜力，促进需求结构更加平衡，形成新的经济增长点。可见，坚持把包容性贯穿在改革和发展中，就可以让中国经济奇迹不断延续。

（《人民日报》2015 年 1 月 30 日）

国有资本应逐步向五个重点领域集中

张卓元 *

党的十八届三中全会《决定》指出，"完善国有资产管理体制，以管资本为主加强国有资产监管""国有资本投资运营要服务于国家战略目标，更多投向关系国家安全、国民经济命脉的重要行业和关键领域，重点提供公共服务、发展重要前瞻性战略性产业、保护生态环境、支持科技进步、保障国家安全。"强调国有资本要向提供公共服务等五个重点领域集中，进一步明确了国有经济、国有资本的定位和功能，为深化国有资产管理体制改革指明了方向。

这一段话出现在《决定》关于"积极发展混合所有制经济"的论述中。按照《决定》精神，我们要积极推进混合所有制改革、发展混合所有制经济，而混合所有制经济是以资本为纽带组建的。这就决定了今后国有资产监管机构应以管资本为主，集中精力管好为数不多的国有资本运营公司和投资公司，由国有资本运营公司和投资公司向控股参股企业派出股东代表和董事，在服务国家战略目标前提下进行资本优化配置，实现社会效益和经济效益最大化。《决定》还要求，"国有资本加大对公益性企业的投入，在提供公共服务方面作出更大贡献。"这就是说，对公益性企业是不能以资本保值增值作为主要考核指标的，

---

* 张卓元，男，1933 年 7 月生于广东省梅州市，1954 年毕业于中南财经学院经济系。现任中国社会科学院学部委员，孙冶方经济科学基金会荣誉理事。著有《论社会主义经济中的生产价格》《社会主义价格理论与价格改革》等。

而应着重在成本控制、服务质量等方面提出要求。

《决定》关于国有资本投向五个重点领域的论述，比1999年党的十五届四中全会《决定》的论述更为具体和明确。比如，十五届四中全会《决定》提出的国有经济要控制的四大行业和领域，包括自然垄断的行业。这次《决定》则明确指出，国有资本继续控股经营的自然垄断行业，根据不同行业特点实行网运分开、放开竞争性业务。把保护生态环境列为国有资本投资重点领域之一，又比1999年的四大领域有了进一步扩展。

由于国资委以管资本为主、致力于资本优化配置，可以想象，今后国有资本的流动性将逐步增强。国有企业在进行混合所有制改革时，可能不像有人主张的那样以增量改革为主，而应同样重视存量改革。一方面，垄断行业逐步放开大量竞争性业务，出售存量资产，以增强企业发展后劲，或者加强自然垄断环节如网络及其安全建设；另一方面，竞争性行业除重要骨干企业仍然需要国有资本控股（应尽量相对控股或由多家国有企业共同控股）外，非重要骨干企业可逐步减持持股比例，用于投向五个重点领域，或者充实社会保障基金，这有利于混合所有制企业完善法人治理结构。目前我国仍有大量国有资产集中在竞争性行业，而且其中不少在一般竞争性行业如房地产业（不含保障房）。应按照《决定》精神进行有进有退的调整，争取80%以上的国有资本集中在《决定》指出的五个重点领域。

有学者主张国有企业和国有资本回归公益性，这有一定道理，但目前看来很难完全做到。我国还是一个发展中国家，处在赶超发达国家的阶段，需要建设一批投资巨大、建设周期较长、回收慢的基础设施项目和高精尖科技项目，为实现工业和经济现代化打下基础，而这些项目的建设需要国有企业发挥独特作用。比较现实的做法是，国有资本逐步加大对公益性企业的投入，包括对生态环境保护的投入，在提供公共服务方面作出更大贡献；同时，着重对科技进步给予支持和投入，推动重要前瞻性战略性产业发展。比如，大力发展高新技术产业，用高新技术改造传统产业，促进我国制造业向产业链两端延伸；大力推动各类企业技术创新。这当中自然包括一些竞争性行业企业，所以要求国有经济完全退出竞争性行业并不现实。事实上，外国政府对技术创新的支持力度也很大。我国要加快经济转型和发展方式转变，不仅需要政府大力支持科技进步、增加科技投入，而且需要国有资本加大对科技进步的支持力度，以实现创新驱动。改革开放以来，我国国有资本数量不断增加，实力逐步增强。2013年年末，国有企业所有者权益达37万亿元。相信国有资本按照《决定》部署逐步向五个重点领域集中，必将更好发挥功能、提高运作效率，带动整个社会资本运作效率的提高，促进经济持续健康发展。

（《人民日报》2015年2月10日）

引领新常态需要用好"两只手"

张军扩 *

引领新常态有不同方面的目标，其中最重要的目标是形成一种新的发展方式，使经济以这种新方式平稳运行。这种新方式的特征可以概括为经济更加高效、社会更加公平、资源环境更加可持续。形成这样的发展方式，需要用好"两只手"，让政府和市场正确地发挥各自作用。

历史经验表明，在现代化的各个阶段都要发挥好政府和市场的作用，但在不同时期政府和市场作用的范围和强度并不相同。在现代化早期，政府在经济发展方面的作用范围更大一些、力度更强一些。像德国、日本这样的发达国家，在其现代化建设或者现代产业发展起步阶段，政府都通过制定发展战略、集中优质资源、扶持主导产业等方式推动经济发展。我国现代化起步较晚，属于追赶型经济体，政府在经济发展中发挥更大作用有其合理性。改革开放以来的经验也证明了这一点。与其他发展中和转型经济体相比，我国在相同时间内取得的发展成就非常突出，原因就在于我们既不断扩大市场作用，也有效发挥政府作用。

经过 30 多年的快速发展，我国已跨入上中等收入国家行列。在新的发展

---

* 张军扩，男，1961 年生于陕西省西安市临潼区。1982 年毕业于西北大学，1985 年毕业于华中科技大学。现任国务院发展研究中心副主任、研究员，西北大学、东北大学兼职教授。著作有《面对增长之波》《中国区域政策与区域发展》等。

阶段，政府和市场作用的空间和强度都会发生变化。这不仅是因为政府干预已经产生一定负效应，而且是因为在更高发展阶段上，发展环境、市场需求的不确定性更大，资源优化配置的具体路径和效率改进的具体方式更难把握，政府作出正确抉择要比过去困难得多，政府作用的领域与过去相比也有很大差别。在这种背景下，需要更多主体参与决策、推动发展，也就是更多地发挥市场作用。

具体到新的发展方式形成上，政府和市场应找准各自的位置。在提高经济效率方面，市场应发挥配置资源的决定性作用，政府应发挥规划引导、宏观调控、维护统一市场、规范竞争秩序等作用。在促进社会公平方面，政府应发挥更大作用，不仅在公共服务供给、社会保障体系建设、收入分配调节等方面发挥主导作用，而且为市场各主体、社会各阶层创造公平发展环境。在资源环境可持续发展方面，政府应承担起标准制定和实施、环境监管执法等职责，并通过健全体制机制激励和约束市场主体，使其在绿色发展方面发挥积极作用。

在中央提出经济发展进入新常态后，各地对引领经济新常态表现出极大热情。但需要注意的是，不能把这种热情变成地方政府对经济进行新一轮的不合理干预。如果是那样，就不见得能保持住我们想要的新常态。要正确引领新常态，必须有正确的作为。

引领新常态，既涉及生产方式转变，也涉及生活方式转变，需要社会各方面积极参与。政府要制定好规划和政策，居民要转变消费方式，企业要根据发展环境变化和国家政策调整转变经营策略和生产方式。应加大对新常态的宣传引导和研究阐释力度，进一步明确新常态提出的时代背景，进一步弄清新常态的内涵和外延，把中央精神变成全民共识，让企业和消费者了解新常态，使市场主体能够积极主动地参与新常态发展。

人力资本提升和科技创新是经济发展方式转变的根本动力。引领新常态，需要完善基础教育、公共卫生和医疗服务、社会保障等公共服务供给机制，加大对这些领域的投入，加快提升人力资本。应通过完善科研体制，建立良好的创新生态系统，推进基础研究和共性技术研发，加强知识产权保护，加快提升自主创新能力。

资源空间配置结构直接影响经济运行效率和区域发展公平，优化资源空间配置是引领新常态的重要途径。应加快国内统一市场建设，打破阻碍要素流动的行政性壁垒，完善交通、通信基础设施网络，促进要素更加自由和便利地流动。结合落实"一带一路"、京津冀协同发展、长江经济带三大战略，完善区域政策体系，加快在中西部地区培养若干具有战略意义的增长极，促进形成有利于提高资源要素配置和利用效率的生产力新布局。

引领新常态，形成新的经济发展方式，必须深化改革，消除体制弊端。应按照党的十八届三中全会部署，加快转变政府职能，进一步减少政府对资源的直接配置，完善价格形成机制，建立松紧适度的监管体制，引导资源要素优化配置；完善公共服务体制和收入分配制度，促进社会公平；完善生态文明建设体制，严格执行环境保护法，促进可持续发展。

（《人民日报》2015 年 2 月 27 日）

金融学研究：在转向中明确方向

曾康霖[*]

改革开放以来，我国金融学科建设与其他经济学科建设一样，出现了明显转向，概括起来主要是：逐步从批判西方金融学转向建设中国金融学，从排斥西方经济学转向借鉴西方经济学，从诠释马克思主义经典著作转向研究马克思主义经典著作，从注重理论研究转向注重应用研究。出现这"四个转向"，不仅是因为实践发展的需要，而且是因为金融学研究者认识到，金融学科建设既有特殊性，也有一般性。在"四个转向"过程中，我国金融学研究取得了长足进展、可喜成果，对推动我国改革开放和金融发展以及金融学科建设起到了重大作用，但也存在一些比较明显的欠缺。比如：在研究领域和视野上，对策性研究较多，理论特别是基础理论研究较少；对西方发达国家金融问题研究较多，对发展中国家金融问题研究较少；应时研究、事后研究较多，前瞻性研究、事前研究较少；适应政府部门需要的研究较多，满足企业和一般老百姓需要的研究较少。在研究方式和方法上，定性研究较多，定量研究较少；宏观研究较多，微观特别是"见微知著"式研究较少；就金融论金融的研究较多，跨学科的综合研究较少。这几多几少表明，与时代进步、

---

　　* 曾康霖，男，1935 年 11 月生于四川省泸县。1960 年四川财经学院毕业。现任教育部社会科学重点研究基地中国金融研究中心名誉主任，西南财经大学教授。获全国"金融学科终身成就奖"。代表作：《资产阶级古典学派货币银行学说》《金融经济学》。

实践发展、事业需要相比，我国金融学科建设还存在明显不足，需要在转向中进一步明确方向。

金融学科建设要传承中华文明。文化是人类社会生活的一种综合性积淀，具有民族性、地域性和传承性。金融事业发展、金融学科建设离不开传统文化。文化赋予金融学科以灵魂，增强金融学科对本国金融实践的解释性。中华传统文化灿烂多姿，博大精深，源远流长。就儒家文化来讲，它倡导"修身、齐家、治国、平天下"，强调做人要以德为中心、以诚信为本，要求人们"厚德载物""格物致知"。具体到金融学科建设和金融领域，人与人之间的金融关系要以诚信为基础；厚德载物意味着人要有担当，而要有担当就必须认识客观事物即"格物致知"。所以，儒家文化中的诚信为本、"厚德载物""格物致知"等都是金融事业发展和金融学科建设的根基。金融学研究必须建立在这样的根基上，传承中华优秀文化，才能推动具有中国特色、中国风格、中国气派的金融学科建设。

金融学科建设要与时俱进。科技在发展，时代在进步，金融在经济社会生活中的地位、作用、结构及运行规律正在发生巨大变化。当代，金融业产出在国内生产总值构成中占有相当大的比例，在一些发达国家甚至成为主体，这种状态还将继续和扩大；财富已经超出物质资料和产品范围，金融资产成为财富的重要组成部分，在财富分配中举足轻重；市场结构更加复杂，金融商品交易占据相当大的市场份额，在国际市场上，金融商品交易已超过实物商品交易，是价格波动和风险积聚的前沿领域；金融在为居民和企业服务中，不仅发挥货币结算和资金融通作用，而且发挥信息提供、信用保障以及维护社会正常秩序的作用；信息技术、网络技术在金融业的应用方兴未艾，催生了多种金融衍生产品等金融创新。这些情况表明，需要重新认识和评价金融在经济社会生活中的地位与作用，前瞻性地把握金融业发展方向。作为认识、解释、指导金融发展的金融学，自然需要根据实践发展变化，改造甚至重建学科体系。

金融学科建设要与大国地位相称。我国作为一个快速发展的大国，在促进金融发展、推动人类社会进步以及维护世界经济稳定方面，负有责无旁贷的责任和义务。这在金融领域集中表现为，在建立和健全国际金融组织、推动国际货币资本正常流动和资源优化配置、防范金融风险等方面应适时提出自己的主张、方案、措施，具有一定的话语权。在这方面，不仅需要顶层设计、政策导向、舆论支持，而且需要加强专题研究和学科建设。学科建设必须立足中国、放眼世界。目前，金融学学术研究联系中国实际不够，缺乏前瞻性、战略性研究，不是因为缺乏能力，而是因为对中国实际重视不够。一些人总觉得西方的才是先进的，但跟在别人后面亦步亦趋只能成为人家的小跟班。所以说，金融学科建设要注重传承中华文明，要与中国大国地位相称。

最后，金融学学科建设必须尊重知识、尊重人才、尊重创造，营造宽松的学术环境。只有尊重知识、尊重人才、尊重创造，才能多元包容、交流互鉴；只有多元包容、交流互鉴，学科才能繁荣发展。只有学术环境宽松，才能解放思想，百花齐放、百家争鸣。

（《人民日报》2015年3月2日）

以新常态超越"新平庸"

蔡　昉[*]

美国经济学家萨默斯等预测，今后 10 至 20 年，中国经济增长速度将显著放缓，年均增长率将下降到 2013—2023 年的 5%，然后进一步下降到 2023—2033 年的 3% 略强。其预测依据是所谓的"趋中律"，即任何国家的高速经济增长都是一种异常现象，终究要回归平均值，这个平均值大体上就是世界经济的平均增长率。类似的统计分析也显示，在人均收入达到中国目前的水平时，大多数经济体遭遇了增长速度明显减慢的命运，平均从 6%—7% 下降到略高于 3% 的水平。这与国际上关于全球经济进入"新平庸"的判断不谋而合。但是，这类预测既没有对中国经济减速作出令人信服的解释，也明显低估了中国未来的经济增长速度。

中国经济潜在增长率虽然正在经历下降过程，但未来中国经济增速仍将显著高于世界经济增速。中国经济的年度潜在增长率，1995—2010 年为 10.3%，"十二五"时期为 7.6%，"十三五"时期估计为 6.2%。而且，改革红利可以再为中国赢得接近 2 个百分点的额外经济增长。总体而言，今后一个时期，中国经济完全可以实现 7% 左右这样一个显著高于世界平均水平的增长速度。

*　蔡昉，1956 年 9 月生于北京市。毕业于中国社会科学院研究生院。现任中国社会科学院副院长、第十二届全国人大常委会委员、中国社会科学院学部委员。曾获孙冶方经济科学奖。代表作有《破解中国经济发展之谜》《从人口红利到改革红利》等。

事实上，世界经济平均增长率近年来仅略高于3%，是各国经济不同增长速度的平均值，而不是各国经济增速一概略高于3%。我国经济增速处在世界平均水平线上下哪个位置，绝不是由什么统计"规律"先验决定的，而是取决于我国的经济潜力和政策应对。全面认识经济发展新常态，准确理解我国增长速度减慢的原因，并主动适应和引领这个新常态，我国经济增长就能实现对"新平庸"的超越。

认识新常态，需要认识到经济增长从高速转向中高速，不是周期性的外部冲击所致，而是由结构性因素造成的长期趋势，是我国经济进入新阶段的必然结果。我国传统上劳动密集型产品具有比较优势并在出口中占主导地位，其"比较优势指数"（即我国该类产品出口比重与世界贸易该比重的比值）从2003年的4.4%下降到2013年的3.4%。这就是说，我国劳动密集型产品出口下降快于世界同类产品贸易量，经济增长减速主要不是外部需求冲击造成的。新常态下，我国人口红利逐渐消失，劳动力成本不断攀升，投资回报率下降，结果必然是潜在增长能力降低。

适应新常态，需要加快增长动力从投入驱动向创新驱动转变。2010年以前，我国人口转变的总体趋势是朝着有利于经济增长的方向变化，表现为劳动年龄人口持续增长、人口抚养比下降的人口机会窗口为充足的劳动力和人力资本供给、高储蓄率和积累率以及高资本回报率创造了必要条件。同时，劳动力转移带来的资源配置效率提高，促进了全要素生产率提高，使我国经济实现了高速增长。在人口红利逐渐消失的情况下，这些增长源泉或者消失或者式微。只有使增长动力向创新驱动转变，才能更快提高全要素生产率，形成新的增长源泉，实现长期可持续的中高速发展。

引领新常态，需要通过全面深化改革实现发展方式转变、产业结构升级和增长动力转型，提高潜在增长率。我国仍然处于可以大有作为的重要战略机遇期，我们有信心维持中高速增长，超越国外经济学家所预言的"新平庸"。其理由主要是：首先，坚持对外开放，进一步发展开放型经济，将继续为我国带来开放红利。其次，从人均收入和科技水平看，我国与发达经济体之间仍有较大差距，这意味着我国仍然拥有后发优势，可以实现更快的经济增长。第三，全面深化改革将进一步消除制约市场主体活力释放和要素优化配置的体制障碍，进而从双重改革红利中获得增长潜力：通过挖掘生产要素特别是劳动力供给潜力，延长有利于经济增长的人口机会窗口期；通过加快全要素生产率提高速度，形成新的增长源泉。

（《人民日报》2015 年 3 月 9 日）

社会保障释放强大正能量

郑功成 *

在谈到中国经济持续高速增长的奥秘时，人们往往更多关注经济政策以及投资、消费、外贸三驾马车的作用，而忽略社会保障的作用，有人甚至把社会保障当成经济发展的包袱。这种认识上的偏差，源于对社会保障发展历程及其不可替代的独特功能缺乏足够了解。事实上，现代社会保障制度在维护社会稳定和保障民生的同时，还扮演着经济发展助推器、经济运行稳定器的重要角色。

从世界范围看，德国于19世纪80年代率先创建现代社会保险制度，劳动者权益得到保障，促使德国经济持续快速发展，并成就了令德国人自豪的社会（保障）市场经济模式。20世纪30年代的经济大危机使美国经济几近崩溃，罗斯福总统强力推动美国《社会保障法案》出台，由此确立了美国式社会保障制度，有效医治了经济危机的创伤。二战后，英国率先建成福利国家，因有效修复战争创伤、促进经济发展而引起其他国家效仿，保障了西欧、北欧等国家保持长时期繁荣发展。这三大事件对德、美、英等大国乃至整个世界产生了巨大影响，使社会保障成为现代国家的一项基本社会制度。但也有一些国家不重

---

   * 郑功成，男，1964年生于湖南省平江县。1985年毕业于武汉大学政治经济学专业。现任中国人民大学教授，全国人大常委会委员，中国社会保障学会会长。长期从事社会保障及与民生相关领域研究。代表作：《社会保障学》《中国社会保障改革与发展战略》等。

视社会保障建设，结果虽然一度实现了经济高速增长，但贫富差距和社会矛盾不断扩大，最终陷入"中等收入陷阱"，葬送了国家发展的大好机遇。

在我国改革开放进程中，社会保障提供了一个观察经济发展的独特视角。与我国社会主义市场经济相适应的社会保障建设有一个摸着石头过河的渐进过程。20世纪90年代中期，曾因社会保障建设滞后而出现大量退休人员不能按时足额领到养老金、城乡困难群众不能及时获得社会援助等现象，结果造成国内消费低迷。从1998年开始，中央及时加大社会保障制度改革与建设力度，强力推进"两个确保、三条保障线"，并建立最低生活保障制度等，解决了亿万劳动者及低收入家庭的基本生活保障问题，不仅成功推进了国有企业改革，还奠定了国民经济持续快速发展的基石。2008年国际金融危机后，中央进一步加快社保体系建设步伐，扩大社会救助、推进全民医保、建立普遍性养老金制度、大规模建设保障性住房，社会保障迅速普惠全民，中国经济不仅未随世界经济陷入低迷，而且因城乡居民后顾之忧大为减轻、国内消费稳步上升而率先企稳回升，进而运行在快速发展轨道上。社会保障释放了促进经济社会发展的强大正能量。

当前，我国经济发展进入新常态，经济结构调整和发展方式转变步伐加快，更加需要成熟、定型的社会保障制度提供有力支撑。进一步深化社会保障制度改革，特别需要妥善处理以下四个关系：一是福利增长与责任分担的关系。福利增长是城乡居民的合理诉求，也是各级政府的使命所在，但福利责任一定要在政府、企业、个人与社会之间合理分担。否则，责任失衡必定导致制度的不可持续。二是尊重社保制度发展规律与尊重中国国情的关系。既不能以遵循制度发展规律为由超越现实国情，也不能以现实国情为由扭曲制度，二者必须理性兼顾。三是政府主导与发挥市场、社会作用的关系。政府主导是确保社会保障制度公平、普惠的根本所在，但应明确政府责任边界，在坚持公平、互助共济原则下，尽可能运用公共政策调动市场和社会力量，不断壮大社会保障的物质基础与服务能力。四是基本保障与补充保障的关系。应先定位好基本保障制度的目标与水平，再创造条件让补充保障、市场化服务等得到发展。

（《人民日报》2015年3月10日）

中国经济新常态不同于全球经济新常态

李 扬[*]

近年来，对于国际金融危机以来的国内外经济发展格局，越来越多的人倾向于用"新常态"加以描述。新常态这一概念在国内和国外基本上是相对独立形成的：如果说全球经济新常态是对未来世界经济趋势的一种悲观认识，那么，中国经济新常态则包含着经济朝向形态更高级、分工更复杂、结构更合理的阶段演化的积极内容。

在本轮危机之前，全球经历了长达 20 多年的"旧常态"，即经济持续增长、低通胀、低失业率、周期波动弱化。这一被称为"大稳定"的旧常态是全球范围内科技进步、体制机制变化和经济全球化的综合产物。从"大稳定"转换为大危机，进而进入以长期结构调整为主要内容的新常态，其实只是被"大稳定"繁荣掩盖下的各种矛盾产生、累积、深化、蔓延和爆发的结果。从长周期的视角看，旧常态的辉煌恰恰是由于全球经济正处在长周期的上行阶段，而旧常态的转折则是全球经济转向下行阶段的开始。

全球经济新常态在各个领域均有表现，其中最具特征者有五：经济增长低水平波动，"去杠杆化"和"修复资产负债表"两难，贸易保护主义加剧，各

---

* 李扬：男，1951 年 9 月生于安徽省怀远县。毕业于中国人民大学财政金融系，经济学博士。中国社会科学院学部委员、研究员。曾任中国社会科学院副院长。享受国务院特殊津贴专家。著有《财政补贴经济分析》《国际资本流动与宏观经济管理》等。

国政策周期非同步，全球治理真空。全球经济新常态的五大特征，究其实体面的根源，主要在于所谓的"长期停滞"。这个由美国经济学家萨默斯重新阐发的概念，一经提出便引起西方主流经济学界的关注和共鸣，克鲁格曼、斯蒂格利茨、布兰查德等纷纷表示认同。概括而言，造成长期停滞的原因，从供给端分析，主要是技术进步缓慢、人口结构恶化以及真实利率水平为负；从需求端看，主要表现在持续存在的产出缺口上，即实际增长在较长时期内低于长期潜在趋势；从宏观政策责任角度看，主要体现在均衡利率为负值下的货币政策失效；从收入分配看，日趋恶化的收入分配格局进一步抑制了发达经济体的增长潜力与社会活力。

中国经济新常态最主要的表现是结构性减速。其原因在于：资源配置效率下降、人口红利式微、资本积累的低效率困境、创新能力滞后、资源环境约束增强以及国际竞争压力加大。经济的结构性减速带来一系列挑战，包括产能过剩、杠杆率飙升、城镇化转型以及"量宽价高"悖论等。

尽管增长速度下滑构成中国经济新常态的一个主要特征，但它只是外在表现，深刻的内涵则是经济增长的质量提高和效率改善，综合的结果将是中国经济迈上新台阶。新常态不同于常规经济周期中的衰退和萧条阶段，它是经济脱离常轨、另辟蹊径的新发展。在全球范围内，另辟蹊径意味着供应链重组、经济结构转变、治理体系重塑和大国关系再造；在国内，除了这些全球共性，还意味着对投资驱动和出口驱动增长方式的脱离，对质量、效益、创新、生态文明和可持续发展的追求，并由此越过"中等收入陷阱"，在中华民族伟大复兴之路上迈进。简言之，新常态意味着中国经济"浴火重生"。

但应认识到，中华民族伟大复兴不是唾手可得的。当我们说经济新常态开辟了通往新繁荣的康庄大道，指的是它为我们创造了新的战略机遇，为我国经济新飞跃提供了新的要素、条件和环境。但把机遇变为现实，还有待我们积极推进各个领域的改革，切实完成转方式、调结构的历史任务。因此，"认识新常态，适应新常态"固然显示了面对战略转折的平常心，"引领新常态"则更体现了面对新挑战的深思熟虑和敢于胜利的勇气。对新常态的引领主要包括以下几个方面：充分发挥投资的关键作用，启动创新驱动新引擎，更好发挥政府作用，塑造区域发展与对外开放新格局，向生态文明建设要经济增长，实现社会公平与包容。

（《人民日报》2015年3月12日）

中国经济为什么行之三

"三农"是中国奇迹的强大支撑

陈锡文 *

1979 年到 2013 年，我国国内生产总值年均增长 9.8%，占全球经济总量的比重从 1.7%上升到 12.3%，而农业在国内生产总值中的比重却从 28.2%下降到 10%，但这并没有改变农业在我国国民经济中的基础地位。我国有十几亿人口，如果我们自己解决不了吃饭问题，没有谁能救得了我们，更谈不上创造经济奇迹。1978 年到 2013 年，我国总人口增长 41.4%，但人均粮食拥有量依然增长 39.8%。我国人均拥有的棉花、油料、糖料、肉类、奶制品、蔬菜、水果、水产品等产量实现了成倍乃至上十倍的增长。

我国农业成功的奥秘在于全方位持续推进改革创新。我国改革是从农村开始的，农村改革是从农业经营体制入手的，而农业经营体制改革是以保障农民经营自主权为出发点和落脚点的。早在 20 世纪 80 年代初，以家庭承包经营为基础、统分结合的双层经营体制已在农村普及，但改革的步伐并没有停止。在对农村集体土地明确所有权、稳定承包权、放活经营权的制度创新推动下，到 2014 年 6 月底，全国已有近 26%的农户全部或部分转让了承包耕地的经营权，

* 陈锡文，男，1950 年 7 月 10 日生于上海市。1982 年毕业于中国人民大学。2009 年任中央农村工作领导小组副组长兼办公室主任。先后多次获得孙冶方经济科学奖、中国发展研究奖等奖项。代表著作：《中国农村改革：回顾与展望》《陈锡文改革论集》。

流转的土地经营权面积占全国农户承包耕地总面积的28.8%。土地承包经营权的依法、自愿、有偿流转，使多种形式的土地适度规模经营在各地蓬勃发展起来。在东北的黑土地上，由上千农户以土地承包经营权入股发展起来的合作社，其经营规模和作业的机械化程度与任何农业现代化国家相比都不逊色。在江南农村，通过流转土地经营权发展起来的家庭农场，尽管耕地的经营规模并不显眼，但不少农户可获得与城镇居民不相上下的收入。更多的农户则通过购买农业社会化服务，在有限的耕地上实现了现代农业技术和装备的应用。

农业科技快速进步对农业发展功不可没。2014年，我国农业科技进步对农业增长的贡献率达55.6%，其中使用良种对农作物单产提高的贡献率为43%以上。主要农作物耕、种、收的综合机械化率已达61%。2014年10月，国家有关部门对袁隆平院士主持的大面积超级杂交稻试验田现场实测获得平均亩产2053.4市斤的佳绩，使人们看到了我国农业科技进步的巨大潜力。

农业支持保护体系逐步完善对农业发展发挥了保驾护航作用。自2006年起，国家彻底免除了对农业生产的各项税收，使农民每年减少支出1350亿元左右。与此同时，国家不断加大农村水利、交通、电网、通信等基础设施建设，极大改善了农村的生产和生活条件。国家自2004年开始实行对粮食等主要农产品生产的直接补贴政策，同时对小麦、稻谷等重要口粮品种实行最低收购价制度，有力调动了农民粮食生产的积极性。

推进城乡发展一体化的体制机制建设加快了农业现代化和农民增收进程。到2014年年底，全国农村转移到非农产业和城镇就业的劳动力达2.74亿人，已超过务农劳动力的总量，其中到城镇就业的农村劳动力超过1.7亿人。这不仅为我国非农产业和城镇发展作出了巨大贡献，也为扩大农业经营规模创造了条件。2014年，农民人均可支配收入10489元，其中39.6%来自工资性收入。全国农村已普遍建立最低生活保障制度、新型农村合作医疗制度、与城镇居民接轨的新型农村社会养老保险制度，初步织就农村居民基本生活保障的安全网。

当前，我国农业发展面临一系列新的挑战和压力，突出表现在农业生产成本持续上升，导致主要农产品国际竞争力下降；农业长期粗放发展超出了资源、环境的承载能力。对此，2014年年底召开的中央经济工作会议和今年年初发出的中央 1 号文件都明确提出了解决问题的根本出路，这就是坚定不移加快转变农业发展方式，从主要追求产量增长和拼资源、拼消耗的粗放经营尽快转到数量质量效益并重、注重提高竞争力、注重农业技术创新、注重可持续的集约发展上来，走产出高效、产品安全、资源节约、环境友好的现代农业发展道路。只要沿着这个方向，坚持以农民群众为主体的全方位改革创新，我国农业、农村和农民必将继续对经济社会发展起到不可替代的支撑作用。

（《人民日报》2015 年 3 月 22 日）

全面深化改革是渐进改革的必然结果

张卓元[*]

我国从 1978 年开始的改革是渐进改革，摸着石头过河，从农村改革起步，到 2012 年党的十八大发展为全面深化改革。这具有逻辑和现实的必然性。

渐进改革的显著特点是先着重推进经济改革以振兴经济，为改变国家贫穷落后面貌、推进工业化和现代化提供物质基础。采取渐进改革，不搞快速转轨、一步到位，可以减轻社会震荡，在保持社会稳定前提下调整经济关系和上层建筑的一些方面、一些环节，以适应生产力发展，稳步前进。改革为什么从农村起步？就是因为 20 世纪 70 年代末物资供应特别是农产品供应紧张，上亿农民吃饱穿暖的问题还没有很好解决，农民要求改变"一大二公"传统体制的要求特别迫切。农村实行家庭联产承包责任制以及逐步放开农产品价格后，农民有了生产经营自主权，大大解放了生产力，农业生产迅速发展。

市场取向改革的初步成果增强了广大干部群众改革的信心和期望，增强了商品意识和等价交换意识。1984 年，党的十二届三中全会作出《中共中央关于经济体制改革的决定》，提出社会主义经济是公有制基础上的有计划的商品

---

* 张卓元，男，1933 年 7 月生于广东省梅州市。1954 年毕业于中南财经学院经济系。现任中国社会科学院学部委员，孙冶方经济科学基金会荣誉理事。著有《论社会主义经济中的生产价格》《社会主义价格理论与价格改革》等。

经济，加快以城市为重点的整个经济体制改革的步伐。我国改革进入以城市为重点的全面开展经济体制改革的阶段。需要指出，在对公有制经济特别是国有经济进行改革、引入市场机制的同时，允许和鼓励个体私营等非公有制经济发展，个体私营经济成为我国经济迅速崛起的一支重要生力军，这是我国渐进改革的一个成功案例。

经济快速增长和市场日趋繁荣使市场化改革日益深入人心。1992 年，在邓小平同志关于计划不等于社会主义、市场不等于资本主义、计划和市场都是经济手段的思想指引下，党的十四大确立了建立社会主义市场经济体制的改革目标，开创了在一个大国把社会主义和市场经济相结合的伟大征程。我国经济迅速起飞，各项事业全面发展。到 20 世纪末，社会主义市场经济体制初步建立。

2001 年年底，我国加入世界贸易组织，对外开放进入新阶段，中国经济加快融入经济全球化进程。加入世贸组织不仅大大促进了外向型经济发展，使我国成为世界第一外贸大国，而且有力推动了市场化改革的深化，促使我国各项经济活动必须遵循市场经济一般规则。

进入新世纪，随着社会主义市场经济体制逐步完善和经济持续高速增长，除了经济体制改革，政治、文化、社会、生态文明等方面体制改革日显重要和迫切。2012 年，党的十八大提出全面深化改革的任务，2013 年党的十八届三中全会对全面深化改革作出部署。这标志着我国改革进入了一个崭新阶段。首先，改革的目标更高更全面。过去主要提经济体制改革目标即建立和完善社会主义市场经济体制，政治、文化、社会等体制改革主要围绕它展开，而十八届三中全会《决定》确定全面深化改革的总目标是完善和发展中国特色社会主义制度、推进国家治理体系和治理能力现代化。其次，虽然经济体制改革是全面深化改革的重点，但必须全面推进"五位一体"改革及其他各方面改革。再次，提出全面深化改革是改革不断深化的结果，是水到渠成的。我国的经济体制改革从一开始就不是单兵突进的，为配合和适应经济体制改革，政治、文化、社会和生态文明体制改革一直在逐步推进并取得明显成效。党的全国代表大会的报告除了着重论述经济体制改革，还分别论述政治、文化、社会等方面改革，有几届党的中央全会还分别就一些重要方面的改革作出决定部署。

全面深化改革是改革的攻坚战，不仅要统一思想，要有好的顶层设计，而且要克服既得利益群体的阻挠和干扰。党的十八届三中全会已作出很好的顶层设计，当前冲破思想观念的束缚、突破利益固化的藩篱，中央全面深化改革领导小组强有力的领导和推动是非常重要和必不可少的。全面深化改革还要选择好着力点和突破口。目前，应着力推进政府改革，加快政府职能转变。因为要使市场在资源配置中起决定性作用和更好发挥政府作用，首先要解决政府对经济活动干预过多和监管不到位问题。深化国有企业改革、财税改革、金融改革、收入分配改革、教育改革等，也有待政府改革的深化和到位。

（《人民日报》2015 年 3 月 26 日）

现代财政与公共财政并不矛盾

高培勇 *

党的十八届三中全会《决定》将建立现代财政制度确定为财税体制改革的目标。那么，现代财政制度与公共财政体制之间是什么关系？一些人在讨论中把二者对立起来，这显然没有正确理解中央战略意图，对于实践推进和理论发展都没有好处。

建立公共财政体制是对应社会主义市场经济体制、以属性特征标识的财税体制改革目标。我国财税体制改革虽已持续多年，但在很长一段时间并未形成一个能够统领整个财税体制改革的概念。直到 1998 年，随着财税体制改革转入整体体制机制构建，决策层作出了一个具有重大意义的决定：逐步建立公共财政基本框架。从根本上说，公共财政体制的主要着眼点在于财税体制的属性特征。之所以用"逐步建立公共财政基本框架"标识财税体制改革目标，是因为只有公共财政性质的财税体制才能与社会主义市场经济体制相适应。也正因为如此，我们才会作出"搞市场经济，就要搞公共财政"的理论判断。

与之不同，现代财政制度的主要着眼点落在财税体制的时代特征上，是对应国家治理现代化、以时代特征标识的财税体制改革目标。它是在全面深化改

---

　* 高培勇，男，1959 年 1 月生于天津市。中国人民大学财政金融系毕业，经济学博士。中国社会科学院学部委员，中国社会科学院财经战略研究院院长，中国社会科学院研究生院经济教学部主任。代表作：《国债运行机制研究》《中国公共财政建设指标体系研究》。

革总棋局中、立足于与国家治理体系和治理能力现代化总目标相匹配而形成的概念，意在强调只有跟上人类文明发展进程的现代化财税体制，才是可以与国家治理体系和治理能力现代化相匹配的。

由建立公共财政制度到建立现代财政制度，体现了与整体改革进程相协调的新一轮财税体制改革的阶段性特征。

其一，实现国家治理的与时俱进是我国社会的又一次"赶考"，作为国家治理的基础和重要支柱的财政理应充当先行军。经过 30 多年的财税体制改革，我国已初步建立起适应社会主义市场经济体制的公共财政体制基本框架。在公共财政建设取得突破性进展、属性特征已趋显著的基础上，如何进一步强化其时代特征，跟上时代发展进程，打造现代国家财政制度的一般形态，必然作为一个新的改革发展目标提到我们面前。

其二，迄今为止，在我国改革文献中以"现代"二字前缀某一领域制度安排的情形不多，一般均属重大改革，例如建立现代企业制度。正如国有企业制度改革需要以现代化的企业制度为参照系一样，在新的历史起点上，财税体制改革也要以现代化的财政制度为参照系，同样需要借鉴成熟市场经济国家的一般规则和基本做法。故而，在时隔约 20 年之后，面对经济全球化深入发展的历史潮流，将"现代"二字与"财政制度"对接，并以建立现代财政制度标识新一轮财税体制改革目标，其意义不亚于当年的国有企业改革。

所以说，公共财政体制与现代财政制度并不矛盾，而是如同一枚硬币的两面，是一脉相承的统一体。前者对应社会主义市场经济体制，以属性特征标识财税体制改革目标，表述为公共财政制度；后者对应国家治理现代化，以时代特征标识财税体制改革目标，表述为现代财政制度。

进一步观察还可以发现，二者都是基于建设中国特色社会主义财税体制、标识中国财税体制改革方向的需要而提出的概念。况且，构建公共财政体制的参照系，既有成熟市场经济国家的成功做法，也有体制转轨国家的经验教训，当然也包括我国自身财政改革与发展过程中所积累的经验。显然，这些都属于现代财政制度范畴。党的十八届三中全会《决定》围绕建立现代财政制度的相关部署，其参照系就是现代化的财政制度形态。或者说，就是在立足我国特殊国情基础上，广泛借鉴包括成熟市场经济国家在内的当今世界财税体制的一般规则和基本做法。

作为我国财税体制改革目标的高度概括，无论公共财政体制还是现代财政制度，实际上都是开放性的概念。换言之，它们均是植根于我国国情、海纳百川汲取人类社会文明成果的产物。与此同时，孕育于实践，萌生于实践，专注于实践，立足于实践，与实践如影随形，也是它们共同的突出特点。这意味着，公共财政体制和现代财政制度的内涵并非一成不变，而是与时俱进的。在财税体制改革目标的标识上，由关注属性特征到强化时代特征，便是一个重要体现。

（《人民日报》2015 年 4 月 1 日）

新常态为外资提供新机遇

隆国强 *

最近看到关于外商在华投资企业一些颇为矛盾的信息。一方面，一些外资企业撤资的案例风传，有人借机唱衰中国经济；另一方面，联合国贸易组织公布的2014年全球跨境投资数据中，中国超越美国成为吸收外商直接投资最多的国家。

为何会出现这种信息上的巨大反差？根本原因在于，中国经济发展进入新常态，正在发生经济结构升级和比较优势转换。在这一新形势下，一些外资企业出现了不适应，或转型或转移；与此同时，大量新机遇涌现，又吸引新的投资者纷至沓来。那么，外资企业在华面临什么新的重大机遇呢？

首先是大市场机遇。改革开放以来，随着经济快速发展，中国迅速从潜在的大市场成为现实的大市场。2014年中国GDP超过十万亿美元，超过美国的60%，是日本的两倍。国际金融危机爆发后，中国为全球贡献约40%的经济增量。中国经济进入新常态后，增速下降，有人担心中国市场机遇不再。其实，经济增速从过去的高速变为中高速，中国市场机遇依然巨大。如果实现年均7%的增长率，仅每年新增GDP就会超过7000亿美元，仍然雄冠全球。要

* 隆国强，男，1966年生于湖南省邵阳市。经济学博士（1998）。现任国务院发展研究中心副主任，享受国务院特殊津贴专家。兼任中国国际经济合作学会副会长。长期从事中国对外经济政策研究。代表作：《大调整时代的世界经济》《加工贸易：工业化的新道路》。

实现同样的增量，位列世界经济第三位的日本需要达到 14% 的增速。

中国市场的机遇不仅源于规模扩张，而且源于需求结构快速升级。人均收入水平提高、消费结构升级会带来很多新需求。居民需要消费更多更优质的信息、医疗、健康、金融、文化等服务产品，跨国公司在这些领域有一定优势。传统领域的需求也会出现新的结构性变化，例如，居民想吃得更加健康更加美味，这就为优质农产品、食品生产带来新机遇。与上一代人相比，新一代国人从小消费牛奶等乳制品，代际食品结构变化也将带来新机遇。

结构性机遇不仅表现在消费领域。中国正转向绿色发展，治理污染将产生巨大的环保设备、技术与服务需求。更大的需求在于，在新环保理念与标准下，企业要大规模更新更加高效环保的生产设备。再比如，为应对蓝领工人工资上涨，企业用机器替代劳动力的大幕已经拉开。据报道，中国已经成为世界上最大的机器人市场。所以，中国有巨大的市场规模，同时还在急剧地发生着结构变化，其间蕴含着大量新机遇。

其次，比较优势转换带来新机遇。很多外资企业过去看重的是中国低成本劳动力。目前，传统的蓝领工人低成本优势正在快速丧失，但新的比较优势正在形成。一是从人口数量红利转向人口质量红利。中国 25—34 岁人口中大学毕业生比例直追发达国家，但人力成本远低于发达国家，这一人口质量优势吸引越来越多的跨国公司加速向中国转移研发等服务活动。二是基础设施完备的优势。三是产业配套能力强的优势。综合来看，目前中国是世界上唯一一个兼具国内大市场与综合低成本优势的国家。

再次，投资软环境改善带来新机遇。党的十八届三中、四中全会分别作出全面深化改革和全面推进依法治国的重大部署，社会主义市场经济的制度环境、法律环境、政策环境将会极大改善。例如，知识产权法庭的设立将进一步改善知识产权执法，加强对知识产权的保护。服务业是新一轮开放的重点，党的十八届三中全会《决定》明确提出，推进金融、教育、文化、医疗等服务业领域有序开放，放开育幼养老、建筑设计、会计审计、商贸物流、电子商务等服务业领域外资准入限制，进一步放开一般制造业。中国还将对外商投资实行准入前国民待遇加负面清单的管理方式，正在积极推进的双边投资协定、自贸区谈判也将进一步推动跨境投资的自由化便利化。这些都将有力推动中国对外开放和涉外经济体制改革，加快形成更加透明、稳定、可预期、法制化、国际化的营商环境。

聪明的外资企业已经在抢抓中国经济新常态下的新机遇。我国各级政府更应把握大势、因势利导，实现从"引资"向"选资"转变，实现东道国和投资者双赢。

（《人民日报》2015 年 4 月 7 日）

宏观调控引领新常态

辜胜阻 *

经济发展新常态关键在"新",表明老路走不通了,经济发展必须从传统路径转到新路径、从传统动力切换到新动力。新常态有很多标志,比较重要的标志有四个:经济增长速度变化,由过去近两位数的高速增长转向中高速增长的"7时代";经济增长动力变化,由要素驱动、投资驱动转向技术进步、劳动生产率提高的创新驱动;经济增长结构变化,由以工业为主的增长转向以服务业为主的增长;经济增长质量变化,从过去更加重视经济增长速度转向更加重视经济增长质量和效益。新常态对宏观调控提出了新要求,宏观调控应当发挥引领新常态的重要作用。

稳增长、调结构,保持经济总量平衡。稳增长是宏观调控的要义,调结构是宏观调控的重点。只有稳增长,使经济运行保持在合理区间,才能为调整经济结构、转变发展方式、深化体制改革提供有利条件,才能扩大就业、提高居民收入。同时,保持经济总量平衡还要推进结构调整和经济转型。当前应特别关注调整和转型过程中的四大"阵痛":一是淘汰过剩产能对相关产业发展和投资的抑制。二是房地产市场深度调整对宏观经济增长的影响。三是金融去杠

---

* 辜胜阻,男,1956年1月生于湖北省武汉市,1991年获武汉大学经济学博士学位。现任全国人大财政经济委员会副主任委员。获第六届孙冶方经济科学奖,入选国家"百千万人才工程",著有《中国跨世纪的改革与发展》《新经济的制度创新与技术创新》等。

杆化特别是降低一些地方政府和企业的负债率，可能对企业投资、基础设施建设等产生一定影响。四是保护和恢复生态环境，排除带毒有害的 GDP 增长。这些措施短期内会带来经济下行压力，会产生"阵痛"，但从长期看是必要的、有利的。

培育新的增长点，对冲经济下行压力。新常态下的经济增长不能再用大规模刺激和房地产拉动等老办法，而应着力培育新的增长点，打造新引擎。一是人口城镇化。人口城镇化将创造巨大的投资和消费需求，加速消费升级。二是经济服务化。消费升级将创造公共性服务、消费性服务和生产性服务的巨大发展空间。三是发展低碳化。资源环境瓶颈压力加剧、新兴产业勃发、消费者环保意识增强都将创造绿色低碳经济发展机遇。四是产业高端化。把握经济发展新趋势，发展新产品、新业态、新商业模式。五是社会信息化。这是突破发展瓶颈、转变经济发展方式、提升产业和产品竞争力的关键。六是经营国际化。国际大宗商品价格下跌和货币成本下降为我国国际化战略转型创造了有利条件，有利于我国实施企业国际化、分工高端化战略，有利于我国从"中国制造"向"中国所有"、从世界工厂打工者向全球资源整合者转变。宏观调控在这些方面的举措正渐次出台、逐渐收效。

营造大众创业、万众创新的良好环境。2014 年 3 月至 12 月，全国新登记注册企业 286 万户，同比增长 54%。创业创新的羁绊正在逐渐被清除，新一轮创业创新浪潮将成为稳定经济增长、推动产业升级的强大动力。通过创业推进产业化创新，有利于将创新成果转变为现实产业活动，形成新的经济增长点。新产品、新服务的涌现将创造新的市场需求，有利于充分发挥技术进步对产业结构调整的积极作用，带动现代服务业和现代制造业发展。新一轮创业浪潮的兴起有利于以创业带动就业，更好发挥市场在促进就业中的作用。

寓改革于调控之中，精准发力、定向调控。当前，一系列改革和"微刺激"政策初显成效，定向调控初步遏制了经济下行态势。定向调控注重解决深层次结构矛盾，对可能导致经济运行偏离合理区间的重要因素进行预调微调。在城镇化上，着力化解城市内部二元结构问题；在工业化上，发挥战略性新兴产业的引领带动作用，推动工业化与信息化深度融合；在产业结构上，加快发展现代服务业，推动"营改增"试点向服务业全领域扩容；在激发经济活力上，加快多层次资本市场建设，提高直接融资比重，发展中小民营银行，改善中小企业融资环境；在增强创新动力上，发挥定向财政政策对自主创新和技术进步的引导和激励作用，化解资本"脱实向虚"问题；在"三农"上，加大扶贫攻坚力度，加快农村土地制度等一系列改革。

（《人民日报》2015 年 4 月 16 日）

推进结构调整应坚持以人为本

常修泽 *

结构不合理是我国经济发展的一个深层次矛盾，其形成原因十分复杂，固然有体制机制、政策操作等问题，从更深层次的利益格局探究，根源则在于没有完全摆脱"物本位"思维的影响。推进经济结构调整，应坚持以人为本。

我国经济结构存在的三个主要矛盾，都与过去对人自身重视不够有关。在需求结构方面，忽视与人直接相关的消费，致使消费增长远远落后于投资扩张，消费对经济发展的基础作用没有得到充分发挥。统计显示，我国居民消费率长期偏低，近年来虽然提高较快，但仍低于发达国家，甚至低于许多发展中国家。在产业结构方面，与人的发展直接相关的服务业发展相对滞后。2013年，我国第一产业增加值和第二产业增加值分别为美国的 3.42 倍和 1.18 倍，但第三产业增加值只有美国的 32.3%。虽然 2014 年第三产业占比达到 48.2%，创历史新高，但与 2012 年世界服务业平均水平 70.2% 相比，仍相差 22 个百分点。在要素投入结构方面，作为最重要的生产要素，人的潜力没有得到充分发挥。根据世界银行《2013 年世界发展报告》，我国与美国的劳动生产率差距逐步缩小，已由 1995 年的 52 倍缩小到 2005 年的 28.1 倍、2010 年的 16.3 倍，

* 常修泽，男，1945 年生于山东省惠民县。教授、博士生导师。现为国家发展和改革委员会宏观经济研究院教授、博士生导师，清华大学中国经济研究中心研究员。享受国务院特殊津贴专家。著有《人本体制论》《广义产权论》《包容性改革论》等。

但两国之间的劳动生产率差距依然很大。这从一个侧面说明，在我国经济发展中，人的作用还有很大提升空间。

马克思在阐述新社会的本质要求时说："每个人的自由发展是一切人的自由发展的条件"，在这一社会中，人们可以"在最无愧于和最适合于他们的人类本性的条件下来进行这种物质交换"。这启示我们，注重人的解放、人的创造与人自身的发展是结构调整的灵魂。那么，怎样理解"人"？从横向来说，应是全体人民共享改革发展成果；从纵向来说，应平衡代际利益关系；从内核上来说，包括满足人的物质需要和精神需要等。坚持以人为本，推进经济结构调整，应做到以下几点。

在需求结构方面，着力提高居民消费率，重视发挥消费的基础作用。一是解决居民"能消费"问题。在经济发展的基础上逐步提高城乡居民收入，特别是提高中低收入者的收入。二是解决居民"敢消费"问题。完善社会保障制度，提高保障水平，编织好社会"安全网"。三是解决居民"放心消费"问题。加强消费执法监管，确保食品、药品等各领域消费安全。四是打造"人性化消费"新格局。适应个性化、多样化消费渐成主流趋势，创新消费模式，充分释放居民消费潜力。

在产业结构方面，根据人的发展需求确立新的供给结构思路。把发展现代服务业作为优化结构的战略重点，逐步从以工业为主体转向以服务经济为主体。在服务业内部结构上，既要补齐生产性服务业发展滞后的短板，又要注重发展与人直接相关的旅游、商贸、文化、体育健身等生活性服务业，并注意研究新情况、寻找新增长点。例如，在生产性服务业方面，应特别关注人力资源服务业等；在生活性服务业方面，应瞄准人民群众对现代服务业的新需求，开拓新领域，发展新业态，打造新热点。应进一步扩大服务业开放，解决服务业领域开放度低、限制多、国际竞争力弱等问题。

在要素投入结构方面，重在鼓励人们创新创造。随着土地等物质要素供应趋紧以及人口老龄化问题加重和农业富余劳动力减少，依靠生产要素规模驱动的传统发展模式难以为继。在科技发展突飞猛进的背景下，需要更多依靠创新来推动结构调整。一是充分发挥当前接近1亿人的科技人力资源的引领和带动作用；二是加强关键领域核心技术研发，注重提高专利的质量和效应，打造自主品牌尤其是具有国际知名度的品牌；三是深入推进相关制度改革，包括创新知识产权保护制度、对科技人员的产权激励制度、有效转化科研成果的企业制度等。

（《人民日报》2015 年 4 月 20 日）

企业性质不仅仅取决于所有制

卫兴华 *

2014年8月18日，习近平同志在主持召开中央全面深化改革领导小组第四次会议时强调："国有企业特别是中央管理企业，在关系国家安全和国民经济命脉的主要行业和关键领域占据支配地位，是国民经济的重要支柱，在我们党执政和我国社会主义国家政权的经济基础中也是起支柱作用的，必须搞好。"这指明了国有企业的重要地位和作用，同时也表明国有企业实现其重要地位和作用要以搞好为前提。

虽然我国国有企业是社会主义全民所有制经济，但一些资本主义国家也有国有企业，所以，并非只要企业归国家所有，就必然具有社会主义性质。即使在社会主义制度下，如果高管贪污腐败，特别是如果发展成果不能惠及广大人民，职工没有当家作主的权利，那么，这样的国企也会失去社会主义性质。改革开放以来，我国国有企业实行所有权和经营权分离，扩大了经营自主权。这使企业焕发了生机，但也为企业相关人员特别是高管独断专行、以权谋私、贪污腐败留下了空间。目前，中央派出巡视组进驻多家中央企业，正是要解决这一问题。这提示我们，搞好国有企业应注意以下几点。

———————

* 卫兴华，男，1925年10月生于山西省五台县，1952年中国人民大学政治经济学专业研究生毕业。中国人民大学首批荣誉一级教授，享受国务院政府特殊津贴。获第一、第二届孙冶方经济科学奖。著有《政治经济学研究》《我国新经济体制的构造》等。

　　国有企业管理人员特别是国家委派的高管应以权谋公，而不能以权谋私。这就要求国企高管具有良好的个人品德和坚定的社会主义信念。但这还不够，还需要有制度作保证。为此，应进一步健全激励机制和监督机制相结合的管理体制。没有监督的权力越大，独断专行和贪腐的空间就越大。国有企业的监督机制包括两个方面：一是企业职工的内部监督，应健全企业内部监督制度；二是国家的定期巡视和经营监督。内外监督相结合，使企业有关人员不敢贪腐、不能贪腐。

　　国有企业属于全民所有，其发展成果应惠及全民。首先，由国家委派的高管不应拿天价高薪。其次，社会主义企业没有劳资对立，职工收入应随着企业效率和效益的提高而提高，也可能高于私企外企，这无可厚非。但如果一些国企职工收入过度高于一般国企和其他企业，就不能说是公平合理的。再次，国企的收入除了缴税，其利润主要用于积累，依然归全民所有，还有一部分上缴国家，而且上缴部分应随着企业效益提高而提高，由国家统筹用于改善民生。

　　国有企业职工应真正成为企业的主人，具有知情权、参与权、监督权以及重大决策等的投票决定权。国有企业的社会主义性质怎样体现？不仅要体现在生产资料所有制上，而且要体现在生产资料和劳动者相结合的特定方式上。一般地说，生产资料所有制是经济制度的基础，但不能说封建社会、资本主义社会的国有经济是社会主义经济。更深入地看，都是非劳动者占有生产资料、劳动者不占有生产资料的经济制度，为什么有的是奴隶制、有的是封建制、有的是资本主义制度呢？所以，仅仅所有制还不能完全决定经济形式的性质。所有制是前提性意义上的基础，而不是全部决定意义上的基础。马克思指出："不论生产的社会形式如何，劳动者和生产资料始终是生产的因素……凡要进行生产，就必须使它们结合起来。实行这种结合的特殊方式和方法，使社会结构区分为各个不同的经济时期。"这一观点对我们搞好国有企业，使之凸显惠及全民的社会主义性质，具有指导意义。国有经济的社会主义性质除了取决于生产资料所有制，还取决于生产资料和劳动者相结合的方式。如果非劳动者占有生产资料，劳动者作为"会说话的工具"在皮鞭棍棒下与生产资料相结合进行生产，这种生产方式就属于奴隶制。如果生产资料作为资本，劳动者以雇佣劳动方式与资本相结合，剩余价值归资本所有者，这种生产方式就属于资本主义制度。资本主义国家的国有经济，依然是资本与雇佣劳动相结合，劳动者不是所有者和主人，其性质是国家垄断资本主义。社会主义国有经济是作为企业主人的劳动者与归全民所有的生产资料相结合，因而具有社会主义性质。国有企业改革，应注重确立劳动者作为企业主人与生产资料相结合的社会主义生产方式。

（《人民日报》2015 年 5 月 11 日）

研究金融问题需有战略观

成思危[*]

"不谋全局者,不足谋一域。"研究金融问题需有战略观,其中最重要的是确定战略目标,因为目标一错,满盘皆输。管理大师德鲁克曾说过,做对的事情比把事情做对更重要。也就是说,如果目标不对,后面的战略和策略贯彻实施得再好,最后也达不到预期效果,甚至会造成严重损失。确定战略目标,需要动态掌握和分析各方面情况,对未来发展趋势作出短期、中期和长期预测,设想各种可能出现的问题,通过推演比较确定合适的战略目标,并据此制定保证目标实现的各种策略和措施。

然而,在金融研究实践中,忽视或缺乏战略观的情形并不少见。金融安全是现代经济安全的核心。对于这一问题,我们既不能麻木不仁、丧失警惕,也不能神经过敏、草木皆兵。例如,一些人把所有的国际金融活动都当成阴谋,把国际金融活动比作你死我活的战争,主张要抗击国际阴谋。实际上,这并不符合当前国际金融的实际情况。有些人可能是真的担心,但更多主张"阴谋论"的人有着不同动机。不管动机如何,这种以抗击阴谋为战略目标的金融安全观起码在以下两个方面缺乏说服力:一是要真正提高抗击阴谋的能力,就必

---

* 成思危(1935年6月—2015年7月),男,生于湖南省湘乡市,美国加州大学洛杉矶分校毕业,高级工程师,第九届、十届全国人民代表大会常务委员会副委员长,中国民主建国会第六届、七届、八届中央委员会主席。著有《中国经济改革与发展研究》《成思危论风险投资》等。

须提高自身的金融实力和国际竞争力。如果做不到这一点，就还是会处于被动挨打的地位，也无法抵御国际金融风险。二是当前国际金融领域既有斗争又有合作，并不是零和游戏。亚洲基础设施投资银行的成功筹办就充分说明了这一点。所以，应善于利用国际金融形势的变化来争取最大利益，而不能把所有国际金融活动都拒之门外。应努力提高我们自身的金融实力，进一步深化和推进金融系统改革，提高我国金融的国际竞争力，并在国际竞争中增强我们的话语权和国际金融地位。这才是正确的战略目标。

另一个例子是，近年来关于金融改革的顺序问题存在不同意见，可以说是众说纷纭、莫衷一是。实际上，金融改革的步骤只是一个策略性问题，它必须围绕战略目标来安排。不顾战略目标而只谈改革顺序，不同部门就可能从各自立场出发，各拿一把号、各吹各的调，强调自身的重要性，而忽视全局的优化。所以，在改革顺序问题上首先应明确战略目标。我在去年出版的《人民币国际化之路》一书中提出，我国金融改革的战略目标是实现人民币国际化。这一目标在学术界已经提出多年，但在具体推进时总是遇到各种阻力。这说明，虽然提出了目标，但还没有把各方面的力量汇聚到一起，形成合力，进而制定出保证战略目标实现的策略和措施。

金融改革是一个非常复杂的问题。回顾改革开放以来我国金融改革的历程可以看到，从外资并购我国企业、国有商业银行引进国外战略合作伙伴、股权分置改革、设立中小企业板和创业板、推出股指期货、融资融券到股票发行制度改革，每一步都有反对的声浪、质疑的声音，甚至责难。这些质疑有些是必要的，需要我们在回答质疑中更好地统一思想、凝聚共识；但也有不少质疑导致金融改革不能顺利向前推进，相关改革措施只能放一放、等一等、看一看，以致错失良机。这个教训是应该记取的。

希望更多的有识之士关心我国金融改革，而且从战略上探讨这一问题。我相信，只要我们按照党的十八届三中全会《决定》精神，稳步推进金融改革，就一定能使我国金融在国际上有越来越大的发言权、越来越强的竞争力。

（《人民日报》2015 年 5 月 21 日）

中国经济学创新的四个来源

逄锦聚[*]

我是主张建设中国经济学的。中国经济学的生命力在于为中国特色社会主义建设提供理论支持，而能否为中国特色社会主义建设提供理论支持，关键在于理论创新，特别是原始创新。如下四个方面的来源，可以为中国经济学进行理论创新，进而以一种崭新面貌屹立于世界经济学之林奠定基础、提供条件。

马克思主义经济学。马克思主义是被我国革命、建设和改革实践反复证明了的科学真理。马克思主义经济学为中国经济学建设提供了科学方法论，同时也提供了经过发展可资运用的经济学范畴、关于社会主义经济制度的基本原理和关于社会化大生产、市场经济的一般原理。将这些范畴、原理与中国经济实践相结合，形成符合中国实际的经济学理论，创新就在其中。

当代中国经济建设实践。我国正在进行的社会主义现代化建设事业是前无古人的实践，走在了经济学理论的前面，对中国经济学创新提出了一系列迫切需要解答的重大问题，而这些问题是国外现有经济学理论无法完全解释的。问题提供了理论创新的方向和动力。中国经济学应以中国社会主义建设实践提出的重大问题为主攻方向和主题，抓住关键问题进行研究思考，给出符合中国实

---

    * 逄锦聚，男，1947 年生于山东省胶南市，教授、博士生导师。毕业于南开大学。曾任南开大学副校长。国务院学位委员会学科评议组召集人，中央马克思主义理论研究与建设工程咨询成员。著有《经济波动与经济调整》等。

际的理论回答，并着力推动解决这些问题。问题得到科学解释和解决，创新也就水到渠成。

中华民族的传统经济思想。中华民族具有 5000 多年连绵不断的文明史，创造了博大精深的中华文化，为人类文明进步作出了不可磨灭的贡献。中华民族在文明发展的长河中兴衰跌宕，积淀了丰富的经济思想。这些经济思想是建设中国经济学的宝贵财富。过去对此挖掘不够，今天建设中国经济学，应当注重总结中华民族传统经济思想，吸取其精华进行创新性发展和创造性转化，从而发挥中华优秀传统文化的优势，为中国经济学创新打牢历史根基。这也会使中国经济学创新在充分体现中国国情的同时具有更多世界意义。

对世界各国文明成果的借鉴。世界各国经济学长期探索取得的成果，包含人类文明的一般性，如西方发达国家的经济学对于社会化大生产和市场经济的一些分析方法和理论就包含科学成分。这些科学成分对于建设中国经济学是有益的，但对其借鉴和吸收必须建立在科学分析和检验基础上，绝不可照抄照搬，更不能将其作为我国经济建设实践的指导理论。还需要指出的是，在借鉴各国经济学过程中，应克服局限于借鉴某个发达国家主流经济学的现象，把眼界放得更宽一些。国外学者研究马克思主义经济学取得的成果，发展中国家经济学探索取得的成果和实践经验，都应该研究和借鉴。

当前，全国人民正在按照党中央提出的协调推进全面建成小康社会、全面深化改革、全面依法治国、全面从严治党的战略布局，积极适应和引领经济新常态，促进国民经济持续健康发展，努力把中国特色社会主义建设事业推向新高度。这为中国经济学建设提供了难得的机遇和条件。中国经济学界应紧紧抓住这一宝贵机遇，立足当代中国实践，汲取中华文化精华，瞄准世界学术前沿，着力提升学术原创能力，推进理论创新，力争在一些重大理论特别是重大基础理论问题研究上取得突破，推动形成具有中国特色的经济学学术体系和话语体系，为协调推进"四个全面"战略布局、促进经济社会持续健康发展提供有力的理论支撑。

（《人民日报》2015 年 6 月 1 日）

新常态呼唤宏观调控目标升级版

胡鞍钢[*]

宏观调控不是一个筐，不能什么都往里装，更不是无所不包、无所不管、无所不控。这就要求抓住主要矛盾、有的放矢。这个"的"就是宏观调控核心目标。宏观调控效果如何，主要取决于核心目标抓得准不准，能否在达成核心目标上有所作为。

全球经济增长已进入较长期的低迷状态。2014 年 10 月，国际货币基金组织总裁拉加德曾提出世界经济进入"新平庸"，即长期的低增长。今年 4 月她又发出警告：今天，我们必须防止"新平庸"变成"新现实"。日前，世界银行进一步下调了今年全球经济增长预期，下调后的预期增长率仅为 2.8%。

与世界经济增长低迷形成鲜明对比，我国经济新常态不是低增长，而是增长率在 7% 左右，仍属于世界公认的较高增长水平。我国作为世界第二大经济体、第一大贸易体，受外部冲击影响相对小，抗压能力相对大，最重要的是具有极强的宏观调控能力。2008 年世界银行增长与发展委员会研究表明，二战之后连续 25 年以上保持 7% 以上增长率的只有 13 个经济体。在这 13 个经济体中，中国的表现无疑最为抢眼。

---

　* 胡鞍钢，男，1953 年生于辽宁省鞍山市。1988 年获中国科学院工学博士学位。现任清华大学国情研究院院长，兼任国家"十一五""十二五""十三五"规划专家委员会委员。获国家自然基金委杰出青年基金。著有《"十三五"大战略》《超级中国》等。

为了观察我国经济在当前世界经济中的位置，我选用了5个宏观经济指标，即经济增长率、工业产出增长率、CPI上涨率、失业率以及后两者构成的痛苦指数，对二十国集团（G20）国家进行横向比较。根据英国《经济学人》最新公布的G20主要国家经济数据，2015年一季度，中国经济增长率为7.0%，位列印度7.5%之后，居第二位；中国的痛苦指数为5.3%，仅略高于韩国（4.3%）、日本（3.9%），居倒数第三位，而印度痛苦指数高达13.5%，居正数第三位。在同样的全球经济增长低迷背景下，中国的国家经济治理能力最强、宏观经济绩效最好，可谓"风景这边独好"。这一成绩如何得来？显然与我国宏观调控特别是调控目标的科学性密不可分。

国际上通常采用五大指标作为宏观调控核心目标：经济增长、物价稳定、控制失业、国际收支平衡、财政平衡。过去我国也主要采用这五大目标。本届政府与时俱进、锐意创新，进一步完善了宏观调控目标体系。2014年的《政府工作报告》在经济社会发展的主要预期目标中提出了"努力实现居民收入增长和经济发展同步"，2015年的《政府工作报告》在主要预期目标中增加了节能减排约束性指标。至此，我国宏观调控形成了具有中国特色的七大目标：经济增长、物价稳定、控制失业、国际收支平衡、财政平衡、居民收入增长和经济发展同步、节能减排。

升级后的宏观调控目标体系更加符合我国人口众多、就业需求大、资源环境硬约束等国情特点，充分反映了我国政府持续改善民生和向污染宣战的决心。这一目标体系在引导经济稳定增长的同时，着力转方式调结构，着力提高城乡居民人均收入增长率，着力绿色发展、循环发展、低碳发展。

把多目标作为综合判断宏观经济形势的依据，有利于增强战略定力。在七大目标中，如果只有一个目标没有实现，比如经济增长率下行，而其他几个目标都在正常运行范围内，就不必惊慌失措、大惊小怪，也不必理睬来自国内外的各种非专业议论。如果把一个经济体比作大海上航行的巨轮，宏观调控就是舵手，需要保持足够的心理承受力和耐心，更需要保持战略定力，坚持"行稳致远"的方略，避免动不动就猛踩油门、急刹车等做法。

经济新常态需要宏观调控目标有"新版本"。适应和引领新常态，关键是抓住核心目标。如何适应经济新常态要求，进一步加强和改善宏观调控，完善宏观调控目标体系，这是当前经济学界需要重点研究的课题。同时，还应将短期宏观调控与中长期发展规划结合起来，使前者与后者相结合、相衔接、相匹配，服从和服务于后者。这既是对我国宏观调控经验的总结，也是适应和引领新常态的需要。

（《人民日报》2015 年 6 月 29 日）

提高企业抱团出海的层次

汤　敏[*]

　　国内企业加速走出去，将成为新常态下我国经济发展的重要特征之一。据有关部门预测，今年我国企业对外直接投资将历史性地超过外国对我国的直接投资，而且很可能超过日本，成为世界第二大对外直接投资国。"一带一路"建设的推进，将加快我国企业走出去步伐。预计到"十三五"时期末，我国每年对外直接投资将至少比现在增加一倍，达到 2500 亿到 3000 亿美元。仅"十三五"期间，累计对外直接投资就将达上万亿美元。

　　但也应看到，我国企业走出去是在准备不足的情况下快速推进的。最近，我在福建等沿海地区调研时发现，企业对走出去有很多困惑，如对国外环境、法律、社会、文化了解不够，特别是国际化专业人才储备严重不足，内部管理机制跟不上等。这也是其他地方企业遇到的普遍问题。从多年来境外直接投资年检的情况看，国内企业走出去的总体盈利状况并不理想，亏损企业数量比较多。

　　之所以出现这种情况，是因为我们还没有真正认清并发挥好自己的优势。我国企业走出去的优势是什么？最大优势是全方位、多领域地走出去。在我

　　* 汤敏，男，1953 年 12 月生于广东省广州市。1982 年毕业于武汉大学，1989 年在美国伊里诺伊大学获经济学博士学位。曾任亚洲开发银行驻中国代表处首席经济学家。现任国务院参事、友成企业家扶贫基金会常务副会长。著有《亚洲成长三角区》《现代经济学前沿专题》等。

国企业对外投资中，不仅有资源、基础设施等方面的大项目，还有很多劳动密集型项目。最近，营销网络、信息技术等高科技公司也纷纷开辟海外投资市场。再加上我国走出去的企业可以得到金砖国家银行、亚投行等金融机构的支持，大规模、多模式、宽领域走出去所形成的规模优势将非常大。

更好地发挥优势、扬长避短，需要企业在整合资源的基础上抱团出海。抱团，不仅是指传统意义上的企业之间抱团，而且是指各种资源抱团，是在更高层次上的抱团。具体来说，应把对外的基础设施建设、资源开发、地区性投资基金与金融开发业务、对外援助和劳动密集型产业转移等有机整合起来，打好对外投资的"组合拳"。这就需要一系列开拓性的政策协调与实施举措。

坚持规划先行。应与投资对象国建立政府间合作与协调机制，了解其需求，及时向我国企业发布相关信息，并制定好规划，促进我国企业对外投资与投资对象国的项目需求和发展战略实现对接。

基础设施建设优先。我国企业走出去的对象国大部分是发展中国家，它们非常需要港口、铁路、公路、油气管道、电力通道、通信等基础设施投资。一些发达国家的基础设施也需要更新。这些领域恰恰是我国企业的强项。我们不但有很强的土建与设计能力，还有强大的融资能力。带资参加这种基础设施建设，各国是非常欢迎的。根据经验，基础设施投资回报一般比较稳定，而且能产生很多附加的溢出效果，投资风险相对较小。

产业及时跟进。在走出去过程中，产业及时跟进，基础设施才能发挥应有作用。应确立企业和个人对外投资主体地位，落实企业投资决策自主权，以市场为导向，以效益为中心，鼓励企业集约式、链条式抱团出海。需要指出的是，劳动密集型企业走出去可以创造大量就业，特别受投资对象国欢迎。

把建设境外工业园区、经贸合作区作为帮助企业走出去的重要途径。这一做法可以帮助企业解决投资对象国基础设施和营商环境不佳问题。应加强制度设计和财政支持，鼓励我国地方政府同承接地政府合作设立工业园区和经贸合作区。

培养国际化企业人才。鼓励国内高校为走出去的企业订单式培养人才。扩大小语种专业招生规模。吸引我国海外留学生与华侨在走出去的企业中就职。鼓励我国企业招收在华或曾在华学习的留学生。在孔子学院开设相关培训课程。

鼓励走出去的企业履行环境保护及其他社会责任。走出去的企业应尊重东道国的宗教信仰、风俗习惯，保障劳工合法权益，真正与东道国形成互利共赢的利益共同体和发展繁荣的命运共同体。

（《人民日报》2015 年 6 月 30 日）

发展中国家如何实现长期增长

张宇燕 *

世界经济发展不平衡是客观现象，其解决需要一个长期过程。在不平衡的世界经济环境中，发展中国家要实现长期增长，就必须从创新能力、人力资本、市场规模与专业化分工、制度基础、国际经贸规则 5 个方面寻求突破。

经济增长的根本源泉是劳动生产率的提高，而科技创新是劳动生产率提高的直接原因。美、欧、日之所以成为当今世界主要发达国家，很重要的原因就在于其拥有较高的科技创新能力。发展中国家由于资源有限，要想在研发支出上达到发达国家的水平并不现实，而应从本国实际出发，集中攻克本国产业链急需或者符合结构调整方向的技术难关。当然，除了自主研发、学习模仿和技术外溢等外源性技术进步也是发展中国家劳动生产率提高的重要源泉。

决定生产率水平高低的人的知识、技能积累和创造能力，也即人力资本，在很大程度上取决于人的受教育程度。根据世界银行统计，2012 年，美国、中国、印度的中学入学率分别为 94%、89%、71%。这组数字至少部分解释了这 3 个国家处于不同发展阶段的原因，同时也展示了它们未来发展的潜力。与发

---

* 张宇燕，男，1960 年 9 月生于北京市。中国社会科学院研究生院毕业。现任中国社会科学院世界经济与政治研究所所长。享受国务院政府特殊津贴，国务院学位委员会第七届学科评议组成员。代表作：《经济发展与制度选择》《国际政治经济学》。

达国家相比，发展中国家研发人员和高技能人员的比重明显偏低，这导致发展中国家长期处于全球产业价值链的底端。通过普及中等教育、扩大高等教育规模、加强技术培训等提高人力资本，是发展中国家必须下大力气解决的问题。

决定经济增长的劳动生产率提高，还同分工与专业化程度高度相关。即使没有技术进步，只要不同经济活动参与者提高其专业化水平，专门从事最能发挥其优势的生产活动，通过市场交换，便可以获得所谓的"得自贸易的收益"，实现无技术进步条件下的劳动生产率提高。有两个因素决定着分工与专业化水平的高低：一是市场规模大小，二是制度基础优劣。要扩大市场规模，除了大力促进生产要素流动、降低市场交易成本、创造国内统一市场以外，还要积极参与国际分工，使自身的优势最大化。我国30多年的改革开放，就是通过扩大市场规模提升专业化分工水平的成功实践。印度近几年的快速增长，也与充分运用和大力拓展其国内外市场规模密切相关。

制度基础建设的根本要求，不外乎有效保护财产权利、使契约得到普遍尊重、落实自愿交易和公平竞争原则。其对经济增长的促进作用主要通过三大功能实现：一是为每个经济活动的参与者提供能形成稳定预期的市场环境，二是提供有效激励，三是降低交易成本。这三大功能构成了市场在资源配置中起决定性作用的前提条件。特别需要强调的是，产权得到保护、契约受到尊重不会自然实现。没有广义的国家权力，就没有普遍的产权与契约。建设高质量制度基础的关键，是有一个能强化市场功能、拓展市场规模的强大且高效的政府。

国际经贸规则大多是"非中性的"，同样的规则对不同国家往往意味着不同成本与收益。在必须深入参与全球分工的情况下，制定对自己更加有利的国际经贸规则便成为博弈的焦点。美国主导的TPP和TTIP谈判，其目的就是获得国际经济制度优势。金砖国家的合作，既是为了扩大互利共赢空间，也是为了对国际经贸规则的演进施加影响。当今世界多边经贸谈判受阻、诸边谈判兴旺的局面，不仅会迟滞全球统一市场的形成，更会分化进入不同经贸集团国家的增长绩效。实现世界经济平衡发展，必须构建世界经济新秩序，避免国际经贸规则碎片化，提升发展中国家的国际话语权。

（《人民日报》2015年7月12日）

金融运作应有大视野

王国刚 *

金融是现代经济的核心。马克思曾深刻指出，资本是经济活动的第一推动力。在现代经济运行中，金融运作直接影响各类经济资源的配置格局和效率。2008 年美国次贷危机蔓延导致国际金融危机爆发后，国际经济金融形势更加复杂多变。目前，我国开放型经济加快发展，在经济下行压力持续加大的同时，又受到各种国际不确定因素的冲击。在此背景下，应在探索经济新常态的内在机理和规律基础上，为经济发展提供更有效的金融运作方略，使金融切实服务于实体经济。

跳出金融视野的局限，紧紧围绕经济社会发展的内在要求和提高经济运行质量开展金融活动。金融内生于实体经济部门，城乡居民、实体企业等经济主体之间的金融活动是各类金融交易的基础。要发挥市场配置资源的决定性作用，在金融领域就必须充分发挥金融市场配置金融资源的决定性作用；要落实在负面清单之外各类主体平等进入市场，在金融领域就必须使城乡居民和实体企业可以平等进入金融市场。扩大内需，应顺应城乡居民消费结构升级趋势，有效增加教育、文化、医疗、健康、养老、体育

---

　　* 王国刚，男，1955 年生于江苏省无锡市，研究员，博士生导师，中国社会科学院学部委员。现任中国社会科学院金融研究所所长，享受国务院特殊津贴专家。曾获"孙冶方经济科学"奖等。著有《资本市场导论》《进入 21 世纪的中国金融》等。

和交通、住房等方面的供给，积极推进城乡基础设施建设和改造。由此，扩大消费性投资成为必然。这些中长期投资需要中长期金融产品相匹配，仅靠银行贷款是难以满足的。另一方面，破解融资难、融资贵问题，降低实体企业融资成本，应在深化金融体系改革中，加快发展商业票据、公司债券等直接金融产品，通过发展商业信用和市场信用，弱化单一银行信用的负面效应。

跳出国内视野的局限，紧紧围绕"一带一路"建设和互利共赢的国际新格局开展金融活动。随着经济全球化、世界多极化的发展，世界各国发展的整体相关性和相互依存度日益增强。寻求平等合作、互利共赢的机遇，重构国际经济新格局，成为众多亚太国家和欧洲国家的迫切要求。"一带一路"建设，将我国的利益和发展与沿线国家的利益和发展紧密联系起来，立意高远、视野宏阔、布局睿智，为相关国家和地区平等合作、互利共赢搭建了新平台，为世界走出国际金融危机的阴影带来了新希望，为建立一个互利共赢的繁荣体系、促进中国与世界共同发展带来了新契机。亚投行和丝路基金的设立，为"一带一路"建设提供了重要的金融支撑机制。全面推进"一带一路"建设，需要一系列更加深入的金融创新，其中可以考虑建立国际性基础设施投资基金，在我国向广大城乡居民发行"一带一路"投资基金，在相关国家和地区发行国际性长期投资债券，建立与"一带一路"相配合的各类国际性股权投资公司等。与此相适应，建立和拓展相关国家和地区的多层次金融交易市场体系。

跳出西方经济学片面强调竞争理念的束缚，紧紧围绕合作共赢开展金融活动。地球是人类共有的家园，一国之诉求和利益终非全球之未来，人类未来的利益由各国各地区人们共同的利益所构成。但西方经济理念受达尔文进化论的严重影响，片面强调物竞天择、适者生存、弱肉强食，进而演化为竞争决定一切，视对方为对手，恃强凌弱。与之不同，中华民族是尚道义的民族，讲情重义是中国人数千年来一以贯之的道德准则和行为规范。中国几千年的传统文化强调"和为贵"，主张"计利当计天下利""既以为人，己愈有；既以与人，己愈多"。将这一传统理念体现在现代市场经济中，就是突破西方零和思维的局限，变竞争对抗为合作共赢，既确保本国利益和发展空间，也努力寻求各方利益的汇合点，谋求中国与世界共同发展进步的长久之计。因此，在求同存异基础上的平等、合作和共赢应成为国际金融运作的基本理念和精神。

（《人民日报》2015 年 7 月 13 日）

重视农业发展的伦理维度

任继周 [*]

科学的农业行为应遵循自然生态系统的基本规律。不可否认，工业化给农业现代化带来新机遇新手段。但遗憾的是，人们在推进农业现代化的同时，出现了轻视农业自身规律的问题。建设现代农业，必须重视农业发展的伦理维度。

我国对农业与环境关系的认知源自远古。最初对环境的认知是"天"，即茫茫宇宙的总称。对天的理解大体分三个层次逐步展开：第一个层次是对天的敬畏。《尚书·尧典》记载："乃命羲、和，钦若昊天，历象日月星辰，敬授人时。"荀子进一步指出："故养长时则六畜育，杀生时则草木殖，政令时则百姓一，贤良服。"这就是说动物饲养、植物繁殖、行政管理都要符合"时"的要求，阐述了农业社会人与天的时空机缘密不可分的伦理关系。第二个层次是人与天的交流。墨子云："五谷不孰，六畜不遂，疾菑戾疫，飘风苦雨，荐臻而至者，此天之降罚也，将以罚下人之不尚同乎天者也。"这里所说的天人感应，实质是人对天的认知和祈求。第三个层次是依照客观规律对天的适应性利用。荀子指出，"从天而颂之，孰与制天命而用之。"如果人的行为与社会规律和自

* 任继周，1924 年 11 月生于山东省平原县，草地农业科学家。1948 年毕业于前中央大学农学院。中国工程院院士。现任兰州大学教授、草地农业科技学院名誉院长。著有《草地农业生态学》《草业科学论纲》等。新西兰梅西大学设有任继周教授奖学金（Professor Ren Jizhou Scholarship）。

然规律出现系统相悖，就会产生"人祆"现象。老子从人的生存出发探讨顺应宇宙运行规律、契合农业伦理的人本思想。他把"道"这个自然规律置于伦理结构的最高层，将中华文化的伦理系统推上历史高峰。中华农耕文明就是在关于人、地、天、道的思维熏陶下逐步衍发而成的。

当前，空气污染、水资源缺乏、土壤污染等资源环境问题使我国农业发展面临严峻挑战，化肥、农药、农膜的无节制使用使农业生态环境遭到破坏，食品安全问题困扰人们的生活。资源环境、食品安全、城乡二元结构等问题都与农业发展密切相关，需要从伦理学视角进行分析、思考和解决。

其一，时。敬畏天时以应时宜。不违农时是中华民族对农业伦理的本初认知。从周礼的《秋官·司寇》《礼记·月令》到诸子百家的宏富论述以及坊间杂籍，我国历史上与时宜有关的论述浩如烟海，其基本原理为生态系统内部各个组成部分都以物候节律因时而动。农业生态系统由多界面的复杂作用协调运行，其时序之精微缜密为现代科学所难以穷尽。现代农业系统趋于全球化，直至涉及生物圈整体，其时序之繁复远甚于以往，对天时的遵循敬畏之情为农业伦理之首要。

其二，地。施德于地以应地德。土地为万物滋生的载体。农业生态系统的初级生产无不仰赖土地。土地既是农业生物的载体，也是包括农业生物的生物界的产物。农业系统的盛衰优劣，土地肥瘠可为表征。华夏族群从诗经时代起，即对土地多有歌颂。《易经》加以理论升华，称为地势坤，厚德载物。周代已有"地官司徒"之专职官吏。管子《地员篇》对土地类型学已有系统论述。中华民俗常以土地为神祇而顶礼膜拜，对厚德载物的土地自应厚养以德。切忌对土地掠夺刮削、竭泽而渔，使其日趋瘠薄，甚至施加毒害，失其载物之德。

其三，度。帅天地之度以定取予。生态系统具有开放性，有物质输出与输入的功能，农业活动因而有付出与收获。其中取予之道，应使农业系统营养物质在一定阈限内涨落，保持相对平衡，以维持生态系统健康，即所谓取予有度，以实现生态系统营养物质的合理循环。一旦营养物质入不敷出，突破涨落阈限，农业系统的生机即趋于衰败。我国在小农经济时期，依靠农民的精耕细作，农业系统具有较为完善的自组织能力，其生机历久不衰。工业化时代，切忌取予无度而致农业系统的能流、物流、信息流枯竭。

其四，法。依自然之法精慎管理。"人法地，地法天，天法道，道法自然。"一个"法"字，统领管理之道。农业管理包括土地、附着于土地的人民以及农业生产和产品分配的全过程。其中繁复的技术和社会工作需要周到的伦理关怀，而伦理关怀之中枢则为层层法理。时代要求我国农业伦理学应以众多系统的界面为节点，将各个系统连通为整体，并在不同界面伸出链接键，使系统耦合逐步延伸，以充分利用时代机遇谋求发展。切忌主观臆断，自乱人、地、天、道之法的序列，作茧自缚而坐失系统逐级耦合的良机。

（《人民日报》2015 年 7 月 21 日）

当今世界经济发展趋势及其应对（之七）
世界经济发展分化、竞争升级

板块化：世界经济新格局

李稻葵 *

国际金融危机爆发以来，受各国经济体制、政策、自然禀赋以及发展阶段等因素影响，世界经济呈现板块化新格局。概括地说，世界经济可以分为四大板块。

第一大板块是以英国和美国为代表、国际金融危机后经济恢复较快的发达国家。英美尽管是国际金融危机的始作俑者，但它们采取了快速灵活、比较务实的经济应对政策，包括若干轮的量化宽松货币政策，甚至一些会计准则的改变，帮助其金融体系迅速修复资产负债表，消费者信心得到了较快恢复。因此，英美经济恢复较快，失业率已降到正常水平之下，经济增速基本回升到危机前 2%—3% 的水平。与这些国家密切相关的外围国家，包括加拿大、爱尔兰等，与英美基本同步。

第二大板块是欧洲大陆和日本。这些国家经济体制相对僵化，特别是在国际金融危机爆发后没有像英美那样采取灵活的应对措施，经济恢复十分缓慢。其中，日本经济恢复之路将尤为漫长，因为日本面临人口老龄化、创新动力不足、债务水平高等短期内难以化解的问题。最近一两年，这些国家步英美后

* 李稻葵，男，1963 年生，祖籍安徽省凤阳县，毕业于清华大学，获哈佛大学经济学博士。教授，博士生导师，教育部长江学者特聘教授。清华大学中国与世界经济研究中心（CCWE）主任。全国政协委员，曾任央行货币政策委员会委员。

尘，出台了各种量化宽松政策，也出现了一些经济恢复的迹象。

第三大板块是以中国和印度为代表的一些经济体制改革力度较大、经济政策比较灵活的新兴市场经济体。中国和印度经济增长速度都在7%左右。中印作为世界上人口最多的两个国家，成为世界经济增长的重要引擎。特别是中国经济规模位居世界第二，是印度经济规模的5倍左右，已成为世界经济增长的火车头。

第四大板块是众多增长遇到困难、微观机制不够稳固、宏观政策不够稳健的新兴市场国家。这些国家的主要代表是俄罗斯、巴西和南非等资源和原料出口国。当前，世界经济增速放缓，国际贸易增速又低于世界经济增速，大宗产品价格不断下跌，致使巴西、南非和俄罗斯经济出现负增长。这是多年以来罕见的。这些国家要在经济上翻身，必须在调整经济结构和宏观政策方面下大功夫，而这需要相当长的时间。

在世界经济呈现板块化格局的背景下，作为世界经济增长的主要动力，中国与美国最为引人注目。中美两国经济互补性极强，相互之间的实物贸易极为重要，占各自贸易的比重很高。同时，双方既有合作也有竞争，其关键在于新一轮经济全球化的规则制定。这一过程很可能持续3年至5年，其结果将影响经济全球化未来一二十年的走势。

美国的竞争优势在于高科技行业、基础型制造业和金融行业等，而中国的优势则在于一般制造业和部分服务型行业，也包括互联网。当前，美国致力于重塑新一轮经济全球化的规则，重点是强调对知识产权的保护以及利用贸易壁垒排斥所谓的政府补贴企业。在这一背景下，美国紧紧拉住十多个国家，推动跨太平洋经济伙伴关系协定（TPP）谈判，同时推动与欧洲的跨大西洋贸易与投资伙伴协定（TTIP）谈判，因为美国深知其国际长期竞争力的根本在于经济全球化的新规则。美国把重塑经济全球化作为战略重点，所依赖的是软实力和大量国际化人才、在历史上形成的话语能力、发达的金融法律服务业以及布雷顿森林体系所形成的以美国华盛顿和纽约为基地的各种国际组织。中国也非常清楚，新一轮经济全球化格局对于自身以及其他新兴市场国家至关重要。中国靠的是硬实力，其中包括全球第一大贸易进出口国、第一大外汇储备国、第一大储蓄国和世界经济增长火车头等经济硬实力。中国缺少的是软实力，其中包括国际化人才储备以及国际化研究能力。其他新兴市场国家对中国抱有很高期望，希望中国能代表新兴市场国家与美国既竞争又合作，重新建立一套对新兴市场国家比较公正合理、能够引导全球经济重回较高增长速度的国际规则。为此，中国提出和推动"一带一路"建设，牵头成立亚投行以及金砖国家新开发银行等国际金融机构。

经济全球化的大方向、大趋势不会改变。在这样的大前提下，中国经济仍然大有可为，中美合作的前景仍然良好。但中国必须继续增强经济硬实力，同时不断提升软实力，积极参与国际经济规则的制定和改革，为中国未来发展也为其他新兴市场国家的发展开拓更加广阔的空间。

（《人民日报》2015 年 8 月 23 日）

锻造彰显中国学术话语的新政治经济学

顾海良 *

在 1984 年"社会主义经济是公有制基础上的有计划的商品经济"理论提出时，邓小平同志认为"写出了一个政治经济学的初稿"，也就是"马克思主义基本原理和中国社会主义实践相结合的"、具有时代特色的新政治经济学的"初稿"。今天以"新常态"为标识的中国经济新理论正写就新政治经济学的新篇章。经过 30 年的筚路蓝缕、艰辛探索，中国学术话语的新政治经济学已到了成就之时。

从社会主义初级阶段国民经济的"事实"出发，从当代中国经济发展和世界经济全球化的"事实"出发，是新政治经济学理论的要津和新意所在。坚定中国道路的现实基础和内在定力，阐释中国故事的现实活力和理论魅力，是新政治经济学的发展轨迹和未来走向。

以对社会经济制度和体制真谛、真理的探索为目标。改革开放以来，从高度重视价值规律的作用开始，到"计划经济为主、市场调节为辅""有计划的商品经济"，再到"社会主义市场经济体制"，对中国特色社会主义经济体制改革目标模式的一路探索，是新政治经济学演进的生动写照。改革的实践在推

---

* 顾海良，男，1951 年生于上海市，教授，博士生导师，国务院学位委员会学科评议组理论经济学组成员、全国马克思主义经济学说史学会会长。曾任教育部党组成员（副部长级）。曾获"全国五个一工程"奖等。著有《马克思"不惑之年"的思考》《画说〈资本论〉》等。

进，理论的探索没有停歇。社会主义市场经济体制确立以来，围绕处理好政府和市场的关系，新政治经济学在实践中拓展、深化。从"使市场在社会主义国家宏观调控下对资源配置起基础性作用"，到"在更大程度上发挥市场在资源配置中的基础性作用""从制度上更好发挥市场在资源配置中的基础性作用""更大程度更广范围发挥市场在资源配置中的基础性作用"，再到"使市场在资源配置中起决定性作用和更好发挥政府作用"，且行且思、不断完善，这是新政治经济学充沛的理论创新活力的彰显。

具有务实求新的本质。改革开放之初，邓小平同志提出"科学技术是第一生产力"的判断，提出"应该把解放生产力和发展生产力两个讲全"的道理。江泽民同志进一步把"高度重视解放和发展生产力"确立为党执政兴国的"要务"；胡锦涛同志提出改革开放这场伟大革命的首要目的就是"解放和发展社会生产力"，把"必须坚持解放和发展社会生产力"确立为夺取中国特色社会主义新胜利必须牢牢把握的"基本要求"之一。党的十八大以来，习近平同志站在全局和时代高度，把解放和发展生产力放在重要位置，不仅从经济建设方面，而且从生态文明建设等方面，提出发展生产力和保护生产力问题，提出"最大限度解放和激发科技作为第一生产力所蕴藏的巨大潜能"，在对中国经济新常态的阐释中形成了"实现我国社会生产力水平总体跃升""经济发展的大逻辑"等新见解。从"讲全"解放生产力和发展生产力到实现社会生产力的"总体跃升"，这一理论演进说明，新政治经济学随着改革开放的实践进程和历史过程，以新思想新观点不断升华其理论阐释力、洞察力和影响力。

正确对待和处理与不同经济学理论和思潮的关系，是新政治经济学发展的重要课题。对于与马克思主义经济学"异样""异质"的经济学理论和思潮，新政治经济学以交流交融交锋的多种方式，既善于吸收和借鉴其合理成分，又善于摒弃其糟粕并批判其错误观念，从而在内容和形式上升华新政治经济学的精气神。

中国新政治经济学在解决改革和发展的问题中，完善和创新理论观点和理论体系，彰显与时俱进的理论品质；在紧扣中国经济道路探索和经济制度完善的实践中，彰显中国特色、中国风格、中国气派，彰显中国学术话语的品格。

（《人民日报》2015 年 8 月 24 日）

把饭碗牢牢端在自己手上

汪懋华 *

当前，如何在经济增速放缓背景下继续强化农业基础地位、促进农民持续增收，是必须破解的一个重大课题；如何在资源环境硬约束下保障农产品有效供给和质量安全、提高农业可持续发展能力，把饭碗牢牢端在自己手上，是必须面对的一个重大挑战。破解这些难题和挑战，核心是加快推进中国特色农业现代化建设。

2014 年，我国粮食产量实现"十一连增"，农民增收迈上新台阶。同时，我国粮食生产已由以人力、畜力为主进入以机械作业为主的新阶段，2014 年全国农作物耕种收综合机械化水平超过 61%。《农业机械化促进法》的正式颁布，以及农机购置补贴政策的实施，使粮食安全形势得到了大幅改善。但也应看到，当前我国粮食需求仍面对刚性增长趋势，进口数量持续增加，粮食安全基础仍不稳固。尤其是随着城镇化快速发展，农业劳动成本和农用土地租金快速提高，国外进口粮食与国内生产粮食出现"价格倒挂"现象。近几年，我国粮、棉、油、肉、奶没有一项不进口，2013 年谷物进口达到 1350 万吨左右，大豆对外依存度接近 80%。可以说，在我国经济社会发展中，农业、农村发

---

* 汪懋华，男，1932 年 11 月生于广东省兴宁市，1962 年获苏联技术科学副博士学位。中国工程院院士、国际欧亚科学院院士、中国农业大学信息与电气工程学院教授，中国农业工程学会名誉理事长。中国农业工程学科建设与教育事业的开拓者之一。

展依然是"短腿"和"短板"。只有加快推进中国特色农业现代化建设，努力在提高粮食生产能力上挖掘新潜力，在优化农业结构上开辟新途径，在转变农业发展方式上寻求新突破，在促进农民增收上取得新成效，在建设新农村上迈出新步伐，才能为经济社会持续健康发展提供有力支撑，也才能把饭碗牢牢端在自己手上。

人民群众的吃饭问题始终是治国理政的头等大事。如何以保障国家粮食安全和促进农民增收为核心，走出一条"生产技术先进、经营规模适度、市场竞争力强、生态环境可持续"的中国特色农业现代化道路，把饭碗牢牢端在自己手上？从实际情况看，要坚持以我为主、立足国内、确保产能、适度进口、科技支撑，坚持"谷物基本自给，口粮绝对安全"的发展战略。把饭碗牢牢端在自己手上，首先要解决"谁来种粮、怎样种粮"的问题。具体来看，应在以下几方面下大力气：一是实行最严格的耕地保护制度，坚守18亿亩耕地红线。现有的耕地面积必须保持基本稳定，依法依规做好耕地占补平衡，划定永久基本农田，大力推进高标准基本农田建设，持续推进农田土壤改良与污染防治工作，实施耕地质量保护与提升行动。二是推进农业结构调整，特别是推进种植业结构调整，加快发展草牧业，支持青贮玉米和苜蓿等饲草料种植，开展粮改饲和种养结合模式试点，促进粮食、经济作物、饲草料三元种植结构协调发展。三是促进作物生产从数量型向质量效益型转变。这里的关键在于加强"良田、良种、良法、良管"四支撑的系统思维。作物生产，"良田"是基础，"良种"是保障。同时还要有"良法"，也就是保证生产技术先进，用现代物质条件装备农业。"良管"也必不可少，就是结合不同地区实际，规范有序推进农村土地流转和适度规模经营，培育能够承载先进农业科技的农业生产经营主体，形成集约化、专业化、组织化、社会化相结合的新型农业生产经营模式。

把饭碗牢牢端在自己手上，还应重视提高农业机械化与农业装备工业创新驱动发展能力。既要深入研究我国农业农村发展新阶段面对的机遇与挑战、农村市场和各地发展的差异性需求，做好统筹谋划和顶层设计；又要具有全球视野，把握新一轮科技革命和产业革命的重大机遇，着力推动我国由农业装备制造大国向农业装备制造强国转变。农业机械装备已被列为"中国制造2025"

规划重点突破的十大领域之一，应采取有效举措，推动信息化与农业装备制造、农业机械化发展深度融合，加快推进农业生产全程机械化，实现农业生产集约化、规模化、生态化和绿色化。

（《人民日报》2015 年 8 月 25 日）

创名牌是建设制造强国核心工程

郑新立[*]

我国多数工业产品在产量上已居世界第一位，但质量、性能给人的感觉与发达国家的产品还有较大差距。这种差距集中表现为我国工业产品缺少国际知名品牌。由于缺少名牌，我国工业产品在国际市场上就卖不上价钱，其交换价值甚至低于实际价值。于是，一些企业以代工的形式借助外国品牌销售，或者从国外买一个商标，贴在自己的产品上。我曾看到一个生产衬衣的大型专业化工厂，从同一条生产线上下来的质量完全相同的衬衣，贴自己的商标，一件只能卖几百元；而贴国外买来的商标，一件可卖几千元。这就是品牌的价值。我国去年的 GDP 按市场汇率计算为 10 万多亿美元，而按购买力平价计算则上升到 17 万多亿美元。这相差的 7 万亿美元，很大一部分可看作我国制造业产品的市场交换价值低于实际价值的差额，很大程度上就是品牌价值的差额。

改革开放 30 多年来，我们主要着眼于解决商品短缺、供给不足问题，对品牌不太在意。时至今日，需求不足、产能过剩已经成为主要矛盾。实现经济持续增长，必须在提高经济发展质量和效益上做文章，把创名牌作为企业

---

　　* 郑新立，男，1945 年 2 月生于河南省唐河县，毕业于中国社会科学院研究生院工业经济专业，经济学硕士学位。曾任中共中央政策研究室副主任，现任中国工业经济学会会长，中国国际经济交流中心副理事长。著有《论改革是中国的第二次革命》《论抑制通胀与扩大内需》等。

发展的主攻方向，通过增加品牌价值，提高企业赢利能力和国际竞争力。如果各个行业能创造出一大批国际知名品牌，提升产品在国际市场上的附加值和交换价值，那么，无须增加物质资源消耗，就能实现产值和利润的大幅度增长。

品牌是建设制造强国的核心，是技术、管理、创意等多重因素作用的结果，是长期细心浇灌才能培育出的花朵。

制造业的著名品牌都有自己独特并不断更新的技术。拥有名牌的企业大都长期注重技术研发投入。研发投入占销售收入的比值是企业的研发强度。在技术密集、知识密集型产业，研发强度应达到10%以上；在传统产业，也要达到3%以上，低于2%就意味着企业将被淘汰。我国目前研发投入强度能达到这个标准的企业为数不多。凡是在市场上崭露头角的制造业企业，都在技术研发上舍得投入。华为和中兴是国际市场上两个知名度较高的中国品牌，其企业研发投入强度都在10%以上，企业拥有技术专利数量在国内排名前两位。名牌必须建立在领先的技术基础之上。

创名牌需要坚持不懈的培育呵护。品牌是企业的生命，是企业员工的饭碗，企业的兴衰存亡系于品牌。一个具有长远发展观念的企业，一定会把创名牌作为经营的核心战略。品牌认可度由用户说了算。企业应当把用户当作上帝，从产品设计到售后服务都努力满足用户需求。这种用户第一的理念只有长期坚持，企业才能基业长青。扩大品牌知名度，还要善于谋划。海尔坚持从高端市场做起，从最挑剔的市场做起，先占领发达国家市场，再扩大到发展中国家市场。这是有气魄、有信心的表现。当然，由于发达国家市场趋于饱和，对有些产品来说，先开拓发展中国家市场，扩大生产规模，降低成本，再进军发达国家市场，也是一种现实途径。

创名牌必须不断推出新产品。随着人们消费水平的提高、市场竞争的激化，只有不断推出新产品，才能满足新需求，在众多商品中脱颖而出，为老品牌增添新光彩。开发新产品，必须有创意。包括产品性能和外观，都应注重运用最新技术成果，融合多种文化元素。

从现实生活中的例子看，汽车作为一种集合了诸多先进制造技术的世界第一大商品，长期以来一直是各国制造业水平的重要标志。我们期待自主品牌汽车实现长足发展。当国人争相购买自主品牌汽车之时，或许就是我国建成制造强国之日。

（《人民日报》2015 年 9 月 9 日）

"一带一路"助推发展中国家现代化

林毅夫[*]

经过 30 多年的改革开放，我国创造了人类经济史上不曾有过的奇迹，成为世界第一大贸易国、第二大经济体，跻身中等偏上收入国家行列。在此基础上进一步发展成为高收入国家，需要更充分地利用国内国际两个市场、两种资源，进一步扩大对外开放。同时，在国际上，我国应承担相应的责任，在国际事务和规则制定上拥有相应的影响力和发言权。

目前的国际规则是第二次世界大战后以美国为首的发达国家制定的，主要服务于发达国家的利益和需求。现在，全球经济结构发生了变化，如果要中国承担更大的义务，就应给予中国更大的发言权，对此国际上已有共识。2010年，世界银行和国际货币基金组织分别通过了增加中国等发展中国家份额和投票权的改革方案，但美国国会至今仍在阻挠改革方案的落实。我国作为世界第一大贸易国，与太平洋周边国家之间，不是其第一大贸易伙伴就是其第二大贸易伙伴，但美国主导的跨太平洋经济伙伴关系协定（TPP）谈判并没有邀请中国参加。这明显是美国想维护其在亚太地区的战略优势，确保美国的地缘政治经济利益。拿一个战国时代的例子来作比喻的话，美国是想采取合纵的策略来

* 林毅夫，男，1952 年 10 月生于台湾省。美国芝加哥大学经济学博士。世界银行前首席经济学家兼高级副行长。现为全国政协常委，全国工商联专职副主席，北京大学国家发展研究院名誉院长。代表作：《中国的奇迹：发展战略与经济改革》《新结构经济学》。

制约中国的对外开放和发展。

但是，美国对亚太地区经济发展的实质性帮助有多少呢？亚太地区的发展中国家亟须消除基础设施瓶颈来发展经济，对此美国是了解的。它在 2011 年推出重返亚太战略时，提出以"新丝绸之路"连接阿富汗与南亚、中亚国家和"印太经济走廊"计划。但是，这些计划直到目前未见任何具体行动。

与之形成鲜明对比，中国提出的建设"一带一路"倡议，坚持共商、共建、共享原则，推动一个自东向西横跨亚洲、直达非洲和欧洲的地区发展合作框架，主要内容是政策沟通、设施联通、贸易畅通、资金融通、民心相通，打造沿线国家政治互信、经济融合、文化包容的利益共同体、责任共同体、命运共同体。"一带一路"建设以发展中国家最需要的基础设施建设为抓手。为此，中国发起成立亚洲基础设施投资银行和丝路基金，受到广泛欢迎。亚投行有 50 多个国家申请加入，成为意向创始成员国，涵盖除美、日、加拿大之外的主要西方国家以及亚欧区域的许多国家，成员遍及五大洲。

"一带一路"建设以推动发展中国家共同发展为目的。中国现在有 3.5 万亿美元的外汇储备。展望未来，中国的外汇储备还可能继续增加，有足够的资金投入"一带一路"所需的基础设施建设，帮助发展中国家解决基础设施瓶颈问题。不仅如此，中国劳动密集型产业对外转移以及国际产能合作，能够帮助发展中国家实现快速发展。第二次世界大战以来的经验表明，哪个发展中国家能够抓住劳动密集型产业国际转移的窗口机遇期，哪个国家就能实现二三十年的快速发展，摆脱贫困，进入中等收入甚至高收入国家行列。20 世纪 60 年代，日本的劳动密集型产业向海外转移时，其制造业雇佣人数规模是 970 万人。20 世纪 80 年代，"亚洲四小龙"的劳动密集型产业向海外转移时，其制造业雇佣人数总体规模是 530 万人。中国制造业从业人数，第三次全国经济普查的数据是 1.25 亿人。中国劳动密集型产业向海外转移，可以提供足够的机会让"一带一路"沿线发展中国家大大加快工业化、现代化进程。可见，"一带一路"倡议之所以能得到这么多国家的响应，最主要的原因在于它不仅符合中国的利益，也会给其他发展中国家带来千载难逢的发展机遇，助推其实现工业化、现代化的梦想。而发展中国家的快速发展，也会给发达国家带来梦寐以求的巨大市场。

　　"一带一路"建设不是为了维护某个或某一小部分国家的利益,而是为了推动沿线国家乃至世界各国互利共赢、共同发展,展现"一花独放不是春,百花齐放春满园"的美好愿景。可以预见,"一带一路"建设的推进将会带来一种全新的和平、发展、合作、共赢的国际新秩序、新格局。

(《人民日报》2015 年 9 月 18 日)

实现经济由大变强关键是转方式

王一鸣 *

我国与世界经济强国的差距虽然表现在人均国民收入、科技创新能力、产业结构、城镇化水平等方面，但从根本上说是经济发展方式的差距。从经济大国向经济强国迈进，关键是要实现经济发展方式从规模速度型粗放增长向质量效率型集约增长转变。

处理好增长速度和质量效益的关系。保持经济持续稳定增长，是从经济大国向经济强国迈进的前提。没有合理的增长速度，扩大经济总量、提高人均收入就无从谈起，党的十八大提出的到 2020 年"实现国内生产总值和城乡居民人均收入比 2010 年翻一番"的目标就难以实现。但我们要的是没有水分的速度，是有质量有效益可持续的速度，必须处理好增长速度和质量效益的关系，在提高质量效益的基础上实现中高速增长，不断增强综合经济实力。

增强创新驱动发展新动力。世界经济强国无一不是创新大国，向经济强国迈进必须提高科技创新能力。当前，新一轮科技革命和产业变革与我国建设创新型国家形成历史性交汇，提供了难得的时间窗口。应把科技创新放在经济强国建设的核心位置，推动经济增长从主要依靠要素驱动转向主要依靠效率驱动

* 王一鸣，男，1959 年生于上海市，毕业于南开大学，经济学博士。现任国务院发展研究中心副主任。著有《建立比较完善的社会主义市场经济体制若干重大问题研究》《"十五"计划时期中国经济和社会发展的若干重大问题研究》等。

和创新驱动。深化科技体制改革，进一步突出企业的技术创新主体地位，促进创新链、产业链、市场链有机衔接。改革政府科技投入方式，变以往的选择型、分配式为普惠型、引领式，设立创新投资引导基金，用好私募、股权众筹等融资工具，支持风险投资、创业投资、天使投资等的发展，调动全社会增加创新投入的积极性。深化科技成果产权制度改革，健全科技成果转化机制，提高科研人员收益。发展众创空间、创新工场等新型孵化平台，培育有利于创新的文化生态。

加快形成人力资本新优势。提高人力资本积累水平是建设经济强国的基础。今后一个时期，我国每年大学毕业生有 700 多万，受过中等职业教育和技能培训的毕业生有 600 多万，海外归国留学人员有 30 多万。这是将人口数量红利转化为人才质量红利、由经济大国向经济强国迈进的强大人力资本条件。应加快教育改革，建立健全现代教育体系，将科学精神、创新思维、创造能力贯穿于教育全过程，大力培养创新型人才。建立技术移民机制，大力吸引国际人才。

推动产业迈向中高端新水平。拥有强大的产业基础并不断提升在全球价值链中的地位，是建设经济强国的根基。目前，我国 200 多种工业品产量稳居世界第一位，但多数产品附加值不高，知名国际品牌不多。推动产业迈向中高端水平，必须提升产业价值链和产品附加值。培育工业机器人、信息网络、集成电路、新能源、新材料、生物医药等新兴产业，推动智能制造、分布式能源、网购、互联网金融等新型制造和服务业态发展，促使企业向研发、设计、标准、品牌和供应链管理等环节提升。积极实施"中国制造 2025"，鼓励具备条件的企业向"工业 4.0"升级。实施"互联网 +"行动计划，充分利用信息技术革命的最新成果和先进智能制造技术，推动制造业提质增效升级，努力建设全球领先的技术体系和产业体系。

提升城市群发展新能级。城市群是先进生产力的载体，建设经济强国必须培育具有国际竞争力的城市群。坚持以城市群为主体形态推进城镇化，进一步将长三角、珠三角、京津冀等打造成为世界级城市群，发展先进制造和高端服务体系，增强对国际优质生产要素的集聚能力，提升规模能级和对全球经济的影响力。加快辽东半岛、山东半岛和海峡西岸城市群发展，积极培育北部湾、长江中游、成渝地区、中原地区和关中地区等一批基础条件较好、发展潜力较大的新兴城市群。培育发展北京、上海、广州等若干国际化大都市和世界城市，促使其成为世界城市网络体系的重要节点。

激发体制机制新活力。深化体制机制改革创新，是建设经济强国的根本途径。应以深化行政审批制度改革为突破口，继续推进简政放权、放管结合、优化服务，逐步形成权力清单、责任清单和负面清单新模式，加快转变政府职能。深化国有企业改革，提高国有企业核心竞争力和国有资本运营效率。深化财税体制改革，实行全面规范、公开透明的预算管理制度，完善税收制度，改革转移支付制度。深化金融体制改革，放宽金融业市场准入，完善利率和汇率市场化形成机制。

培育开放型经济新优势。提高开放型经济发展水平，参与更大范围更高水平的国际竞争，是建设经济强国的必由之路。应加快推进"一带一路"建设，开展国际产能和装备制造合作，促进企业在走出去中提升技术、质量、品牌和服务水平。推进上海等自贸区建设，及时向全国推广成功经验和做法。完善外商投资市场准入制度，探索对外商投资实行准入前国民待遇加负面清单的管理模式。推进金融、教育、文化、医疗等服务业领域有序开放，推动其与制造业在开放中融合发展。按照国际化、法治化的要求，建立与国际高标准投资和贸易规则相适应的对外经济体制，建设立足周边、面向全球的高标准自由贸易区网络，以对外开放的主动赢得参与国际经济合作和竞争的主动。

（《人民日报》2015 年 11 月 9 日）

更新农业发展理念

李　周[*]

加快转变农业发展方式，是推进农业现代化的主要任务和基本路径。在"十三五"全面建成小康社会决胜阶段，转变农业发展方式的任务十分紧迫。从根本上说，发展方式转变取决于发展理念更新。

粮食生产和粮食安全必须得到保障，但以政府为主导、粗放发展粮食生产的发展理念导致种地成本高、农产品价格高、农产品竞争力低和农业资源过度开发、化肥农药农膜过量使用、农业生态恶化等一系列问题。从根本上解决这些问题，必须更新农业发展理念，转为以市场为主导，追求要素投入精准化、农业生产集约化。同时，不再依靠发放补贴消除农业弱质性的负面影响，而是从规模适度化、种子优质化、工艺标准化、作业精准化和技术体系化入手，提高农业的竞争力、农产品的安全性和资源利用的永续性；以职业农民为主体，从扩大农业经营规模、提高生产效率、拓展农业功能入手增加农民收入，让职业农民过上体面的生活。

当然，市场不能解决所有"三农"问题，更新农业发展理念的另一方面是更好发挥政府作用。政府在发展现代农业方面的责任主要包括：实行最严

---

　　* 李周，1952 年 9 月 3 日出生于上海市，毕业于中国社科院研究生院。中国社会科学院研究员，获中国社科院有突出贡献中青年专家，国务院特殊津贴，孙冶方经济学奖和中国经济理论创新奖。代表作为《中国反贫困与可持续发展》《化解西北地区水资源短缺的研究》。

格的耕地保护制度和农业用水总量控制制度，守住水土资源红线；制定实施土地耕作强度和化学品投入标准，控制化肥农药等投入，守住生态红线和农产品安全底线。同时，还应为现代农业发展提供具有乘数效应、所有农户都能共享的公共品；加大生态建设投入，提高国家生态安全水平，提高国民生活质量。我国是一个人均农业资源相对稀缺的人口大国，应充分利用国内国际两个市场、两种资源来实现农产品供需平衡，减轻国内农业资源和环境压力。

树立以市场为主导、更好发挥政府作用的农业发展理念，转变农业发展方式的着力点就会更加清晰。一是发挥农地制度的积极影响。一个无效的农地制度是无法保障农业30多年稳定增长的。实践证明，我国农地制度是有效的，其积极影响可概括为三个较为容易：农户间的土地调换较为容易——我国蔬菜大棚整齐和规模化程度高于东亚其他经济体；土地流转较为容易——我国农地流转明显快于东亚其他经济体；农地连片耕作较为容易——我国农地连片耕作的推进快于东亚其他经济体。应利用好这三个较为容易，促进农业适度规模经营和农地整理。二是发展多种形式适度规模经营。其中，一种比较好的方式是以土地承包经营权入股，成立土地股份合作社，让留在农村的农户有条件扩大经营规模和进行土地整理，从而促进机械作业高效化和要素投入精准化，降低生产成本，提高生产效率。三是培育职业农民。随着经济发展，超小规模农业走向衰败，客观上要求培育职业农民、发展现代农业。职业农民是经营规模适度、具有市场竞争能力的农民，厂商乐意同其合作，银行乐意为其贷款，保险公司乐意替其保险。一旦职业农民成为农业经营主体，市场化的营商环境就会形成。政府的责任是为职业农民创造公平竞争的环境。

再具体到农业发展政策层面，也应体现以市场为主导和更好发挥政府作用的农业发展理念。比如，现行的粮食最低收购价政策，其目标是通过化解农业风险保障农民收入不下降。这一政策在实践中取得明显成效。但在发展新阶段，从优化资源配置和适应国际经贸规则的角度出发，政府在化解农业风险方面的责任应转向提供公共品，以激发农民生产积极性。主要包括：构建农业技术研发和推广体系，农业气象信息和农产品市场信息收集整理与分析发布体系，道路、水利等农业基础设施体系等。农民根据市场信号优化资源配置，追求收入最大化。这样，更有利于把有作为的政府、有效率的市场和有自我发展能力的职业农民的作用都充分发挥出来。

（《人民日报》2015 年 11 月 25 日）

宏观调控保障"四个没有变"

汪同三 [*]

习近平主席在亚太经合组织工商领导人峰会上指出，中国经济发展长期向好的基本面没有变，经济韧性好、潜力足、回旋余地大的基本特征没有变，持续增长的良好支撑基础和条件没有变，经济结构调整优化的前进态势没有变。这"四个没有变"得到经济学界的普遍认同。"四个没有变"，既归因于全面深化改革释放的发展红利和我国经济强劲的内生动力，也离不开党的十八大以来我国不断创新和完善宏观调控方式。

深入把握新常态下的经济运行规律，把保持适度增速作为宏观调控的主要任务。经济新常态下，我国宏观经济运行正在发生两方面变化：一是在创新驱动作用下，高效益高质量的经济增长新增量不断涌现；二是在传统领域，低效率低水平的过剩产能加快退出。新增量涌现和过剩产能退出对经济增速产生一正一反的影响，从而伴随经济发展质量提升，经济增长速度由高速转为中高速。宏观调控积极适应这一变化，为新增量的成长提供稳定的宏观条件、赢得必要的时间。2013 年以来，我国宏观调控进行了"区间调控""定向调控""相机调控""精准调控""适时预调微调"等创新实践，取得明显成效，防止了经

---

* 汪同三，男，1948 年生于江苏省南京市，1990 年在中国社会科学院取得经济学博士学位。中国社会科学院学部委员，国家有突出贡献的专家，曾获国家科技进步二等奖。代表作：《宏观经济模型论述》《中国社会科学院数量经济与技术经济研究所经济模型集》。

济大起大落。目前，虽然全球经济很不景气，但我国经济总体稳健，今年一到三季度保持了 6.9% 这一在世界范围屈指可数的较快增速。同时，我国扩大内需还有很大潜力，财政政策和货币政策还有较大操作空间，创新驱动发展战略实施将提供强劲增长动能，我国完全有条件在"十三五"乃至更长时期保持中高速增长。这是国内外主要研究机构和知名学者的普遍看法。

宏观调控与其他经济社会政策相配合，促进结构优化和动力转换。"十三五"时期，我国经济结构调整要从增量扩能为主转向调整存量、做优增量并举，发展动力要从主要依靠资源和低成本劳动力等要素投入转向创新驱动。充分考虑经济提质增效升级的要求，近年来我国不断深化宏观调控领域的改革。《中共中央关于制定国民经济和社会发展第十三个五年规划的建议》提出，"完善以财政政策、货币政策为主，产业政策、区域政策、投资政策、消费政策、价格政策协调配合的政策体系，增强财政货币政策协调性"。习近平同志指出，实行宏观政策要稳、产业政策要准、微观政策要活、改革政策要实、社会政策要托底的政策。这些都是对党的十八大以来我国创新和完善宏观调控经验的总结和运用。宏观调控的完善和创新，将为实现结构优化和动力转换提供有力保障。

把扩大就业作为宏观调控的优先目标，增强发展动力。就业是民生之本，能否实现较充分的就业是经济运行健康与否的关键。正是本着增进人民福祉的价值取向，我国宏观调控把扩大就业放在各项目标之首，坚持就业优先战略，实施更加积极的就业政策。在当前过剩产能退出、经济下行压力加大的情况下，就业矛盾会有所增加。宏观调控坚持突出扩大就业，并把扩大就业效果作为检验宏观调控效果的一条重要标准，努力使全体人民在共建共享发展中有更多获得感。

（《人民日报》2015 年 11 月 27 日）

以行政改革创新促经济转型升级

魏礼群[*]

　　当前，新兴市场经济国家大都面临经济转型升级的紧迫任务。然而，各国国情不同，所处经济发展阶段和经济发展水平不同，推进经济转型升级的做法与路径也不相同。我国经济经过 30 多年的高速增长已进入发展新常态，转型升级处于爬坡过坎的关键时期。近两年，我国推进经济转型升级的鲜明特点是，通过深化简政放权改革和创新宏观调控、加快市场化进程和转变经济发展方式，推动经济转向中高速发展、产业迈向中高端水平，以实现更高形态、更有效率、更加公平、更可持续的发展。

　　我国政府一手抓简政放权，着力使市场在资源配置中起决定性作用；一手抓创新市场监管和宏观调控，努力使政府更好发挥作用，让市场这只"无形之手"和政府这只"有形之手"共同发力、协调发力。通过实施这一系列举措，我国经济转型升级不断取得新成效，也积累了促进经济转型升级和可持续发展的重要经验。同时也应清醒认识到，我国经济转型升级还面临不少困难和挑战，经济下行压力较大，体制改革还处于攻坚期，结构调整正值阵痛期，动力转换仍在过渡期。当前，必须进一步深化简政放权改革，继续创新市场监管和

　　* 魏礼群，男，1944 年 12 月生于江苏省睢宁县。国务院研究室原主任，国家行政学院原党委书记，中国行政体制改革研究会会长，国家哲学社会科学研究专家咨询委员会委员。著有《走科学发展之路》《建设智库之路》等。

240

宏观调控，为经济转型升级和可持续发展释放更多红利、开拓更大空间。

进一步深化简政放权，增强市场和社会活力。坚决把该"放"的彻底放开、该"减"的彻底减掉、该"清"的彻底清除，不留尾巴、不留死角、不搞变通。为进一步打开行政审批制度改革的空间，国务院决定对中央指定地方实施的行政审批事项进行清理，第一批取消 62 项中央指定地方实施的行政审批事项，年底前对没有法律法规依据的此类事项原则上全部取消。同时，全面推进负面清单管理。从 2018 年起将正式实行全国统一的市场准入负面清单制度。负面清单管理从自贸区扩展到全国、从外资扩展到内资，将有助于破除束缚经济发展和创新的体制机制障碍。另一方面，加快市场开放，特别是加快服务业市场开放和改革，扩大电力、电信、石油、金融、文化、旅游、教育、医疗等领域的市场准入。通过负面清单制度，将一些重要服务领域的市场准入固定下来，形成对外开放新格局，以更好推动经济转型升级。

进一步创新和加强市场监管，规范和维护市场秩序。应继续完善市场监管体制，建立跨部门、跨行业的综合监管和执法体系，把相关部门的监管事项和规则放到统一的监管平台上，推进跨部门、跨行业综合执法，并动员公众、媒体等参与监督，形成"大监管"合力。创新监管方式，充分利用大数据、云计算、物联网等现代信息技术，建立大数据监管系统，构建"互联网+"监管模式，实现信息资源开放共享、互联互通，打破信息孤岛格局。加强对重点领域的监管，特别是完善金融监管体制，加强消费市场监管，推动建立服务业监管标准，全面推进市场监管的标准化、规范化、制度化、常态化。

进一步创新和加强宏观调控，增强调控的科学性、有效性。应继续完善宏观调控方式，坚持"区间调控""定向调控""总量和结构调控结合""近期和长远调控结合""间接调控和直接调控结合"等，及时完善调控政策，不断提高宏观调控的预见性、针对性、实效性。近期，应继续实施积极的财政政策和稳健的货币政策。结合国有企业改革和价格体系改革，进一步采取减税降费措施，减轻企业负担。加大民生工程建设和公共产品投资力度，推动政府和社会资本合作（PPP）项目落地。实施更有力的产业政策、国土政策，并使各项政策工具协同发挥作用。着力改造和提升传统产业，提高自主知识产权、自主品牌和高端产品比重，大力发展现代服务业。在我国经济体量越来越大的情况下，加强宏观调控的国际协调越来越重要。近年来，我国加强与主要经济体和新兴经济体的宏观政策协调和沟通，积极参与多双边国际经济合作，提升国际话语权，努力营造有利于经济转型升级的外部环境。

（《人民日报》2015 年 12 月 1 日）

增强参与全球价值链能力

李善同 *

全球价值链分工已经成为当今国际分工的重要形式。改革开放以来，我国依靠丰富的劳动力资源、较强的产业配套和加工制造能力积极融入全球价值链分工，逐步成长为全球制造生产基地，成为世界制造业大国。然而，我国制造业在全球价值链分工体系中获取增加值的能力如何？怎样进一步转型升级？对这些问题还需要深入研究。

目前测量全球价值链分工中增加值分配的方法主要有三种：一是利用企业微观数据开展个案研究。其主要优点是数据翔实、结论直观；缺陷在于缺乏普遍意义，采集数据难度比较大。二是利用单国投入产出表进行分析。这一方法试图用一国的数据测算全球的情况，存在先天不足。三是基于国际投入产出表分解出口贸易总值的核算方法。这一最新贸易增加值核算方法可以较好测算一国出口中隐含的国内增加值，进而反映一国在全球价值链分工中获取增加值的能力。

基于世界投入产出数据库（WIOD）的数据，采用最新的贸易增加值核算方法，对全球价值链分工中我国制造业增加值获取能力进行测度，可以得出两

* 李善同，女，1944 年 8 月出生于重庆市，毕业于北京大学。现任国务院发展研究中心研究员，清华大学公共管理学院双聘教授。主要学术著作：《在集聚中实现包容性发展——中国区域经济的回顾与前瞻》《"十二五"时期中国经济社会发展的若干关键问题政策研究》。

点基本结论：第一，经过多年发展，我国制造业在全球价值链分工中已具备较高的增加值获取能力。我国制造业出口中包含的国内增加值比重高于世界平均水平及主要新兴经济体，但与美国等发达国家还存在一定差距。这表明，长期以来我国制造业在国际分工体系中处于低端环节、制造业出口"两大两低"（产量大、出口量大、附加值低、利润低）的局面已明显改善。第二，我国不同类型制造业在全球价值链分工中获取增加值的能力存在较大差别。食品、纺织品等劳动密集型制造业在全球价值链分工中获取增加值的能力较强，且近年来呈现稳步提高的趋势。其主要原因是：我国劳动密集型制造业特别是服装等行业逐步由国际代工转型升级到自主品牌生产，获取增加值的能力得到提高。而资本密集型制造业和技术密集型制造业在全球价值链分工中获取增加值的能力总体较低，主要原因是我国企业较少从事产品设计和出口零部件生产，致使相关制造业大量使用国外中间产品。当前，提高我国制造业出口中包含的国内增加值比重，提高我国制造业在全球价值链分工中的增加值获取能力，应注重以下几个方面。

不断提升参与全球价值链分工的能力和水平，强化本地企业生产能力。围绕全面提升在全球价值链分工中的地位制定发展战略和发展政策，通过提供有利的投资环境和基础设施条件，不断提高参与全球价值链分工的能力和水平。同时，强化本地企业生产能力，尤其是通过产品升级、过程升级、功能升级、产业链升级实现企业升级，增强其在全球价值链分工中的增加值获取能力。

适当调整产业政策，加强对关键环节的支持。长期以来，我国实行的是"部门优先"的产业政策，即支持某产业部门优先发展。这种产业政策有利于加快追赶的步伐。但随着经济发展水平的提高，产业发展、市场需要和技术创新方向的不确定性增强，继续采用部门优先的产业政策容易导致系统性失误。同时，部门优先的产业政策往往重视扶持所谓新兴产业，而忽视对传统产业的支持。事实上，从我国产业获取增加值的能力看，劳动密集型等传统产业表现更好。因此，在参与全球价值链分工背景下，需要适当调整产业政策，从注重支持部门转向注重支持关键环节。

重视培育我国的跨国公司，增强对全球价值链的控制力。在全球价值链分工中，跨国公司处于主导地位。目前，跨国公司主导的全球价值链占全球贸易的 80%，美国、日本等发达国家的大部分商品和服务进出口是在跨国公司国际生产网络内完成的。因此，促进我国企业参与全球价值链分工，非常重要的是培育本土跨国公司，增强其对全球价值链分工的影响力、控制力，努力构建我国跨国公司主导的全球价值链。

（《人民日报》2015 年 12 月 2 日）

国企改革逻辑是"管"字落实、恰到好处

金 碚[*]

历经 30 多年，我国国有企业改革取得很大进展和成效。最重要的是，改革的方向明确了，相关理论问题大都取得共识，顶层设计也基本完成。但是，目前国企改革尚未达到令人满意的目标，实践中仍有种种困惑。特别是在相关矛盾错综复杂的情况下，如何将原则性改革方案落到实处？其实，国企改革无论如何千头万绪，理论表达无论如何深奥复杂，在实施改革的具体操作上，基本可以归结为一个"管"字，即"谁管""管谁""如何管"。

在计划经济年代，国有企业的人、财、物和产、供、销都得服从国家计划、由上级主管部门管控，企业实际上是政府的附属物，基本没有自主权。因此，国企改革从政府给企业"松绑"开始，不断扩大企业经营管理自主权，直到明确以建立现代企业制度为原则，彻底改变企业的政府附属物地位。改革历程中多次调整管人、管事、管资产的方式，探索更有效的"谁管"规则：企业的投资、人事、经营、管理等各类决策分别归谁管，包括改制为国有控股公司（股票上市）后这些事项谁有权管。"谁管"问题的实质就是：决策主体是谁，决策权力多大。

---

* 金碚，男，1950 年生于江苏省苏州市吴江区，1989 年毕业于中国人民大学经济学系，经济学博士。现任中国社会科学院学部委员，享受国务院政府特殊津贴。在产业经济学和企业理论等研究领域建树颇多，著有《发展中国家经济发展战略》《中国工业化经济分析》等。

按此逻辑，紧随"谁管"之后的问题是"管谁"，即党的组织部门及政府监管部门等"管谁"，或者说企业各项事务的决策人归谁来管。实际上，各类企业体制的实质区别最终就体现为"管谁"的制度安排。即使实行约束决策人独断权的集体决策程序，也没有改变这一实质。这包含一系列问题。按照党管干部原则，在国有企业体制中首要的问题是党的组织部门管谁，其次是政府主管或监管机构（国资委）管谁，然后是母公司管谁，以及不由党的组织部门和政府主管或监管机构（国资委）管理的其他层级管理人员怎么管。当前，国有企业的最大问题或改革难题实际上就是"管谁"的制度尚未完善，而且被管之人（特别是企业高管）是国家干部、国家雇员、职业经理人还是企业雇员的身份性质不甚明确，导致规则逻辑模糊。而问题的要害恰恰在于："管谁"的体制在很大程度上决定了企业行为的基本特征和业绩取向。

明确了"谁管"和"管谁"之后，就要解决"如何管"的问题。对此，党的十八届五中全会通过的《中共中央关于制定国民经济和社会发展第十三个五年规划的建议》明确：分类推进国有企业改革，完善现代企业制度。关于国家对企业的监管，实行"以管资本为主加强国有资产监管"的原则；关于投资决策，要"健全国有资本合理流动机制"；在国企管理目标上，最终落脚于"更好服务于国家战略目标"。

深化国企改革，不仅要说清理论、确定原则和进行顶层设计，更重要的是在实践中确立符合国情的具体规则。如果说管理的实质是决策、执行和监督，那么，国企改革实际上就是要科学地安排各项决策权、执行权和监督权，使它们在各个管理层级之间实现合理配置。从本质上说，国有企业体制就是一套以人民或国家为委托人、以国企高管为代理人的委托—代理制度。党和国家不可能对国有企业放任不管，国家管理机构也不可能放任不管，母公司对子公司更不可能放任不管。但是，管的结果绝不应是密不透风、捆绑手脚，使企业谨小慎微、丧失效率，而必须有助于"增强国有经济活力、控制力、影响力、抗风险能力"。所以，对国企改革逻辑最简洁的理解就是："管"字落实、恰到好处。

"管"字落实，实际上就是权利、责任和利益落到实处，并最终体现为国有企业的活力、竞争力和社会责任担当。因此，充分授权、分权到位，是

"管"字落到实处的重要体现。概言之，国企改革，一方面要排除种种矛盾和障碍，突破利益藩篱，甚至要有壮士断腕的勇气；另一方面要有精心安排的科学精神与实事求是的务实作风。说到底，体制之精巧要归结到管控之恰当。

（《人民日报》2015 年 12 月 3 日）

独创为贵

邱兆祥[*]

创新是科学理论发展的本质要求。鲁迅在谈到文艺创作时曾指出："我以为究竟也要以独创为贵。"实际上，独创精神无论对于文艺创作还是对于科学理论研究，都是难能可贵的。因为学术研究是对未知领域的探求，本质上就是一种创造性思维活动，它不同于知识的普及活动，而是要增加知识量、创造新知识，言人所未言，创造以往所没有而又有价值的研究成果。

同其他科学理论一样，经济学理论的生命力在于不断创新。经济学理论研究工作者的职责就在于通过创新取得研究成果，为经济学理论的学术积累提供具有实质意义的增量，推动经济学理论发展。如果一位经济学者所取得的研究成果毫无新意，只是低水平重复，那么，其研究工作就毫无价值。

近30多年来，在我国改革开放和现代化建设实践所催生的无限生机推动下，我国经济学理论研究呈现长足发展与创新态势，并对我国改革发展实践产生了积极影响。但从总体上看，我国对现代经济学理论的研究还处于学习和探索阶段。从每年国内发表的经济学论著来看，数量可谓不少，富有一定新意的佳作也日渐增加，但高水准、原创性的研究成果还不多见，普遍存在学术创新

*　邱兆祥，男，1941 年生于湖北省利川市。1965 年毕业于原湖北大学。对外经济贸易大学金融研究所名誉所长，国家级有突出贡献专家，享受国务院政府特殊津贴。代表作：《耕耘和探索：邱兆祥经济金融理论文选》《金融改革理论问题研究》。

的深度和力度不够问题。

尽管目前我国的经济学理论研究水平还不够高，创新能力还不够强，但从其发展趋势看，则有着远大发展前景。这是因为，任何一门科学的发展前景，从根本上说都取决于社会实践的需要。恩格斯说："社会一旦有技术上的需要，则这种需要就会比十所大学更能把科学推向前进。"我国改革开放和现代化建设实践需要经济学理论，这种需要必定会极大推动经济学理论发展，并使经济学理论在实践中发挥更大作用。

在我国，金融学是有可能取得重大进展或突破的研究领域。从公开发表的经济学研究论著数量看，金融学占比最大。社会公众对金融学理论和实际金融问题高度关注，金融学理论和金融政策对社会经济生活的影响广泛而深刻，这些都是推进金融学理论创新的有利条件。金融改革是我国经济体制改革的重头戏，其中蕴含着极其丰富的学术创新资源。这是因为，在我国经济转型的关键时期，金融作为现代经济的核心，在推动我国经济发展方式转变中扮演着至关重要的角色。我国现有金融体系是在传统经济发展方式下形成的，还存在许多问题，不能很好发挥助推经济转型升级的作用。实践已对全面深化金融改革提出了紧迫要求。深化金融改革，就要推动金融体系市场化运作，切实提高金融服务效率，促使金融有效支持实体经济发展。实现金融改革的这一目标，在实践中面临诸多难题。对这些难题的研究不仅具有重要实践意义，而且具有很高的理论学术意义，蕴含着取得重大理论突破的机遇。

我国金融理论研究工作者立足于金融改革实践沃土，具有"近水楼台先得月"的优势。而且，我国金融学理论研究队伍庞大，其中不乏才华出众且富有独创精神的人才。有理由相信，经过若干年不懈的努力、孕育和积累，必定会诞生一批有创见、有世界影响的金融学论著。金融学理论研究领域的突破将产生示范效应，带动我国经济学理论研究水平的提高和学科的繁荣。

（《人民日报》2015 年 12 月 6 日）

秸秆也是宝贝

尹成杰[*]

党的十八届五中全会《建议》提出，"推进种养业废弃物资源化利用、无害化处置"。农作物秸秆是数量最大的种养业废弃物，这里就以之为例，谈谈种养业废弃物资源化利用问题。

我国是粮食生产大国，自然也是农作物秸秆生产大国。按目前粮食年产量6亿吨、谷草比1∶1.5计算，农作物秸秆理论产量高达9亿吨。但秸秆有效利用率较低，焚烧现象普遍。究其原因，除了技术因素，最关键的是观念落后，没有充分认识到秸秆的利用价值。这么多秸秆如果能得到资源化利用，实现变废为宝，对于农业可持续发展、农民增收以及减排防霾都是重大利好。

事实上，农作物种植业投入耕地、淡水和其他农业投入品，生长收获的不仅是籽粒和果实，秸秆同样是重要的农作物成果。从这个意义上说，把秸秆利用起来，就是对一部分农业成果的利用。从热量的角度看，秸秆燃烧值约为标准煤的50%。从营养价值看，1吨普通秸秆平均与0.25吨粮食的营养相当。在现代农业条件下，运用先进的加工技术，农作物秸秆不仅不是废弃物，而且是非常重要的农产品。农作物秸秆蕴涵丰富的太阳能，可以生产生物质能源、

---

* 尹成杰，男，1947年8月生于吉林省榆树市。毕业于东北师范大学，经济学硕士。现任国务院参事室特约研究员，中国农业经济学会会长。代表作：《粮安天下——全球粮食危机与中国粮食安全》和《捡回另一半农业》。《粮安天下》获第五届"中国农村发展研究奖"。

生物质建材以及饲料、肥料、食用菌等，具有可观的开发价值。

综合利用农作物秸秆可以带来多重效应。一是优化能源结构。利用农作物秸秆发电、气化等发展可再生能源，有利于提高绿色能源在我国能源结构中的比重。二是保护生态环境。减少秸秆焚烧，能够大量减少二氧化碳、二氧化硫等气体以及热量、微粒子排放，减轻雾霾污染。秸秆资源化利用还能避免长期堆放传播病虫害，有利于农作物病虫害防治。秸秆利用产生的草木灰是高品质钾肥，可以替代部分化肥，减少农业面源污染。三是促进农民增收。农作物秸秆价值得到发掘后，农民就可以把秸秆出售给相关企业获得收入。这是农民增收领域的有效拓展，也有利于提高农民种粮积极性，从而实现发展生物质能源与保障粮食安全相互促进。四是提高农业资源利用率。综合利用农作物秸秆，实质上是提高耕地、淡水和其他农业投入品的利用率，提高农业的比较效益。

加强农作物秸秆综合利用，促进其转化增值，不断提高农村循环经济发展水平，应做好以下基础性工作。一是加强农作物秸秆综合利用技术的研究和开发。重点加强秸秆循环经济配套技术研发，强化秸秆发电等相关核心技术研发，加快成套设备国产化步伐，降低投入成本。加快秸秆饲料化技术研发与推广，提高秸秆饲料加工的装备水平。加强技术集成和配套，完善秸秆综合利用技术体系。二是加强农作物秸秆资源管理。健全秸秆管理办法，进一步完善秸秆综合利用和流通管理机制。加大对秸秆综合利用的资金投入力度，引导社会资金投入，扶持秸秆综合利用示范项目建设。三是重视发展秸秆生产。在优化种植业布局时，注重考虑秸秆资源利用。统筹种植业、畜牧业、饲料业和生物质能源的发展，促进农村循环经济科学发展。四是制定和完善秸秆利用政策。制定合理的秸秆收购利用政策，使农民获得合理收益，调动农民保护和利用秸秆的积极性。建立秸秆收集、储存、运输管理机制，保证秸秆数量和质量。五是制定质量标准，完善监督管理。科学制定秸秆转化为生物质能源过程所使用的机械设备和技术体系标准，制定生物质能源产品的质量标准，健全产品质量监测体系，确保质量安全。

（《人民日报》2015 年 12 月 8 日）

既有活力又有秩序

杨紫烜[*]

厉行法治是发展社会主义市场经济的内在要求。市场经济的运行，市场秩序的维系，国家对经济活动的宏观调控和管理，以及生产、交换、分配、消费等各个环节，都需要法治保障。只有厉行法治，进一步健全社会主义市场经济体制，确保市场主体权利平等、机会平等、规则平等，才能营造鼓励大众创业、万众创新的良好环境，推动经济转型升级，使社会主义市场经济既生机勃勃又井然有序。

什么是经济法？经济法是调整国家协调本国经济运行过程中发生的经济关系的法律规范的总称。由于在市场经济条件下，这种经济关系的表现形式包括宏观调控关系和市场监管关系，因此也可以认为，经济法是调整宏观调控关系和市场监管关系的法律规范的总称。经济法是一个独立而重要的法律部门。实行社会主义市场经济，必须加强经济立法，完善宏观调控和市场监管，反对垄断和不正当竞争，维护社会经济秩序。

宏观调控法，是指调整国家对国民经济总体活动调节控制过程中发生的经济关系的法律规范的总称。宏观调控法是属于经济法体系的一个法律部门，它

---

* 杨紫烜，男，1934 年生于江苏省南通市。北京大学法学院教授，1958 年毕业于北京大学法律系。第九届全国人民代表大会代表、全国人大法律委员会委员，曾被授予"全国资深法学家"称号。代表作：《国际经济法新论——国际协调论》《经济法研究》。

本身又有自己的体系。宏观调控法按其调整对象，可以划分为计划法、财政法、中央银行法、价格调控法等；如果以宏观调控内容为标准，则可以划分为产业调控法、区域经济调控法、资源与能源调控法、国有资产调控法、对外经济调控法等。

市场监管法，是指调整国家进行市场监督管理过程中发生的经济关系的法律规范的总称。市场监管法按其调整对象，可以划分为市场准入与退出法、竞争法、消费者权益保护法、产品质量法等；如果以市场监管行业为标准，则可以将市场监管法划分为广告监管法、电信市场监管法、房地产监管法、金融监管法等。

世界经济实践证明，一个比较成熟的市场经济体制必然要求具有比较完备的法治。市场经济越发展、越完善，就越需要法治来保障。因此，需要将经济法对市场经济的重大作用发挥出来，加强宏观调控和市场监管，保护经济法主体的合法权益，维护经济秩序，促进资源优化配置，提高经济效益，保障国家经济安全。

公平正义是经济法的根本价值追求。完善宏观调控法、市场监管法，目的是确立社会主义市场经济运行的基本规则，使法治规范市场行为、促进公平竞争、维护市场秩序的作用得到充分发挥。在依靠法治保障机会均等和社会公正的基础上，完善收入分配机制和社会保障制度，调节和缩小收入差距。按照政府"法无授权不可为"、市场主体"法无禁止即可为"的原则，让政府依法行事，让市场迸发活力。加快形成规范有序、公平公正的市场环境。对每个市场主体实行平等保护，针对欺行霸市、制假售假、商业贿赂等搞乱市场的行为，加大打击力度。同时，还需注重改革与完善宏观调控、市场监管相关的司法制度，有效解决市场主体之间的矛盾纠纷。

（《人民日报》2015 年 12 月 13 日）

政　法　篇

宪法学研究要彰显中国精神

许崇德 *

宪法学是法学的一门分支学科。新中国成立后特别是改革开放以来，宪法学得到长足发展，专业人员大量涌现，全国和地方的研究机构林立，学术团体活跃，适应中国实际情况的宪法学各类教材、论文车载斗量。近年来，马克思主义理论研究和建设工程重点教材《宪法学》编写问世，为宪法学的研究与教学提供了优秀读物，对社会作出了有益贡献。总之，我国的宪法学研究呈现出欣欣向荣的景象。

与此同时，宪法学界的辩论和不同观点的交锋也时有发生。当然，这些学术交锋是在平和正常的氛围内展开的。在双百方针指引下，这种学术交锋贯彻百家争鸣的精神，往往都能充分说理，以理服人。宪法学研究理应遵循自身规律，脚踏实地，符合中国实际，关注重大现实问题。在当前环境下，宪法学研究应当怎样找到突破口，进行真正学术上的建树，以繁荣宪法学这块园地？这是值得深思的。中国精神应是当代中国宪法学的基本特色，它包含一些基本方面。

首先就是符合中国国情。宪法具有自身规律性，宪法在不同国家和地区的

* 许崇德，男，（1929年1月—2014年3月），出生于上海市青浦区。宪法学家，教授。1953年中国人民大学研究生毕业，留校任教。参加1982年《中华人民共和国宪法》的草拟工作，及香港、澳门特别行政区基本法的起草工作。2009年《许崇德全集》（共12卷）出版。

具体运行途径不同，不同国家和地区的宪法经验不可以照搬。中国的宪法在法治观念、民主实践、宪法原则、宪法文本、司法适用等方面与其他国家存在差异，当代中国自身的宪法实践理应是研究重点。中国宪法研究既要积累宪法学的成熟成果，又要注重中国发展的特殊国情，否则就会在研究上迷失方向。在研究重心上，应以研究自己的法律问题为主，在研究指向上，其起点、重心和归宿都是中国特色社会主义法治建设。

关注现实是重点。宪法与法律一样，其生命在于实践。现在一些年轻学者喜欢在研究中引用外国宪法案例。这种研究对于了解外国宪法的运用是有帮助的，但是如果其研究不关注中国现实，则实用价值就不大。宪法学研究是一门实践性极强的学科，丰富的社会实践是宪法学研究的源泉。学者应用更多精力去关注中国的社会实践问题，用宪法学原理去说明、分析、阐释社会实践中所发生的各种事件。只有以我国社会主义法治建设实践为主要内容，以科学论证和推进法治中国建设为价值目标，宪法学研究才能真正具有中国特色。

中国特色的宪法学研究还须继承中国优秀法律文化传统，用具有旺盛生命力的民族精神确立宪法学自己的民族特色。当然，这仍然离不开活生生的社会实践。宪法学的理论观点来源于实践，又需要回到实践中接受实践的进一步检验，在实践中完善和发展。在这个过程中，应充分重视和利用我国自己的法律文化资源，对博大精深的中华传统法律文化作出新的发掘整理，对那些有利于法治建设的积极因素进行科学梳理，使之成为宪法学中国精神的要素。

（《人民日报》2013 年 10 月 20 日）

从传统法律文化看坚韧进取的民族精神

张晋藩 *

历史法学派通常认为，法律是一个国家民族精神的体现及产物。作为传统文化重要组成部分的中华法律文化，体系完整，内容丰富，绵延数千年而未中断。从这数千年传承与创新的法制历程中，我们可以看到鲜明的坚韧进取的民族精神。

我国古代所处的封闭地理环境妨碍了传统法律文化与外国法律文化之间的横向交流，加之我国古代法制在相当长时期内居于世界前列，统治者也有意固守这种封闭状态，导致我国传统法律只能是纵向传承。自"夏有乱政"而制"禹刑"，其后商有"汤刑"，周有"九刑"，秦有"秦律"，汉有"汉律"，魏有"新律"，晋有"泰始律"，唐宋元明清历朝历代也各有律，其间源流清晰，损益可考。

法律植根于社会，社会的发展推动法律的发展，因而法律虽具有历代传承的因袭性，但基于不同时期的社会变化而有所发展变化，形成了特有的时代特点。孔子在考察夏商周三代礼的源流关系时提出："殷因于夏礼，所损益，可知也；周因于殷礼，所损益，可知也。"孔子关于礼的源流关系的论断，同样适合于法。数千年的法律史，无论篇章结构、条款规范，都基于时代的变化而

* 张晋藩，男，1930 年 7 月生于辽宁省沈阳市。1952 年中国人民大学法律系研究生毕业，曾任国务院第二届学科评议组成员、中国政法大学副校长，现为中国政法大学终身教授。代表作：《中国法律的传统与近代转型》《中国法制文明史》等 30 余部专著，主编《中国法制通史》十卷本等。

有所不同，其源流兴革各有踪迹可寻，从而形成了具有内在联系性的法律系统和法律传统。至唐代，封建的法律体系已经形成。末代王朝清朝的刑制虽较唐律有所倒退，但就总体而言，清朝法律已经相当完备，行政立法、民族立法、司法制度都达到了新高度。

我国的法律史是在传承与创新中逐渐发展起来的。传承是以历史所提供的资料为基础；创新是在传承基础上的突破。因而创新较之传承更为艰苦，历时也更为长久。创新首先需要认真总结前代法律的成功经验与缺失，使新立之法避免前车之覆。创新还需要认真分析把握社会的主要矛盾，从而确立立法的主要方向，以有利于矛盾的解决。创新更需要先进的思想家、法学家，将其思想认识与理论见解注入法律中去，开创法律的新天地。以战国时期《法经》为例，其作者李悝就是在总结战国时期各国制定成文法的经验、洞察魏国主要矛盾的基础上，提出了"王者之政莫急于盗贼"的立法指导思想。他秉承"不别亲疏，不殊贵贱，一断于法"的法治精神，强调贵族高官违法犯罪依律处刑。可以说，《法经》既是改革的产物，也是推动改革的重要手段。

再以汉律为例，汉承秦制表明了法律发展的内在连续性。汉律的主要创新之处在于儒家化。这是建立大一统的专制主义的西汉王朝所需要的。以董仲舒为代表的汉儒，提出了大德小刑之说，确立了影响悠久的德主刑辅的法制原则。汉儒还通过各种途径将三纲之说入律，使伦理道德法律化。法律由于得到道德的支撑，不仅减少了施行的阻力，而且也有助于社会的安宁。"三纲"入律是儒家的伟大创举。这个引礼入法的变革，虽有最高统治者的支持，但它所遭受的阻力也是不言自明的。没有两汉儒家的坚持努力和他们提出的理论先导，就不会有儒家化的汉律。这个过程虽然始于汉，最后完成却是在几百年之后的唐朝，体现了民族的进取精神及其成果。

中华民族自形成之日起，就有着鲜明的自强不息的进取精神。经过秦末以来的战乱，汉高祖出行时甚至难以配齐四匹相同颜色的马匹。但至汉文帝时，已是"太仓之粟陈陈相因，充溢露积于外，至腐败不可食。"这一盛世景象出现的根本原因，正是广大人民群众的自强不息、奋力耕耘。这种精神促进我国社会不断发展，也推动法律在传承中不断创新。

（《人民日报》2014 年 5 月 9 日）

刑事诉讼法研究的一个重要问题

陈光中 *

完善刑事诉讼证据制度，是深化司法体制改革的一项重要内容，是进一步提高我国刑事诉讼制度民主化、法治化水平的重要举措。党的十八届三中全会《决定》提出的严格实行非法证据排除规则，就是完善这一制度的重要内容，也是用程序公正保证司法公正的具体体现。所谓非法证据排除规则，是指在刑事司法中采取刑讯逼供等非法方法所收集的证据，不得作为认定案件事实的根据。

在我国，非法证据排除规则的确立经历了从无到有、逐步推进的过程。党和国家历来实行"重证据不轻信口供，严禁逼供"的政策。1979 年制定的刑事诉讼法就明确规定：司法人员必须依法定程序收集证据，"严禁刑讯逼供和以威胁、引诱、欺骗以及其他非法的方法收集证据。"1998 年的司法解释对此规则已有所规定。2010 年 5 月，《关于办理刑事案件排除非法证据若干问题的规定》将这一规则作为单独的司法解释文件加以专门规定。2012 年修改的刑事诉讼法用 5 个条文对非法证据排除规则做出明确规定，实现了从司法解释到入法的重要转变。

---

* 陈光中，男，1930 年 4 月生于浙江省永嘉县。新中国刑事诉讼法学的开拓者、奠基者。1952 年毕业于北京大学法律系。2001 年被中国政法大学授予终身教授称号。代表作：《论检察》《中国司法制度的基础理论问题研究》。

非法证据排除规则是实现司法公正的重要手段。一方面，该规则是对非法取证行为的鲜明否定和有力制裁，它向侦查人员发出明确信号，非法取证不仅可能要负法律责任，而且取得的证据也没有法律效力，从而有效遏制违法取证，彰显程序公正价值；另一方面，该规则有助于准确认定案件事实，实现刑事诉讼的实体公正价值。实践早已证明，棰楚之下，何求而不得！根据刑讯口供来定罪，往往是铸成冤案的重要原因。这一规则把非法取得的证据排除在诉讼之外，最大限度地避免了根据虚假的证据错误认定案件事实，严防冤假错案发生。

非法证据排除规则是司法纯洁性理念的具体体现。司法是实施法律、定纷止争的庄严国家职能活动，是维护社会公平正义的最后一道防线，其本身应当具有崇尚法律、不染尘埃的纯洁性。倘若法院的审判采用非法证据，也就成为非法行为的容忍者、包庇者。君子不重则不威，司法不洁更不威。施行或容忍刑讯取证行为而丧失纯洁性的司法，不可能取信于民，更不可能具有权威性。当然，司法纯洁性也不宜过于理想化，对于违法程度较轻的瑕疵证据不一定完全加以排除，以求用多元价值满足广大民众对司法的诉求。

由于不同的文化背景和制度背景，我国实行的非法证据排除规则有其自身特点：非法证据排除规则不仅适用于审判阶段，而且适用于侦查阶段、审查批准逮捕和审查起诉阶段。这与国外一些国家非法证据主要是在审判阶段由法官加以排除有所区别。法律的生命在于实施。如何将纸面上的法转化为实际行动的法，严格实行非法证据排除规则，还需要不断探索，如进一步明确"刑讯逼供等非法方法"的范围，完善法定程序保障非法证据排除规则的有效运行等。

（《人民日报》2014 年 8 月 3 日）

我们为什么需要民法典

魏振瀛[*]

新中国成立 65 年来，我国制定民法典的工作几起几落，至今还没有正式颁布民法典。当前，我国正处于全面深化改革的关键时期，民法典的必要性又显现出来，制定民法典的条件更加充分。建议应乘此时机，加快制定民法典，使民法典成为巩固改革开放成果和推进全面深化改革的重要法律工具。

制定民法典是实现民法科学化的需要。民法是调整社会生活关系和市场经济关系的基本法，它涉及社会生活各个领域，关系到每个人的切身权益。世界民事立法史表明，民法典是民法科学化的基本形式，民法典是衡量一个国家法治文明程度的重要标志。民法典与民事单行法不同，它具有系统性、层次性特点，全面规范民事关系，集中体现民法理念和原则，是民事司法的基本依据。我国现有单行民事立法之间存在一定漏洞、重复和冲突，影响民事司法统一、公正、高效和权威。而体系化的民法典具有形式一致、内容完备的特点，有利于统一市场法则，保障法治统一有效运行。

制定民法典是全面深化改革的需要。建设法治中国，推进全面深化改革，需要完善和发展社会主义法治体系。改革开放以来，我国民事立法成果辉煌，

---

  * 魏振瀛，男，1933 年生于河北省威县。1960 年毕业于北京大学法律系，现为北京大学法学教授、博士生导师、中国法学会副会长。代表作：《民法》《民商法原理与实务》《市场经济与法律》等。

但是民法体系仍有待完善。民法典集中体现自由、平等、公正等理念。制定、颁布和实施民法典，有利于推进民事主体之间法律关系法治化、规范化。此外，全面深化改革的重要内容之一是处理好政府和市场的关系，使市场在资源配置中起决定性作用，更好发挥政府作用。这就需要加快转变政府职能，规范行政权力行使，而制定民法典有利于实现这一目标。民法典全面、准确、系统确认和保护民事权利，为正确行使行政权力和处理民事权利关系奠定法律基础，进而提高全社会的权利观念和法治观念。

制定民法典是富民强国的需要。民法是民事权利法，民事权利是人们在社会中生存发展的基本权利。制定民法典，全面规范和充分保护民事权利，是以人为本理念的重要体现。不少国家和地区都把民法典奉为人民权利宣言和民族精神缩影。法国、德国、俄罗斯等大国的民法典，都是在民族复兴、社会转型、国家崛起的关键时期制定出来的。民法典通过合理的架构为民事活动提供基本准则，为交易活动确立基本依据。我国的民法典应坚持和弘扬传统私法中平等、自由、效率价值理念，以及人的全面发展价值理念，并围绕这些价值理念进行制度安排。

民事立法不仅描述社会，更应引领社会发展。1986年颁布的《民法通则》被海外学者誉为中国的"民事权利宣言"，事实上《民法通则》成了改革开放的推进器。2002年12月，全国人大常委会首次审议民法典草案，但鉴于民法典内容复杂、体系庞大、学术观点有分歧，全国人大常委会决定先制定物权法、侵权责任法等单行法，待条件成熟后再以此为基础研究制定一部完整的民法典。目前，可以说制定民法典的条件更为成熟。

我国的民法典理应成为全面深化改革的加速器。近年来，我国民法学发展突飞猛进，有些领域已经走在世界民法学研究前列，涌现出不少后来居上的优秀民法学工作者，这是制定民法典的理论条件和队伍条件。全面深化改革将为制定民法典提供更有利时机。我国正处在改革发展关键阶段，我们有条件、有能力也有信心制定一部立足中国实际、直面中国问题、展现中国特色、具有中国气派的民法典。

（《人民日报》2015年1月12日）

以百姓心为心

章开沅 *

习近平同志在 2015 新年贺词中说："我要为我们伟大的人民点赞。"他还在庆祝中华人民共和国成立 65 周年招待会上的讲话中引用了《道德经》"以百姓心为心"的话。习近平同志的这些讲话，亲切质朴、深得民心，也说明了人民对于执政党的分量。

过去国民党也讲人民，但是他们的"三民主义"打不过我们的"一民主义"，即"为人民服务"。因为国民党讲的与做的大不一样，好话说尽，好事不做；而中国共产党的"为人民服务"却是真讲实做，"以百姓心为心"，时时、处处、事事为人民着想，全心全意为老百姓谋利益。"得民心者得天下"。陈毅同志说："淮海战役的胜利，是人民群众用小车推出来的。"其实，整个新中国不也是人民群众用小车推出来的吗？我们党和人民的关系真正说得上是鱼水关系。人们经常探讨国民党为何败北、共产党为何能取胜，"以百姓心为心"不是最好的解释吗？

斗转星移，我们党由革命党转型成为执政党转眼已过一个甲子多。由于各方面体制机制尚在不断健全完善之中，一些领导干部的贪腐让人触目惊心，脱

* 章开沅，男，1926 年 7 月生于浙江省湖州市吴兴区。华中师范大学原校长，著名历史学家、教育家，华中师范大学荣誉资深教授。代表作：《辛亥革命史》《辛亥革命与近代社会》《开拓者的足迹——张謇传稿》《从耶鲁到东京——为南京大屠杀取证》等。

离群众遂成为一大危险，解决不好就会严重损害国本。因此，从人民利益出发进行改革、进行反腐，成为当前重大任务，亦为全国人民殷切期望之所寄。2014年之所以成就辉煌，正是因为顺乎民心，政通人和。但我们丝毫不能自满，全面深化改革刚刚开篇，以后我们还要不断革故鼎新，成败利钝，关系长远。在新的一年里，更需上下同心、众志成城，把改革进行到底。

把改革进行到底，其过程不会风平浪静，不能说我们现在已稳操胜券。且不说国际环境的险恶与国内可能出现的阻力，更需忧思的是处在改革第一线的各级领导干部中可能出现的认识不足、掉以轻心甚至阳奉阴违问题。现在，有的领导干部玩忽职守，心有旁骛。更有一些人养尊处优已久，现今改革改到自己头上，表面上双手赞成，实际上牢骚满腹。历史上，一些改革的最大阻力往往不在外部，而在内部。比如，北宋王安石变法，无奈告终的原因各有说法，但保守派的强烈反对、改革派的内部分裂以及官吏执行政策的变形走样，无疑是重要原因。可见，任何改革，如果没有真正自我革命的反省，没有上下同心的共识，就难有最终的胜利。如何进行自我革命的反省，进而形成共识？关键是"以百姓心为心"。唯此，方能牢骚少一点，共识多一点。

民心如水，水能载舟，亦能覆舟。领导干部务必以国家、民众利益为重，"以百姓心为心"，摒除私心杂念，专心致志投入改革洪流。对于领导干部来说，今天正是大有可为之时。愚者千虑，或有一得；野叟迟暮，有厚望焉！

（《人民日报》2015年2月2日）

经典著作为何魅力永恒

严书翰*

重视学习马克思主义经典著作，是我们党的优良传统。延安时期，毛泽东同志说，"《共产党宣言》，我看了不下一百遍"，"每阅读一次，我都有新的启发。"他对《共产党宣言》（以下简称《宣言》）等经典著作情有独钟，主要是领导中国革命斗争的实际需要。革命战争年代和社会主义建设时期，他都给党的高级干部开出学习经典著作的书目。这也与经典著作的魅力密切相关。

经典著作的魅力体现在哪儿？我以为主要体现在经典作家的立场观点方法上。马克思、恩格斯的某些观点甚至个别重要观点虽然会随历史条件的变化而过时，但其基本立场观点方法是超越时空的，今天仍然是我们认识世界、改造世界的锐利思想武器。

马克思、恩格斯运用科学方法论对事物发展规律的剖析和由此得出的科学结论，令后人叹为观止。比如，马克思运用唯物辩证法把漫长的人类社会发展史抽象为三个阶段：自然经济与人对人的依附关系、商品经济与人对物的依赖关系、产品经济与自由人的联合体。恩格斯运用唯物史观，从人类文明史高度将文明划分为三种形态：古代氏族公社文明、资本主义时代的文明和未来社会

* 严书翰，男，1950年1月生于福建省福州市。法学博士。现为中央党校教授、博士生导师，马克思主义理论研究和建设工程课题组首席专家、国家社会科学基金项目课题评审专家，中国科社学会副会长。曾任中央党校科社部主任，国务院学位委员会第六届学科评议组专家。

文明；并预言只有到共产主义社会，人类才能真正实现自由平等博爱。列宁这样评价马克思运用科学方法分析事物发展规律的魅力：马克思的全部理论，就是运用最彻底、最完整、最周密、内容最丰富的发展论去考察现代资本主义。

经典著作的魅力还体现在经典作家能根据时代和实践的变化以及科学新发现和科技新成果等，及时修正自己的观点。马克思、恩格斯对《宣言》的态度令人称道。1848 年 2 月发表的《宣言》是马克思主义诞生的标志。马克思、恩格斯认为，《宣言》所阐述的一般原理整个说来直到现在还是完全正确的，但是《宣言》中的某些观点是要修改的。鉴于《宣言》是"一个历史文件"，马克思、恩格斯通过为《宣言》再版时写序或加注等形式对他们的某些观点作出修正。比如，马克思、恩格斯在 1872 年德文版序言中指出：如果今天再对《宣言》中关于无产阶级取得政权后采取的措施进行论述，"会有不同的写法了"。《宣言》第一章开宗明义地指出："至今一切社会的历史都是阶级斗争的历史。"恩格斯在《宣言》1888 年英文版所加的旁注中指出，这里讲的历史是指有文字记载的全部历史。为何要作这样的修改？恩格斯指出，当年《宣言》发表时对人类社会史前史的研究还是空白，而 40 年后这方面的研究已取得重要成果，因此要作出修改，对"全部历史"作出界定。马克思、恩格斯修正自己观点的例子还可举出不少。

有些读者尤其是年轻读者虽然也能体会到经典著作的魅力，但认为经典著作难读难懂。这是事实。经典著作难读难懂，一般有三点原因。一是对经典著作的历史背景不了解。这比较好解决，可以通过阅读这方面的历史背景材料，了解 100 多年前经典作家写作的背景、意图和文中的历史典故等。二是经典作家是外国人，他们有一套自己的话语体系。这个问题也不难解决，可以在不断阅读经典著作中逐渐适应和掌握他们的话语体系。三是跟不上经典著作体现出来的理论思辨水平。这需要下大功夫才能解决。在这个过程中，多啃、多思是非常重要的。如果阅读经典著作囫囵吞枣、浅尝辄止，是很难理解其精髓要义的，甚至会曲解经典作家的思想。常言道，书读百遍，其义自见。学习经典著作也是这样。老一辈理论工作者学习经典著作常用"抠"这个字眼，就是一段话一段话地"抠"，一句话一句话地"抠"。没有这种精神，是无法跟上经典著作体现出来的理论思辨水平的。

　　许多人记得甚至会背诵马克思的名言："在科学上没有平坦的大道，只有不畏劳苦沿着陡峭山路攀登的人，才有希望达到光辉的顶点。"我们学习经典著作如果有这种精神，做到多啃、多思，就可以克服障碍、领悟真谛。而在克服障碍后再来读《宣言》《社会主义从空想到科学的发展》等经典名篇，就会如同读一篇篇政治散文，就有"蓦然回首，那人却在灯火阑珊处"的美好感觉。

（《人民日报》2015 年 2 月 5 日）

运用案例也是一种传统

武树臣 *

中国古代的法律实践是在自然经济环境下进行的，经历了数千年的积累、改良和完善，形成了自己的独特风格。就法律形式来看，中国古代法律以比较稳定的成文法为主，同时也注意运用相对灵活的案例。这一传统对今天的司法实践仍然具有借鉴意义。

战国末期的荀子是较早重视同类案例作用的思想家。《荀子·王制》说："其有法者以法行，无法者以类举，听之尽也。"自秦朝以后，中国历代王朝一般都适时制定成文法典并颁行天下。不过，由于成文法本身具有的缺欠，不可能预先穷尽所有社会现象，在时间上不能随时应变，在空间上又难以因地制宜。于是，在无法可依或有法而不宜适用的特殊情况下，就会选择适用案例的办法。这些案例也会被编纂成书，如西汉董仲舒的《春秋决狱》载典型案例232件，经过朝廷的首肯，对当时的审判活动具有指导作用。此后，宋有《熙宁法寺断例》，清有《刑案汇览》，编辑案例的工作连绵未绝。当案例积累到一定数量并经实践检验之后，就形成一些新的法律原则或制度，这些成果在经过新的立法之后就被成文法典所吸收。伴随着古代立法技术发展，成文法典里

---

* 武树臣，男，1949年10月生于北京市。北京大学法学博士。山东大学人文社科一级教授，博士研究生导师。北京市法学会副会长、中国法律思想史专业委员会会长。代表作：《中国传统法律文化》《中国法律思想史》等。

面出现法条与例文合编的新形式，即在某一成文法条下面开列许多例文。这些例文实际上细化了法条适用的情节，其中有的内容直接来源于司法案例。这些案例解决了成文法条灵活性不足的问题，也在一定程度上克服了法条过于笼统宽泛和易于僵化的缺点，因此在古代的司法实践中一直发挥着特殊作用。

在中国特色社会主义法律体系形成的今天，我们仍然应当借鉴中国古代既重视成文法兼而重视案例作用的历史传统，积极发挥案例的作用。一般而言，法院做出的判决对社会生活的各领域都会产生影响。对法官群体来说，已经生效的诉讼判决对以后同类案件的审判具有潜在示范效果。法官在理解、诠释、选择和适用法律的时候，可以运用总结分析的方法，对某一类案例从事实、证据、法律、司法解释等方面进行概括梳理，使判决先例成为同类案件审理的参考。这种自觉的整理和总结，不仅可以减少重复性投入、提高裁判效率和质量，还有益于培养擅长于某一审判领域的专家型法官。

运用案例还有助于减少司法不公现象。司法不公在一定程度上与法律适用不统一有关，也就是出现同案不同判、同罪不同罚的现象。造成这种现象的原因不仅有法官的道德或法律素养问题，很大程度上还与成文法本身不周延、不具体有关。成文法对某种法律行为规定得过于宽泛笼统，会留给法官比较大的自由裁量权，这种自由裁量权若被随意运用，就会造成裁判不一。如果我们借用案例效力，在每部成文法出台之后，及时出台一些指导案例，这样就可以使法律条文由抽象变成具体，对法官的审判行为产生有效制约。同时，如果做到同案同判，也会使一般民众预见案件的结果，从而发挥法律的行为指引作用。

近年来，最高人民法院和最高人民检察院都十分重视案例指导工作，初步确立了案例指导制度。今后需注意适当扩充指导案例的数量，以增加案例指导的覆盖面；进一步总结并规范指导案例在审判过程中的实际运用和操作，加强司法机关内部和外部的交流与监督；对案例指导制度的未来发展方向进行顶层设计，从而进一步完善中国特色社会主义法律体系。

（《人民日报》2015 年 2 月 9 日）

"显""隐"兼顾弘扬优秀传统

唐凯麟[*]

鸦片战争以来的170多年间，古今、中西、体用、传统与现代之争一直不绝于耳，其核心是如何正确对待传统和传统文化的问题。认清什么是传统和传统文化，把握其内涵、构成、特征、功能和性质，对于厘清上述争论的是非曲直、更好地弘扬优秀传统文化不无意义。

传统一词，在拉丁文中指从过去延传到现在的事物，在英语中也基本上是这个含义。我国有学者认为，如果从操作的意义上讲，延传三代以上、被人类赋予某种价值和意义的事物，都可以看作传统。一般说来，传统包含三个构成部分。第一是器物层面的传统，即历史上延传下来的典章制度、文史经籍、文物等。第二是行为层面的传统，即历史上延传下来的风俗习惯等。风俗习惯是一种相对固化的行为模式，体现了一个民族的群体认知和智慧积淀。这两个构成部分可说是传统的"显性方面"。第三是精神层面的传统，即历史上延传下来的社会理想、生活信念和伦理道德观念、性格心理特征和审美情趣等。它可说是传统的"隐性方面"。

那么，"显性方面"的传统与"隐性方面"的传统存在什么样的关系呢？

---

[*] 唐凯麟，男，1938年9月生于湖南省长沙市，1962年毕业于中国人民大学哲学系。现任湖南师范大学中国特色社会主义道德文化协同创新中心主任，教授，国务院特殊津贴专家。代表作：《伦理大思路》《伦理学》等。

"显性方面"是传统得以延传的载体和媒介，"隐性方面"则是传统得以延传的血脉和灵魂。没有"显性方面"，"隐性方面"就无法得以延传和呈现；没有"隐性方面"，"显性方面"就会枯萎坏死，也无法鲜活地存在和延传。从这种关系出发，人们又把传统划分为广义和狭义两个层面。广义的传统，指器物、行为和精神三个层面的统一。从这个意义上说，传统的概念与文化学所使用的大文化概念是一致的。它是历史上人类创造、赋予象征意义并延传至今的所有物质精神财富的整体，可叫做传统文化。狭义的传统，指世代相传、延传至今的社会理想、宗教信仰、价值观念、思维方式、行为方式和审美情趣等精神文化。我国典籍中关于传统的概念，主要是就这个方面而言的，又可称其为文化传统。它体现着一个民族的价值理想、民族精神、民族性格、民族气质和民族心理。今天我们讲弘扬优秀传统，无疑同时包含上述两个方面的内容。

新时期如何继承和弘扬优秀传统？总的原则是合理扬弃，即对存在合理内核又具有旧时代特征的内容，取其精华、去其糟粕；对明显不符合当今时代要求的内容，则坚决摒弃。这就要求我们运用唯物辩证的态度分析和对待传统，厘清哪些是应该汲取的、哪些是必须剔除的；同时区别传统的"显性方面"和"隐性方面"，采取有针对性的举措和方式。典章制度、文史经籍、文物、风俗习惯等"显性方面"是传统的重要载体，应加强发掘整理和保护修缮。近100多年来，几经战乱，我国典章失传、文物流失、文物损毁相当严重。应增强保护意识、加大投入力度、提高研究水平，切实扭转这种局面。在以我为主的前提下，加强同发达国家的交流与合作，借鉴发达国家好的经验和做法，对破坏、损伤的文物进行抢救和修缮。同时，加强文化传承基地和博物馆建设，使优秀传统的"显性方面"历久弥新、发扬光大。对中华民族的社会理想、宗教信仰、价值观念、思维方式、行为方式和审美情趣等"隐性方面"的传统，应结合今天的实际进行创造性转化和创新性发展，并加强宣传教育普及，充分发挥其潜移默化的作用，不断增强人们的认同感和归属感。

（《人民日报》2015 年 2 月 11 日）

提升国家软实力是中国的明智战略

约瑟夫·奈 *

软实力是一种依靠吸引力而非通过威逼或利诱的手段来实现目标的能力。一个国家的软实力主要来源于其文化、价值观和政策（包括对内政策和对外政策两个方面）。与通过强制和收买手段实现目标的硬实力不同，软实力的大小还依赖于对方的感受。如果一种文化对其他国家的人民没有吸引力，就不会在其他国家的人民中产生软实力；如果一种价值观不被认同，或者政策在他人眼中缺乏合法性，也不会产生软实力。现在，中国正在努力增强文化外交的软实力，而文化正是产生软实力的三个主要来源之一。

中国有着极具吸引力的传统文化。国际游客往往会惊叹中国文化的博大精深，并被其深深吸引。近年来，中国已经在全球范围内创办几百所孔子学院，通过这些学院向外国人教授汉语和传播中国文化。尽管有些国家抱怨说这些孔子学院是中国用来搞政治宣传的，但总的看，中国政府已经知道如何办好这些孔子学院，并已经清醒地认识到，孔子学院要尊重国外大学的学术自由原则，这样才能有效发挥功能。

在中国，国际留学生数量已经发展到目前的 36 万人。中国国际广播电台

* ［美］约瑟夫·奈，男，生于 1937 年。1964 年获哈佛大学政治学博士学位。现为哈佛大学教授，美国国务院和国防部政策顾问。曾出任卡特政府副国务卿帮办、克林顿政府国家情报委员会主席和助理国防部部长。以最早提出"软实力"（Soft Power）概念而闻名。代表作：《软实力》《论权力》等。

扩大了广播覆盖范围。中国政府增加了对新华社和中央电视台的投入，力图推动它们发展成为全球性媒体巨人，能和彭博社、时代华纳和维亚康姆竞争。以英文出版的《中国日报》发行广泛。博鳌亚洲论坛也已经办成东亚的达沃斯论坛。这些做法，就是要通过发展软实力而非通过军事力量，在全球广交朋友。

中国也已经从经济政策中展现了巨大软实力。过去36年里，中国经济快速增长，取得了空前成就，几亿中国人摆脱了贫困。中国技术取得了巨大进步，如高铁正在走向全世界。在海外，中国对非洲和拉丁美洲的援助已经产生了巨大的软实力。最近的国际民调表明，中国的形象和影响力在非洲和拉丁美洲是积极向好并受到肯定的，虽然在欧洲、印度、日本和北美还不容乐观。

习近平主席强调要提升中国的软实力，这是一个相当明智的战略。因为中国的军事和经济硬实力在增长，如果不强调发展软实力，一些邻国会因为担心中国崛起对他们构成威胁，进而结成平衡中国力量的联盟。如果中国在崛起的同时提高软实力，就能"安抚"这些国家，"软化"他们结盟的冲动。在过去十几年里，中国的软实力外交通常被称为"中国的魅力攻势"。中国的内外软实力都在增强，这种令人赞赏的正能量的政治局面，我称之为"正和政治"。

从国际民调的情况看，中国提升软实力任重道远。原因主要有两个：首先，中国民间社会的力量还有待开发。中国目前还没有像好莱坞那样规模的全球性文化产业，中国的大学还不能和美国的大学比肩，更重要的是中国仍然缺乏大量像美国那样能产生巨大软实力的非政府组织。《经济学人》的文章曾这样评论中国的软实力："中国现在正努力弘扬传统文化，认为传统文化会有全球吸引力。"我认为，通过弘扬传统文化提升软实力还不够，还应该更加注重发挥民间社会的力量。

第二个问题是关于通过爱国主义提升中国软实力。中国共产党既注重经济的高速增长，同时也倡导爱国主义。爱国主义如果被外国误解成民族主义，就有可能削弱中国梦的广泛吸引力，引发一些周边国家的敌意。所以，通过爱国主义提高中国软实力要恰到好处。建议中国在推行有关南海的外交政策时，同时提高这些政策的软实力。

　　总之，明智的战略意味着要处理好软实力和硬实力的关系，努力使二者相互协调而不是相互矛盾。事实也越来越表明，提升国家软实力是中国的明智战略。

（《人民日报》2015 年 2 月 16 日）

层阶优化论

牛文元 *

社会治理是通过结构优化、制度安排、法规约束、道德养成等对国家、社会和民众形成良治的过程。提高社会治理水平是经济发展新常态下的重要任务，是改革发展稳定的重要依托，是推进依法治国和践行社会主义核心价值观的重要内容。提高社会治理水平，形成社会公序良俗，与社会治理结构密切相关，需要特别重视社会治理结构的层阶优化。

完整的社会治理结构通常由决策层（顶层）及其公信力、施政层（中层）及其执行力、受众层（基层）及其响应力构成。社会治理结构的优化以及社会公序良俗的形成，有赖于寻求公信力、执行力、响应力在优化状态下的交集最大化。

在社会治理结构的层阶体系中，起核心作用的是决策层的公信力。决策公信力来源于决策者富有科学性、预见性、艺术性的决策以及对于现实选择的决断。其内在要求是：决策必须符合事物运行的内在规律；必须服从最大多数公众的意愿；发布的时间节点与空间范围符合"过程寻优"的要求。决策公信力的强弱关乎社会治理成败。如果决策盲目、朝令夕改，就会对执政者的公信力

---

* 牛文元：男，1939 年 11 月生于河南省焦作市。中国科学院研究生毕业。为中国科学院科技政策所顾问，原国务院参事，中国科学院可持续发展研究组名誉组长、首席科学家。代表作：《持续发展导论》《2015 年世界可持续发展报告》《中国可持续发展总纲》。

造成损害。《左传》总结道:"信,国之宝也,民之所庇也。"决策缜密、思虑周全、缩放有度、深得民望,是对决策者提出和实施治理良策的基本要求。为提前检验决策的公信力与可行性,可以采用"先验决策法",形成检验决策公信力的"沙盘推演",通过先导数据获得、专业流程分析和数学推理勘验,比较完整地将决策的有效性、普适性和预期结果反映出来,为提高社会治理决策水平提供有效分析工具。

社会治理的有效性还取决于施政层(中层)的执行力。健全的社会治理中形成的等级式分布,实质上体现的是责任梯度、认知梯度和能力梯度。从普遍意义上看,施政层(中层)的执行力既要保持与决策层的高度一致性,以体现整体社会治理要求的共同性与普适性;又要根据本区域、本领域的具体情况或特殊性对原始决策作出正向补充与优解修正,以体现有别于共性的个性。在我们对执行力的计量研究中,以偏离决策核心的"离散度"不大于某个规定阈值作为衡量标准,得出的结论是:社会治理的普遍性与特殊性相统一,有助于通过合理互补推动施政层执行力的优化与提高。

在社会治理中,所颁政令和法规能否获得社会响应,最终取决于受众层(基层)的共振性与响应力,这是衡量社会治理质量的最终检验标准。所谓的共振、共鸣、谐振,本质上是对特定频率所作出的增幅反应。在社会治理中,如果基层受众对政令产生强烈共振,产生的社会响应力就能增强政令效力,有力促进社会统一有序、增进社会稳定和谐。

公信力、执行力、响应力三者在统一基础上的综合寻优和层层加权,是实现社会良治的基础。决策层作出"日中必彗,操刀必割,执斧必伐"的科学决策,再通过社会治理结构链条的逻辑递推、内涵互检和共振增效,就能达到理想的社会治理效果。

（《人民日报》2015 年 2 月 26 日）

用法律管好权力

王振民 [*]

今年是全面推进依法治国的开局之年。这个局开得好不好，一个重要因素在于能否确保权力在法治轨道上运行。为此，需要加强对权力运行的制约和监督，把权力关进制度的笼子里。各级领导干部必须牢记：任何人都没有法律之外的绝对权力，任何人行使权力都必须为人民服务、对人民负责并自觉接受人民监督。

如何管住、管好、用好权力这只"猛虎"呢？历史经验证明，只有用法律来限制、约束、规范权力，把权力关进法律的笼子里，才能使权力为善为民。用法律限制、规范权力的行使，是国家治理现代化的重要标志。权力是一把双刃剑，在法治轨道上行使可以造福国家和人民，在法律之外行使就会祸害国家和人民。把权力关进法律的笼子里，就是要依法设定权力、规范权力、制约权力、监督权力。

党的十一届三中全会以来，我们党对法治的认识不断深化，用法律来规范权力逐渐成为全党全国人民的共识。习近平同志指出，领导干部要牢固树立宪法法律至上、法律面前人人平等、权由法定、权依法使等基本法治观念，对各

---

* 王振民，男，1966 年生于河南省新密市。郑州大学法学学士、中国人民大学法学硕士、博士。现任清华大学法学院院长、中国法学会宪法学研究会副会长。著有《中央与特别行政区关系——一种法治结构的解析》《中国违宪审查制度》。

种危害法治、破坏法治、践踏法治的行为要挺身而出、坚决斗争。各级领导干部尤其要弄明白法律规定我们怎么用权，什么事能干、什么事不能干，心中高悬法律的明镜，手中紧握法律的戒尺，知晓为官做事的尺度。一定要牢记法律红线不可逾越、法律底线不可触碰，带头遵守法律、执行法律，带头营造办事依法、遇事找法、解决问题用法、化解矛盾靠法的法治环境；谋划工作要运用法治思维，处理问题要运用法治方式，说话做事要先考虑一下是不是合法。领导干部要把对法治的尊崇、对法律的敬畏转化成思维方式和行为方式，做到在法治之下、而不是法治之外、更不是法治之上想问题、作决策、办事情。

法具有公正性。全面依法治国，必须紧紧围绕保障和促进社会公平正义来进行。党的全心全意为人民服务的根本宗旨决定了我们必须追求公平正义，保护人民权益。如果允许权力凌驾于法律之上，就意味着权力脱离了公平正义。法体现规律性。从科学立法角度来讲，立法就是把客观规律加以总结升华，转化为法律条款。法律应该是一个国家、一个民族对自我管理科学规律进行探索的结晶。

法治是党领导国家的主要载体和形式，党的领导与依法治国本质上是一致的。法是党的主张和人民意愿的统一，党领导人民制定宪法法律，党领导人民实施宪法法律，党自身必须在宪法法律范围内活动。因此，领导干部应在宪法法律范围内行使权力，深切认识到手中的权力来自人民，是公权而不是私权，每一项公权力都有相应的法律来规范，只能依法依规行使。

法治的要害在于治权、治官，权越大受到的法律约束就越多、越严。能不能管住权力，是依法治国成败的关键。全面推进依法治国的过程就是树立宪法法律权威的过程，就是把国家和社会生活各个方面都纳入法治轨道的过程。权力具有扩张性，权力的主动行使容易越界、容易异化，所以要拿法律来规范它。未经法律授权的权力不得行使，不能及时有效、准确无误行使法定权力或不履行法定职责也是非法的。掌握公权力的人应不折不扣地把宪法法律赋予的权力行使到位，把宪法法律规定的职责负责到底，切实做到法定职责必须为，法无授权不可为。

（《人民日报》2015 年 4 月 2 日）

制定良法是依法治国的前提

朱景文 *

十二届全国人大三次会议审议通过了立法法修改决定。立法法的修改完善，对于充分发挥立法引领推动作用，做到重大改革于法有据、立法主动适应改革和经济社会发展需要，必将发挥积极作用。立法是国家创制法律的活动，制定良法是依法治国的前提。为此，需要围绕提高立法质量在多个环节上努力。

判断一部法律是不是良法有多种标准。比如，规范标准就是看法律设定的权利、义务、责任是否科学、合理、配套或者存有漏洞，法律本身各个条文之间、法律与法律之间是否协调一致；正义标准就是看法律是否公正，是否符合社会主流价值观和公序良俗；社会标准就是看法律是否能够反映社会现状、满足社会需要。这些标准在不同层面发挥作用，但归根结底要看法律是否能解决它所针对的社会问题。如果不能解决现实问题，或者实际操作性不强、不管用，它就会成为一纸空文。

立法要解决社会问题，首先需要符合实际，即符合立法所调整的社会关系的发展规律。立法是立规矩，但这个规矩不能出自立法者主观臆断，也不能源

* 朱景文，男，1948 年生于北京市。1982 年中国人民大学法律系研究生毕业。现为中国人民大学教授、中国法学会立法学研究会常务副会长、中国法学会法理学研究会副会长，代表作：《比较法总论》《法理学》《中国法律发展报告》。

于对事物的片面认识，而应考虑到矛盾的方方面面。在有些情况下，立法是否符合实际依赖于科学标准，比如食品安全标准、药品安全标准、建筑质量标准、环境标准等。但在有些情况下，不能单纯以科学标准为依据，还要考虑社会文化等因素。比如一些大城市禁放烟花爆竹的规定，如果单纯从科学标准来看，无疑是科学的，因为燃放烟花爆竹会带来空气污染，带来人身和财产的损害。但从现实情况看，很多人心理上难以接受完全禁放，这里有民俗和文化上的原因。这就需要在禁止与放开之间找到平衡，从禁放改为限放，并在烟花爆竹的生产与销售等环节加以控制，在污染严重时进行管制，从而既满足民俗需要，又让燃放造成的危害降到较低程度。

立法需要扩大民主，广泛征求人民群众意见。当前，公众参与立法的积极性日益提高。近年来，许多与群众利益密切相关的立法草案，如物权法、劳动合同法、个人所得税法等，都征求到十几万条意见。立法起草部门应认真对待群众意见，在归纳整理、合理吸收基础上对草案做进一步修改，必要时再次公布修改草案征求意见。一部法律出台往往需要听取不同群体的意见，如道路交通管理法，既需要征求交管部门的意见，也需要征求驾驶员、行人和保险公司的意见。如果只征求某一方面的意见，立法就可能片面。新修订的立法法规定，由全国人民代表大会及其常务委员会主导立法，因为相对于行政管理部门而言，人大可以更客观公正地综合考虑各方面意见。这就需要在立法权限范围内制定完备的立法程序，严格依照程序进行立法。这是保证立法质量的前提。

此外，必须加强对立法的监督。有权必有责、用权受监督是一项基本法律原则。立法权是一项十分重要的国家权力。因为立法是为国家机关、社会组织和公民个人立规矩的活动，规定什么是合法、违法和犯罪，甚至决定公民个人生命、自由和财产处分。因此，对立法机关来说，行使这项权力必须十分慎重。立法机关拥有立法权，同样负有立法责任，必须遵照立法权限和立法程序进行立法。立法权的行使也需要得到有效监督，当制定的规范性文件不符合宪法法律时，或者立法超越权限、违反立法程序时，也应对立法机关进行问责。立法监督的主要功能是保证法治统一，保证立法符合宪法、下位法符合上位法。扩大设区的市的立法权限，是这次立法法修改的一项重要内容。一方面，中央有专属的立法范围，把握法律在全国统一适用的原则和方向；另一方面，也需调动地方积极性，加强地方立法，在实施中央立法时充分考虑地方特点。立法法把设区的市的地方立法权限制在城市建设与管理、环境保护和历史文化保护等范围内，并在程序上报省级人大常委会批准后施行，这有利于立法监督机制真正发挥作用。

（《人民日报》2015 年 4 月 17 日）

法治要义在治权

卞建林 *

"法者，治之端也。"依法治国是党领导人民治理国家的基本方略，法治是党治国理政的基本方式。全面推进依法治国，必须规范和约束公权力的行使。我国宪法规定，国家的一切权力属于人民。人民通过各种途径和形式，管理国家事务，管理经济和文化事业，管理社会事务。各种公权力必须经由法律授予，这是法治的基本准则之一。对公权力而言，厉行法治，就是要坚持"法有授权方可为，法无授权不可为"，用法治为权力划出边界、为权力定下规矩，把权力关进制度的笼子里。

规范和约束公权力，重点是规范和监督行政权力。党的十八届四中全会《决定》（以下简称《决定》）提出，坚持依法治国、依法执政、依法行政共同推进，坚持法治国家、法治政府、法治社会一体建设。依法行政、严格执法，是依法治国的重中之重。为什么要把行政权力作为治权的重点？一方面是由于行政权力的行使讲究效率、追求政绩，行政权力具有扩张性、主动性；另一方面是由于行政权力的运行机制强调首长负责，上命下从，因此容易膨胀、越界，需要用法律来规制它。依法行政，就是坚持行政合法性原则，即行政机关

---

* 卞建林，男，1953 年 10 月生于江苏省泰兴市。毕业于中国政法大学，1991 年获得博士学位。现任中国政法大学教授，诉讼法学研究院院长、中国法学会刑事诉讼法学研究会会长。代表作：《刑事诉讼的现代化》《中国刑事司法改革探索——以联合国刑事司法准则为参照》等。

及其他行政主体在行使行政权力的过程中必须严格遵守法律，行政主体实施的行政活动必须符合法律规定，包括权限规定、实体规定和程序规定，而不得与法律相违背。违法行为应无效或撤销，违法者必须承担相应法律责任。

加强对行政权力的规范和约束，不仅要防止行政机关乱作为、滥用权力，还要警惕行政机关不作为、懈政怠政。《决定》强调，依法全面履行政府职能，完善行政组织和行政程序法律制度，推进机构、职能、权限、程序、责任法定化。行政机关要坚持"法定责任必须为"。权力就是责任，责任就要担当，领导干部必须用手中的权力为人民谋利益。行政机关执行法律必须坚持权力和责任相统一。行政机关依法履行经济、社会和文化事务管理职责，要由法律、法规赋予其相应的执法手段；行政机关违法或者不当行使职权，应当依法承担法律责任，切实做到管理有授权、执法有保障、有权必有责、用权受监督、违法受追究、侵权须赔偿。

法治的要义在于治权，治权的重心在于治官。《决定》指出，党员干部是全面推进依法治国的重要组织者、推动者、实践者，要自觉提高运用法治思维和法治方式深化改革、推动发展、化解矛盾、维护稳定能力。我国传统法律文化就有强调治法与治吏相结合的内容。治法指的是制定良法，治吏指的是选任贤吏。各级领导干部在推进依法治国方面肩负着重要责任，全面依法治国必须抓住领导干部这个"关键少数"，着力提高政府工作人员依法行政能力，推动全社会形成办事依法、遇事找法、解决问题用法、化解矛盾靠法的良好法治环境。一方面，着力提高领导干部的法治意识，增强其依法办事能力。领导干部要做尊法的模范，带头尊崇法治、敬畏法律；做学法的模范，带头了解法律、掌握法律；做守法的模范，带头遵纪守法、捍卫法治；做用法的模范，带头厉行法治、依法办事。领导干部要牢固树立宪法法律至上、法律面前人人平等、权由法定、权依法使等基本法治观念，对各种危害法治、破坏法治、践踏法治的行为要挺身而出、坚决斗争。另一方面，坚持从严治党、从严治官，深入开展党风廉政建设和反腐败斗争，对任何腐败行为和腐败分子都必须依纪依法坚决惩处，绝不手软。同时，加强制度建设，营造良好社会风气，使党员干部不敢腐、不能腐、不想腐。

（《人民日报》2015 年 5 月 13 日）

道路自信是客观和清醒的自我认识

陈　晋*

改革开放以来，我们在中国特色社会主义道路上探索和前进了30多年，对这条道路的内涵和价值理解得越来越深入，同时对这条道路的未来发展也越来越自觉和自信。为什么这样讲？

首先，道路自信来自历史和人民的选择。这是人们熟悉的话，其核心意思是：走什么路，根本上反映的是历史和人民的意志，而不是哪个人、哪个政党的主观愿望。

中国道路是现在进行时，但也是一个历史过程，它是近代以来中国人民经历艰难探索、反复选择和努力奋斗才开创出来的。中国共产党成立前，有志之士为救国探索、尝试了许多条道路，但都没有成功。中国共产党成立后，不仅同国民党之间有着剧烈的道路之争，同其他中间势力的道路比较和争论也是不绝如缕。这说明，以社会主义为核心的中国道路绝非凭空而来，它是从近代以来各种各样的道路竞争中脱颖而出的，而不是有更好的道路弃而不采，非走这条道路不可。

历史和人民给了所有救国之路充分展示的机会，为什么只有中国共产党

---

*　陈晋，中共中央文献研究室副主任。代表作：《毛泽东的文化性格》《毛泽东之魂》《大时代的脉络和记忆——从五四运动到改革开放》《陈晋自选集》等。担任总撰稿的影视文献片有：《毛泽东》《邓小平》《周恩来》《新中国》《大国崛起》等。

带领人民走出了一条不仅可以救国而且能够兴国和强国的道路？原因很明显，确立了选择，并不意味着这条道路就一定行得通，其前途如何还要看它有没有科学的灵魂，占没占道义的高点，有多少人肯为它的拓展前赴后继探索奋斗。正是在这三个问题上，中国道路在从探索到形成的过程中，演绎出许多惊天地、泣鬼神的动人故事，从而使它从理论到实践、从梦想到现实，风雨兼程地向前发展，选择和跟随这条道路的队伍也越来越壮大。新中国成立时，一些先后走过其他道路的人都认同走社会主义道路，大势遂成。改革开放后，为更好地兴国强国，党领导人民探索创新，终于开创出中国特色社会主义道路，并使它无可争议地成为中国前进方向的最大公约数，成为凝聚人心的一面旗帜。我们说，中国道路是近代以来中国社会发展的必然选择，道理就在这里。从历史和人民选择的角度讲道路自信，根据也在这里。

其次，道路自信来自道路前伸的内生动力。中国道路的探索、开辟和发展过程告诉我们，它是科学社会主义理论逻辑和中国社会发展历史逻辑的辩证统一，因而它不会固步自封，拥有在实践中主动发展的自觉意识和创新动力。

我们常说，中国道路来之不易，主要是指其探索演变和形成发展过程的不易。中国道路并不是一开始就有一个先验的模式然后再去实践它，恰恰相反，它是通过实践探索逐步积累而成的。在中国道路开创之初，我们强调要正确回答什么是社会主义、怎样建设社会主义就必须走自己的路，但这条路是什么样子并不是很清楚。正是通过改革开放这一强大动力，我们对中国道路的认识逐渐清晰起来。中国道路的这种前进方式，表明它既不是一个自我封闭的体系，也不是一个无限开放的体系。它有不变的灵魂，这就是科学社会主义的基本原则；它有与时俱进的鲜明品格，这就是在实践中、在吸收消化人类优秀文明成果的基础上不断创新，进而丰富和发展自己。这样的理论逻辑和历史逻辑，在今天鲜明地体现在中国特色社会主义的实现途径、理论指导和制度保证之中，从而强化了中国道路不断拓展前进的内生动力。党的十八大以来，我们党提出协调推进"四个全面"战略布局，再次表明中国道路是能够适应新形势、解决新问题，从而得以不断丰富和完善的。拥有强大内生动力的中国道路，是值得人们信赖并充满信心的。

此外，在探索和开创中国道路过程中，我们还拥有正反两方面的经验，由此得出"既不走封闭僵化的老路、也不走改旗易帜的邪路"这个结论。这个结论表明，对中国道路该怎样坚持和发展，我们有刻骨铭心的体会，有深入敏锐的自觉，知道它的哪些内容还不完善因而需要发展，哪些内容是其根本支撑，动摇了就会前程尽毁。所谓道路自信，盖也缘此而生。

最后，道路自信来自当代中国的成功实践。中国道路在前进过程中经历了各种严峻考验，创造了世人瞩目的奇迹。实践的成功是最大的自信，在其他国情土壤上生长出来的道路说教，很难与本土生长的"成功"辩论。

曾经沧海难为水，阳光总在风雨后。中国道路是经过非同一般的考验才走到今天的。在国内，我们经历了经济上的起伏、政治上的风波、思想领域的纷扰乃至自然灾害的肆虐；国际上，从苏东剧变开始，在一连串实质上是道路之争的各种"颜色革命"与"阿拉伯之春"所掀起的风浪中，中国都站住了，靠的是什么？就是中国道路。改革开放以来，中国发展取得伟大成就，无论是同自身纵向比，还是同改革开放之初在同一起跑线上的其他发展中国家横向比，都足够令人自豪。靠的是什么？还是中国道路。这条道路打破了发展中国家在现代化进程中对西方路径的简单依赖，同时也破解了发展中国家在现代化进程中不容易处理好的改革与翻船、发展与稳定、开放与自主这三道难题，从而使我们比历史上任何时期都更加接近中华民族伟大复兴的目标。道路决定命运。在涉及国家前途的道路问题上，在业已证明道路成功的情况下，来不得半点庸俗的谦虚和无谓的自卑。

（《人民日报》2015 年 5 月 15 日）

拉动法治的三驾马车

高鸿钧[*]

    全面依法治国，是国家治理领域一场广泛而深刻的革命，开阔了法治格局、丰富了法治内涵、拓展了法治外延。法治是规则之治，没有规则就无法治。在法治下，所有人都应遵守规则，不允许任何人处于规则之外或凌驾于规则之上。法治是立法、执法、司法、守法的统一，需要多方面力量推动实现。

    法治经济。仓廪实而知礼节，衣食足而知荣辱。经济是社会生活的基础。市场经济是自由交易经济，但市场交易有效有序进行的一个基本条件就是法治。只有实行法治，才能充分发挥市场配置资源的决定性作用。只有公平竞争和有序博弈，市场经济才能健康发展。公平竞争就应有规则，有序博弈就须有程序。在现代社会，这些规则和程序主要以法律的形式存在。就此而言，市场经济就是法治经济。法律明确界定和有效保护产权，务使有恒产者有恒心，不断扩大再生产；法律保障交易安全，促进物尽其用、货畅其流，增加经济总量；法律规范市场秩序，有效防止霸王条款和劣币驱逐良币，维护市场健康运行；法律抑制市场竞争带来的负面效应，防止赢者通吃，救济困难群体；法律公正地解决纠纷，防止市场变成丛林世界。法治经济是法治的第一驾马车，推

---

    * 高鸿钧，男，1955 年生于黑龙江省海伦市。1984 年中国政法大学研究生毕业。现为清华大学法学院教授，享受政府特殊津贴。代表作：《哈贝马斯、现代性与法》《商谈法哲学与民主法治国》《法律移植与法律文化》。

动健全社会主义市场经济法律体系，倡导能动司法，维护司法公正，促进法律服务业发展。

法治制度。法治制度的基石是宪法。现代国家以宪法为起点，没有这个起点，国家政权就缺乏基本法律基础。树立宪法权威，就是要求任何人都必须服从宪法。只有这样，才能维护国家统一，确保法律具有正当性，从而有效整合社会。法治与民主密不可分，法治只有得到民主的滋润，才能根深叶茂、有效运行。反过来，民主只有在法治的架构内才能有序实施、持续发展。公民只有积极行使民主权利，如选举权、知情权、监督权，民主才能生机勃勃。法治制度的关键是制约公权，就是以法律制约权力。只有这样，才能使任何一种权力都无法凌驾于法律之上，从根本上解决权力滥用问题。法治制度的保障是司法。司法是否公正，对法治至关重要。人们往往从个案中感受是否公正。司法审判的中立性和解决纠纷的程序性，有助于当事人和社会公众接受裁决结果，防止纠纷群体化和冲突组织化。此外，司法制度的确立和运行，可以维护宪法权威和法治统一。可见，法治制度这驾马车，主要是形成社会秩序、规范权力运行、保护公民权利。

法治文化。文化的深层因素是道德观念和伦理价值。法治文化是一个国家文化的重要组成部分，植根于特定民族或国家的历史传统。一般说来，没有合适的法治文化，法治经济和制度无论多么健全先进，都无法有效运行。法治文化涉及法律信仰，法律不被信仰就形同虚设。从国外移植的法律制度，如果缺少法治文化支撑，就会水土不服，无法落地生根、开花结果。实际上，中国传统文化中蕴藏着丰富的法律文化资源，如"民贵君轻"的民本主义、"法不阿贵"的平等观、"伐放暴君"的反抗专制精神等。对于这类法律文化，可以进行转化和升级，使之适应现代社会。对传统法律文化加以提升和发扬，有助于在民族文化基础上形成现代法治文化。这种法治文化具有本土文化血脉和话语根基，易于得到人们的认同和信仰。法治文化这架马车，主要解决法治运行的价值基础问题，培育全社会对法治的信仰。

（《人民日报》2015 年 5 月 20 日）

法的正义逻辑

孙国华 *

正义属于哲学范畴、伦理学范畴，也是法学范畴。法律的重要价值之一，就在于它是调解人们利益关系、化解矛盾、伸张正义的手段和艺术。然而，正义的实体是什么？到底什么是正义？这是法学首先必须回答的问题。

法所需要确立的是一个个具体的，被人们认为是公道的、正义的，表现为公共权力认可的权利义务关系、利益关系。法是文明社会的产物，是人类文明、文化的结晶。人类进入文明时期后，人们之间经济的、政治的、家庭的、社会的等各种关系都会打上文明烙印。在法律领域，各种社会关系是法律关系形成的事实根据，而法律关系为这种事实关系确定框架、方向，让社会关系按照人们需要的价值观、正义观形成和发展。"法"一词，以及许多民族语言中相当于中文"法"一词的词语，都有"平的""正的""直的""对的"的含义。但是，正义涉及的范围更为宽泛，我们可以把法学中讲的正义理解为国家政权认可并保护的正义，是披上了法律形式的正义。从这个意义上我们可以说，作为法的本体的、由国家认可的权利义务关系，就是人们通过公共权力在一定时间、地点和条件下所认同的正义。

---

　　* 孙国华，男，1925 年生于山西省阳高县，1950 年入中国人民大学法律系，为第一期研究生。中国人民大学首批荣誉教授、新中国马克思主义法理学科的奠基人之一。代表作：《法理学》《社会主义法治论》《法的形成与运作原理》。

对于正义，马克思主义是把利益作为考察基础的。如马克思所说："人们奋斗所争取的一切，都同他们的利益有关。"一定的利益关系就是公平、正义的客观实体，公平、正义是一定的人们对这种利益关系的评价。人们之间在一定条件下达到利益上的均衡，就可被各方评价为"公平的""正义的"。均衡也就是平衡，指博弈各方在博弈中达到一定的互相认可状态。当然，随着条件变化，利益均衡也会发生变化，人们的正义观也就会起变化。所以，正义总是同利益紧密相关的，是利益博弈的结果和表现。马克思主义认为，一切对人民有利的行为，一切对人类社会进步有利的事情，都是正义的。生产关系表现为利益关系。当一定的生产关系已不适应生产力发展时，必然会导致广大人民群众反对，社会上大多数人曾经认同的正义就会发生危机，这时就到了生产关系改变的时候。也就是说，这时严重阻碍生产力发展的旧制度的瓦解与适合生产力发展的新制度的诞生，已是不可避免的了。

中国特色社会主义法治体系所遵循的正义，必然是以各族人民群众的根本利益、社会进步和人类解放的利益为基础的正义。我们必须努力建立符合广大人民群众利益的制度，而这种制度也必须是适应生产力发展的制度，有了这样的制度才能解决现实民生问题。然而，这种制度的具体形态却是不容易找到的，因为一个人、一个政党、一个国家对自己真正的需要和利益形成正确认识是不容易的。这既需要科学的探索和论证，又必须有民主的体制、民主的环境、民主的精神和作风，还需要经受实践的检验、不断的校正。中国特色社会主义理论和道路形成的历史、中国特色社会主义法治国家的理论和基本方略形成的历史，充分说明上述理解的正确性。解决公平、正义的问题，不仅要求解决民生问题，而且必须解决人们的正义观、价值观问题。相应正义观、价值观的形成，是维护一定公平正义的必要条件。

立法中的正义问题是建立合理制度的问题，是改变、创新法制，确立分配利益标准的问题。而执法、司法中的正义问题，则是贯彻维护已确立的标准、制度，使之在稳定中进一步发展、完善的问题。二者相互联系、相互制约。不过，与确立制度的立法相比，执法、司法中的正义则更多地引起群众的密切关注。执法、司法方面的不公正最为群众所不能容忍。所以，必须坚持科学立法、民主立法与严格执法、公正司法一体推进，让人民群众在每一个案件中都感受到公平正义。

（《人民日报》2015 年 5 月 25 日）

善心执法才是真诚尊法

金　碚[*]

最近，我在西部一个城市的机场登机安检时，随身携带的一把小刀被安检员决然告知不可带入。我向她解释，此小刀在国内和国外诸多机场已通过上百次安检。但那位安检员坚决地说："我说不行就是不行！"一把小刀并无多大价值，但不可理解的是，为什么这个机场的这个安检口可以如此与众不同？其实，我曾咨询过有关安检专家，了解相关规定。于是，请来安检负责人进行评断。这位负责人完全是另一种态度。他说，乘机不能携带刀具确是一般规定，但也有一定的自由裁量空间，只要小刀不超过一定的尺度，出于对乘客需要的理解，安检员有权酌情放行。他仔细查验了我的小刀，决定允许携带。

这次安检遭遇引起我深入思考关于制度改革和制度执行的问题：为什么要赋予执法者一定的自由裁量权？执法者如何运用自由裁量权？当我们说"制度是死的，人是活的"的时候，其合理限度是什么？

很显然，如果执法者自由裁量权过大，以致留下"任性随意"甚至以权谋私的较大空间，就可能导致执法不公；但如果执法者没有自由裁量空间，那么，被管理者实际上就被置于"不由分说"的境地，执法者也就如同没有任何

---

*　金碚，男，1950年生于江苏省苏州市吴江区，1989年毕业于中国人民大学经济学系，经济学博士。现任中国社会科学院学部委员，享受国务院政府特殊津贴。在产业经济学和企业理论等研究领域建树颇多，代表作：《发展中国家经济发展战略》《中国工业化经济分析》等。

反馈功能的机器，绝无酌情适法的可能。后一种情况在现实中并不少见。例如友人说过，他所在单位规定出差费用报销必须有点对点往返车（机）票。所以，他出访回国如果接着顺道直接飞到另一城市参加会议，就无法报销差旅费；而必须先飞回本单位所在城市，再往返参加另一城市的会议。再如，一位大学校长告诉我，他作为一个国际委员会的委员出席在国外召开的为期7天的会议，却无法全程参会，因为按制度规定，他因公出访一个国家（包括途中）的时间最多只有5天，绝对不可突破。冰冷僵硬的执行方式和实施细则，显然有损制度效率和法治威信。

在前述乘机安检故事中，不放行算是严格执行制度，似乎也没什么错。但此时执法者缺乏善心，如同机器一般"铁石心肠"。而行使自由裁量权决定放行者，却展现了善心，体谅被管理者的合理需要，在制度允许范围内尽可能与人方便、遂人所愿。这就赋予制度以人性，体现了"以人为本"之意。这也体现了亚当·斯密在《道德情操论》一书中所论述的人类善心——同情心。没有同情心的社会是没有价值理性的。可见，自由裁量权实际上是为执法者的善心和同情心留下空间。当然，问题还在于执法者是否确有善良之心。

推而广之，中央出台一项改革措施，制定了原则性制度，通常要求各地区各单位制定细化的执行规则。那么，如何细化呢？可以是层层加码，使具体执行中没有任何回旋余地，实施细则演变为密不透风的壁垒，细化成僵化，执法官僚主义化；反之，制度细则也可以是实施程序的规范化、透明化和便利化，执法者有展现善心的空间，凡适法办理者均可畅通无阻。总之，执法为民体现为善意执法、便利大众。

问题的实质是，制度为何而立？建立制度无疑是为了维护秩序，避免混乱和腐败。不过，任何制度都有交易成本，降低制度的交易成本是改革的基本方向，如此才能产生改革红利。尽管规章制度必须一视同仁，但面对纷繁复杂的现实，往往有些"笨拙"，因为制度的制定和修改往往赶不上现实的变化。因此，成文的制度总是需要给执法者一定的自由裁量权，以免削足适履和执法失度。

问题的另一个实质是，执法者如何对待和行使自由裁量权？出于私心还是善心？该"一刀切"处必须"一刀切"，不留枉法余地；但无私严明执法，也应有同情善意。法网恢恢、疏而不漏并非森严壁垒、密布障碍。制定交通规则是为了人车安全畅行，实施财务制度是为了资金流动周转。执法者不是麻烦制造者，而是便利促进者。"办不成任你活该""通不过不关我事"，这是执法者缺乏善心的偏执心态。

执法者须谨记：依法治国，实为善法当道。缺乏善心的执法必以销蚀民心为代价，甚至可能破坏制度本身的民心基础。法治的理性和善意总是体现在执法过程中，善心执法传递良法理性，而冷漠执法则可能毁掉原本合理的制度安排。所以，善心执法实为真诚尊法，是国家治理能力的关键因素之一。

（《人民日报》2015 年 5 月 25 日）

将政治设计纳入研究视野

王邦佐 *

清人赵翼论诗说："预支五百年新意，到了千年又觉陈"。这生动地说明，即使很超前的创新，在一定历史阶段后又会为新的创新命题所取代，社会生活永远处在"日日新"的变动之中。

中国政治学是在邓小平同志亲切关怀下，在改革开放后得到恢复和发展的。今天，政治学研究已涵盖社会生活多个方面，为推动改革开放和政治发展作出了重要贡献。但面对日新月异的社会变迁和改革发展稳定形势，尤其是面对协调推进"四个全面"战略布局的新实践，政治学迫切需要拓展研究视野。其中，加强政治设计研究是拓展政治学研究一个非常重要的学术方向。

应当看到，这些年我国政治学界在政治设计研究方面取得了一些比较扎实的成果。比如，秦德君所著《政治设计研究：对一种历史政治现象之解读》一书，在对历史上政治设计作系统梳理的基础上，对政治设计的功能、价值、范式、历史渊源、技术规范、现实运用等提出了许多新见解。但从总体上看，这方面的深入研究还非常少。

政治学的产生源于社会生活的深层需要。2300 多年前，亚里士多德在《政

---

　*　王邦佐，男，1934 年 6 月生于湖北省武汉市蔡甸区，1960 年毕业于复旦大学历史学系。曾任上海师范大学校长、上海市社科联党组书记，现为中国政治学会顾问。著有《执政党与社会整合》《中国政党制度的社会生态分析》《政治学与当代中国政治研究》等。

治学》一书中指出："政治学术本来是一切学术中最重要的学术，其终极（目的）正是为大家所重视的善德，也就是人间的至善。"政治设计作为人类历史中一道厚重多彩的景观，与整个人类精神和社会生活密切相关。政治设计是容纳了丰富历史经验和政治智慧的社会实践，它从本原上影响一个社会的"合理"程度，其目标是亚里士多德所说的实现公共生活的"善"。同时，政治设计是有着系统方法论的经世致用的社会技术。

历史经验表明，很多重大社会问题的解决，单单靠"讲道理"是不够的，更需要以科学方法和思维进行制度、体制等方面的建构和创新。比如，即将展开的"十三五"规划在一定意义上就属于一种政治设计。制定指导性强、科学性高的规划，对于我国国民经济和社会发展无疑具有重大作用。再如，把反腐败的希望寄托于"人性完善"是靠不住的，为政清廉不仅要靠人的自律，更要靠制度约束，需要设计和创制科学的法律制度。

经过改革开放30多年的快速发展，我国社会生活发生了翻天覆地的变化，我们已经有条件对重大问题通过政治设计的思维和技术方法进行深入研究，从而更为系统、有效、择优地解决这些重大问题。现阶段推进政治设计研究，至少有三个方面的现实需求：一是从学理上梳理、归纳历史演进中政治设计的基本实践与基本类型，并探寻其背后的历史动因；二是对人的主体性、主体精神在历史发展中所起作用及其与"社会自发秩序"的互动关系进行深入研究；三是进一步吸纳政治设计的历史经验，遵循科学方法，为今天的政治发展尤其是推进国家治理体系和治理能力现代化、协调推进"四个全面"战略布局提供优质的资政参考。比如，当下中国特别需要推进法治和制度建设，建立健全刚性规则体系，真正把权力关进制度的笼子里。

改革开放以来，政治学研究取得了很大成就，但也存在诸如创新不强、思想比较老旧、长期跟踪研究不足、科学规范不够、理论提升不够、数量分析不够等问题。社会生活一日千里，政治学作为一门与社会生活有着较强联系的学科任重而道远。政治学研究者应发扬关注现实生活的传统，将政治设计引入政治学研究，更多通过政治设计的方法、技术为重大公共决策提供切实有效的智力支持。

（《人民日报》2015 年 5 月 26 日）

促进传统行政管理思想古为今用

夏书章 *

行政管理学是一门应用性很强的学科，需要在深刻了解国情的基础上，坚持理论联系实际，根据现实情况进行研究。从学科发展来说，借鉴国外的成功经验是必要的，但生搬硬套别人的东西是不行的，有时甚至是危险的。我们建设的是中国特色社会主义，我国的行政管理和行政管理学也应具有中国特色。

我国有着丰富的优秀传统文化，其中包含大量的行政管理思想。这是我们进行学科研究的宝贵财富，应从中汲取营养，推动行政管理学研究。有时候，我们自己没注意的东西，国外却很重视。例如，西方将《孙子兵法》视为战略学和管理学的经典著作，还有人认为《论语》和《孟子》是最早的行政管理学著作。有些人研究行政管理学，容易跟着西方理论走，忽略中国的思想精华。而本土思想恰恰是我们应该高度重视的，应将中国传统智慧视为中国特色的一部分，作为我们超越西方理论的重要突破口。

国内外许多学者对中国传统管理思想很感兴趣。有国外学者说，中国的儒家思想将成为21世纪管理学的重要内容；亚洲一些国家经济快速发展，很重要的一个原因就是将儒家思想运用于现代经济社会管理。需要说明的是，尽管

---

* 夏书章，男，1919年1月生于江苏省高邮市，早年毕业于原国立中央大学政治学系和美国哈佛大学立陶尔行政管理学院，1947年起在中山大学，是中国当代行政学的主要奠基人。现为中国行政管理学会名誉会长。著有《行政学新论》《市政学引论》等。

儒家思想在我国古代社会曾长期处于主导地位，但说到中国传统管理思想，其实包括诸子百家的思想。

现代社会竞争异常激烈，管理者要想自如应对错综复杂的环境和挑战，并且立于不败之地甚至获胜，难度很大。"审时度势""因势利导""扬长避短"等都是非常实用的管理战略。在中国传统管理思想中，这样的例子还有很多，值得管理者和企业家去学习借鉴。如《孙子兵法》本来是研究如何用兵打仗的，但我们发现，其基本原理、基本原则也适用于现代管理，对做好管理工作和提高行政效率也有积极价值。道理很简单，兵法旨在取胜，管理和提高行政效率的要义也在于克服困难、排除障碍、获得成功，二者是相通的。

中华民族创造的优秀文化成果对人类社会作出了重要贡献。对于民族文化中的优良传统和合乎民主、科学原则的精华，我们应当加以继承和发扬光大。只要稍加留意就不难察觉，中国自古流传下来的许多言简意赅的真知灼见和至理名言，与现代管理中的一些重要原则惊人地不谋而合。例如，关于决策和咨询的"多谋善断"，关于防患于未然的"曲突徙薪"，关于效率的"事半功倍"，关于改革的"日日新，又日新"，关于理财的"开源节流"等。

古为今用，不仅在中国有，在外国也有，其精神实质就是将前人的智慧、经验服务于后人的事业，使后人少走弯路、快见成效。做到古为今用，需要下一番功夫，整理、总结、分析、研究和选择，运用唯物辩证的观点进行考察。尤其是在行政管理方面，原则、理念、方法等不可避免地具有时代局限性，需要去粗取精、去伪存真。中国历代王朝的兴衰存亡，莫不有着行政管理方面的经验教训。

（《人民日报》2015 年 6 月 5 日）

当今世界经济发展趋势及其应对（之三）
共同应对发展挑战

中国与亚洲：迈向"命运共同体"

周文重[*]

博鳌亚洲论坛 2015 年年会主题为"亚洲新未来：迈向命运共同体"。在开幕大会上，习近平主席围绕中国与亚洲国家的经济合作阐述了一系列重要观点，引起国际社会广泛关注。

亚洲市场潜力巨大，加之劳动力、自然资源、社会结构等综合支撑作用得到有效发挥，亚洲地区成为全球经济发展的亮点。当前，在全球经济复苏缓慢的背景下，如何优化发展战略、推动变革创新、转变经济发展方式、调整经济结构、开拓新的发展空间，是亚洲各国和地区面临的共同任务；如何进一步携手合作，建设更为紧密的命运共同体，应对挑战、创造机遇，是决定亚洲命运的重大课题。

全球经济仍处于国际金融危机后的深度调整期，低增长、低通胀、低需求同高失业、高债务、高泡沫等风险交织，主要经济体走势和政策取向继续分化，经济环境不确定性依然突出。大多数发达经济体无力恢复到危机前的增长水平，而一些新兴经济体则遭遇逆风，难以维持以往的强劲增长，甚至面临金融资产在市场上被抛售的局面。

---

　　* 周文重，男，1945 年 8 月生于江苏省。毕业于对外经济贸易大学，获美国马里兰大学荣誉公共服务博士。是第十一届、十二届全国政协常委，现任第十二届全国政协外事委员会副主任、博鳌亚洲论坛秘书长。著有《出使美国（2005—2010）》、主编《纵谈天下事——与专家共同探讨》等。

亚洲几大主要经济体均面临发展挑战。中国处在主动转型、调整经济模式的过程中，正在积极适应和引领新常态；印度虽然经济增速较高，但面临基础设施不足等增长瓶颈；日本经济依旧低迷，安倍经济学未能显现威力。包括东盟国家在内的其他经济体对外依赖度较高，加之地缘因素所带来的不确定性，未来一个时期压力仍然较大。

在这种背景下，中国以负责任大国的姿态提出多种合作共赢方案，致力于为亚洲描绘更加美好的未来。从推动"一带一路"建设，到筹建亚洲基础设施投资银行，在打造亚洲"命运共同体"的工程中，中国从制度安排到模式设计都以积极姿态承担重要责任。在今年的博鳌亚洲论坛年会上，习近平主席阐述了"一带一路"及亚洲基础设施投资银行的战略意义，赢得国际社会积极评价和反馈。中国倡导的合作模式瞄准亚洲国家和地区加强经济往来的硬件障碍，以金融合作为杠杆，大力改善基础设施建设，构建区域开放合作新模式，为亚洲打造新未来提供了现实可行路径。

加大亚洲基础设施投资，具有显著现实意义，将为亚洲未来数十年的健康发展夯实基础。在很多亚洲国家和地区，薄弱的基础设施明显阻碍经济发展，亚洲整体基础设施建设资金缺口高达每年 8000 亿美元。而亚洲基础设施投资银行的创设，是对原有融资渠道的有效补充，将利用亚洲乃至全球其他经济体的流动性推动亚洲经济升级。"一带一路"建设将惠及沿线经济体，产生多赢效果。扎实推进"一带一路"建设，将极大促进相关国家和地区的优势产能和技术引进来、走出去，实现优势互补，在一个宏大架构中更加科学地配置资源，带动亚洲及沿线其他国家经济增长。

亚洲"命运共同体"未必像欧洲那样使用统一货币，而是谋求提升在国际金融体系中的话语权，扩大亚洲货币在全球贸易与结算中的使用。长远来看，中国倡导的合作模式将为提升亚洲经济体在全球的重要性以及改善全球金融体系作出关键性贡献。中国正在推动亚洲企业之间及其与全球伙伴之间的竞争与合作，印度塔塔集团与中国小米公司的合作就是一个范例。

过去半个多世纪，亚洲为全球经济发展作出了重要贡献。开放与合作也使亚洲新兴经济体成为从经济全球化中受惠最多的地区。如今，亚洲国家不仅是全球重要的制造业中心，也为世界经济创新和改革不断注入新动力。未来，亚洲国家和地区包括"一带一路"沿线国家的经济社会发展，对于构建良好的国际经济社会秩序至关重要。在可预见的将来，在迈向"命运共同体"的道路上，实现"联通亚洲"指日可待。而中国经济的转型与改革，在亚洲"命运共同体"形成过程中将发挥更大作用。

（《人民日报》2015 年 6 月 7 日）

中西古代政治学说之比较

刘泽华 *

"政治"是政治学中最基本的概念。它是一个历史范畴，与国家相伴而生，又随着社会的发展而不断改变其内容及活动的形式和范围。以这一概念为线索，结合中西比较，可以更好地理解中国古代政治思想和学说。

"政治"一词的本义，在中国和西方有所不同。在西方，"政治"源于古希腊语的"城邦"（城市国家）一词，政治学即"国家学"。在中国古代，"政治"通常称为"政"或"治"，主要指布政治事，"治者理也""劳心者治人"。这就是说，政治的活动方式是"治"，"治"的对象是"人"，"治人"的目的是使之安定、有秩序、服从管理。"在君为政，在民为事""政者事也"。"为政""从政""执政"即行使权力、治理国家。"政"又称为"刑政"，主要指一种统治手段。中国古代的"政体"一词虽也涉及制度，但主要是指统治方略。由此可见，中国古代所说的"政治"，主要指治国之道。

然而，如果据此推定中西方古代政治学说在对象、内容和范围方面有重大差异，或认定中国古代政治学说仅关注治国之道，就会失之偏颇。其实，中国古代的"政"与"治"是包括国家制度问题的，如人们议论政治

---
　　* 刘泽华，男，1935 年 2 月生于河北省石家庄市。南开大学历史系肄业。已退休，获"南开大学荣誉教授"之称。主要从事中国政治史、政治思想史研究。著有《中国的王权主义》《中国政治思想史集》（三卷）等。

时常讲"政者，正也""政者，制也"。既然政治的目的之一是率民遵循正道，就必然需要定制、立法、制礼，这就涉及确立政体、制度、法律及行为规范等一系列问题。国家与法的问题一直是中国古代政治学说所关注的重大课题。以现代意义上"政治"一词为标准去考察，不难发现，中西方古代政治学说虽各具特点、各有侧重，但所涉及的对象、内容和范围并无大的差异。

比较而言，中国古代政治学说的确更偏重治国之道的研究。这个特点可能与中国很早就确立了君主专制制度有关。古希腊的亚里士多德面对的是众多城邦组织该如何选择理想的国家制度问题，他的学说必然以国家理论为中心。西欧中世纪的政治学说以教权与王权哪一个应居于最高地位为中心课题。资本主义生产方式产生以后，人们力图以人权代替神权、以国家代替教会，因此致力于重新解决关于国家体制和建立原则的认识问题，从理论上证明各种经济关系和社会关系不是由教会和教条创造的，而是以权利为依据、由国家创造的。西方政治学说之所以更重视国家与法律问题，固然与学术传统有一定关系，而现实的政治需要才是根本原因。资本主义制度确立之后，现代西方政治学开始把目光移向如何维护这种制度，其学术重点也因此而转向政府决策、政治参与、政治行为、政治文化等。这个变化很像中国古代的情况：大一统制度确立以后，大多数思想家更关注治国之道。

总体而言，中国古代政治学说以国家政权为中心，兼及各种政治现象，提出系统政治主张。应特别指出，中国古代国家政权的核心是君主制度。以儒家政论为例，儒家是以"礼"来概括自己的政治学说的。礼的核心问题是社会政治结构、国家政体及相应的政治规范。儒家以天道、人性、道德论证君主制度、等级制度的绝对性，然后以此为前提，讨论王道仁政及礼乐刑政等具体的治国之道。儒家的政治学说几乎包纳了中国古代的一切政治现象，其他学术流派的政治学说大多与之类似。法家的政治学说则显然是典型的以君主为核心的"国家论""法制论"。

中国古代政治学说包罗万象，有时还与其他领域的学说理论交织在一起。因而在研究中国古代政治思想时，研究的内容和范围宁失之于宽，勿失之于狭。除了关于国家、政体、法制的理论，还应根据中国古代政治学说的特点，关注政治哲学、社会模式理论、治国方略与政策理论、政治实施理论、政治权术与政治艺术理论、政治道德理论等，关注其他门类学术理论中所包含的政治理论内容。

（《人民日报》2015 年 6 月 23 日）

法律文化需要自己的"底盘"

高鸿钧 *

法律文化是近年来法学界讨论比较多的话题之一。法律与文化以及法律制度与法律文化之间存在密切联系。文化能够作用于并塑造法律制度的模式。法律文化把文化的基本价值和主要精神传递到法律制度中去。法律制度作为一种外显的规范性结构,它反过来又规范作为观念形态的法律文化,并由此形成了互动。

不同国家法律制度之间的差异很大程度上源于法律文化的差异。一般说来,一个社会中法律制度与法律文化越协调一致,法律制度的运行效果就越好。因为在这种情况下,法律的内在精神与法律的规则形式融为一体,法律制度与法律文化契合度高,法律规则不再是一种外迫工具,而是一种内信价值,由此遵守法律成为人们的自觉行动。反之,如果法律制度与法律文化相互冲突,法律制度就得不到人们的认同,法律就会名存实亡。法律制度的变化相对容易,立法者可以在短时间内实现法律制度的除旧布新,但他们无力通过命令改变这个国家、这个民族的法律文化。法律文化的变化相对缓慢,在许多社会,传统法律制度废除之后,传统法律文化却往往继续存在。

* 高鸿钧,男,1955 年生于黑龙江省海伦市。1984 年中国政法大学研究生毕业。现为清华大学法学院教授,享受政府特殊津贴。著有《哈贝马斯、现代性与法》《商谈法哲学与民主法治国》《法律移植与法律文化》。

本土法律文化是一个民族或国家土生土长的法律文化,外来法律文化是从外族或外国传入、引进或输入的法律文化。大量实例表明,强制推行外来法律文化往往事与愿违,会引起本土法律文化与外来法律文化的冲突,最终是本土法律文化受到严重破坏,而外来法律文化也无法开花结果。改革开放以来,大量外来法律文化进入中国。但是,中国传统法律文化历史悠久、根深蒂固,并没有伴随外来法律文化的进入而退出历史舞台,它仍然影响着人们的法律态度和行为模式。

毋庸讳言,中国法治建设需要自己的"文化底盘"。如果法律制度与法律文化脱钩,就会导致诸多问题。法律如果脱离大众情感和信仰,会使法律目标功利化,成为强制规则而不再是意义载体。应保持法律制度与法律文化之间的联系,使法律制度植根于文化土壤,这样才能确保法律制度健康发展。

当然,对中国传统法律文化的价值应加以区分和鉴别,而不应"照单全收"。从现代适应性角度考察,传统法律文化价值大体可分为三类:一是完全过时的价值,二是不完全过时的价值,三是完全不过时的价值。第一类如"三纲"之类不平等价值观、"守节"之类泛道德义务观、严刑峻法的重刑主义等,对此类应加以摒弃。第二类如"民贵君轻"的民本主义和"法不阿贵"的平等执法诉求等,对此类价值可以进行"版本升级",使之具有现代适应性。第三类如"天人合一"和"道法自然"的天道观、"道并行而不相悖,万物并育而不相害"的宽容观、"一言既出,驷马难追"的信义观、"天下人皆相爱"的兼爱观、"己所不欲,勿施于人"的道德观等,此类价值应加以发掘提炼。

我们可将具有现代适应性的文化价值作为法律价值的"底盘",然后构建中国的现代法律文化,并通过法律文化的中介,把中国文化与现代法律制度联结起来。这样,传统的文化价值会获得新的生命力,而建立在这种法律文化基础上的法律制度不仅具有现代功能,而且会成为中国文化的价值载体。同时需要考虑到,法律制度不是抽象符号,法律制度运行效果对于法律文化具有重要影响。如果法律制度的运行效果不佳甚至与法律制度的目标和初衷相违,那么,就会扭曲和消解法律制度的功能和价值,进而影响公众的法律信念。因此,国家机关及其工作人员奉公守法和严格执法,会对现代法律文化的形成、确立和发展产生良好示范作用；反之，执法者胡作非为，会严重妨碍和颠覆现代法律文化。与此同时，司法机构的形象对于法律文化也会产生十分重要的影响，确保司法公正是促进现代法律文化形成和发展的重要途径。

（《人民日报》2015 年 7 月 13 日）

注重探索古代政治思想核心价值

曹德本 *

研究中国古代政治思想，应适应时代变化，拓展更为广阔的学术视野，探索中国古代政治思想的核心价值，古为今用，为中国特色社会主义建设服务。

中国古代政治思想有一个核心价值系统，这就是修身、治国、平天下。

修身，是指实现理想的人格和完美的道德境界，其目的是治国、平天下，内容包括人性论、修养论、境界论一整套修身之道。人性论奠定修身的理论基础。人性问题是一个历史悠久而又内容丰富的问题，历代思想家通过对人性论的阐发，来说明能否通过修养而达到理想的精神境界，从而为修身奠定理论基础。讲人性是为了讲修养，人性论主要解决人为什么要修身的问题；而修养论则说明怎样修身，是讲修身的方法和途径问题。境界论展现了修身的理想追求。境界论是关于追求人生理想精神境界的理论，它以人性论为基础，以修养论为途径，最终目标是实现理想的道德境界。当一个人的修身达到理想的精神境界时，就会保持内心的淡泊与宁静，不会在物欲之海中随波逐流，对身外之物，则"来也不御，去也不追，乘夫天理，各安其性"，在得失之间顺其自然。当一个人修身到挣脱物欲的束缚，达到不为物累的境界，也就练就了做人的真功夫，无论做什么，都

---

* 曹德本，男，1943 年 6 月生于辽宁省盖州市。清华大学马克思主义学院教授、博士生导师，中央马克思主义理论研究与建设工程《中国政治思想史》第一首席专家。著有《中国传统思想探索》《儒家治国方略》等。

能与做人统一起来，做官讲官德，做生意讲商德，做学问讲文德。中国古代政治思想非常注重修身之道，认为树立并保持一个人的形象是立身处世的基本功。

治国，是指治理国家的基本方略，以义利统一作为治国的伦理准则，以任人唯贤作为治国的关键环节，以民本文化作为治国的核心内容。物质利益是社会生活的基础，也是人生活的第一需要，这个问题解决得好与坏，关系治国遵循什么样的伦理准则问题。义利统一思想作为确立道义与利益关系的原则，引导人们在物质利益面前以道义为重，使治国有一个可以遵循的伦理准则。中国古代政治思想还很注重官吏的素质，强调对官吏的选拔、任用和处罚应遵循一定的准则，从而形成吏治之道。在用人之道上，主张任贤选能，认为让贤者在位、能者在职是治国的关键环节。中国古代政治思想讲治国有一个核心内容，就是以民为本，形成了内容丰富的民本文化。民本文化主张国以民为本，以安民为务，治国应爱民、重民、宽民、足民、富民，通过对民的治理，实现社会稳定，从而达到长治久安。

平天下，是修身、治国的最终理想目标，这个理想目标就是实现世界大同。中国古代政治思想所讲的"天下"，意在普天之下，也就是古代意义上的"全世界"。梁启超讲"中国则于修身齐家治国之外，又以平天下为一大问题……而其理想固以全世界为鹄也"。中国古代政治思想所讲"平天下"的含义有三个层面：第一是指天下公平。《礼记·礼运》中论述"天下为公"，黄宗羲谈到"天下之大公"，王夫之也论述"天下之公"，都是指天下公平。第二是指天下均平。《礼记·乐记》中阐发"平均天下"，朱熹认为"平天下，谓均平也"，赵南星谈到"齐治均平"，都是指天下均平。第三是指天下和平。《礼记·乐记》讲"天下皆宁"，荀子主张"一天下"，丘浚讲"天下享和平之治"，都是指天下和平。中国古代政治思想论平天下，就是追求天下公平、天下均平、天下和平，实现世界大同的理想目标。

深入探索研究中国古代政治思想的核心价值，弘扬其积极因素，清理其消极因素，实现其创新性发展，对于今天加强官德修养、发展社会民生、实现国家长治久安乃至世界和平发展，都具有重要意义。

（《人民日报》2015 年 8 月 3 日）

在国际比较中坚持和拓展中国道路

徐崇温 *

当前我们坚持和拓展的中国特色社会主义道路，是人类追求文明进步的一条新路。过去几种建立在生产资料私有制基础上的文明形态演进，虽然在一定程度上标志着人类物质文明和精神文明的发展进步，但都包含剥削和压迫，包含等级和阶级对抗。始于 15 世纪的资本主义国家现代化，是通过对内剥夺农民、剥削工人和对外掠夺、扩张、殖民乃至发动侵略战争实现的。英国的工业化，对内始于"羊吃人"的圈地运动，对外靠掠夺和殖民扩张攫取巨额财富、开拓国外市场；在美国现代化进程中，西方殖民者大量杀戮北美土著印第安人，又从非洲贩运黑人充当奴隶，并通过东征西伐掠夺和购买大片土地；后起的德国和日本，更是通过发动侵略战争跻身列强。

与资本主义国家的现代化道路不同，中国道路是一条通过和平发展实现社会主义现代化的新路。和平发展是贯穿中国道路的主线，这既是由我国社会主义制度决定的，也是由和平与发展这一时代主题决定的。我国通过和平的国际环境发展自己，又以自己的发展维护世界和平、促进共同发展；坚持反对霸权主义和强权政治，严格约束自己，即使发展起来以后也永不称霸；坚持在国际

---

* 徐崇温，男，1930 年 7 月生于江苏省无锡市。1952 年毕业于上海东吴大学法学院。中国社会科学院研究员、荣誉学部委员，国务院特殊津贴专家。代表作：《中国特色社会主义理论体系研究》《西方马克思主义》等。

事务中弘扬民主、和睦、协作、共赢精神，倡导国与国之间政治上相互尊重、平等协商，经济上相互合作、优势互补，文化上相互借鉴、求同存异，安全上相互信任、协力互助。中国的和平发展道路，在国内表现为科学发展、和谐发展。它把发展作为主题，把改革开放和科技进步作为动力，把提高人民生活水平作为根本出发点，把促进人的全面发展和社会全面进步作为追求目标。

中国道路超越了苏联的现代化模式。俄国十月革命开辟了人类由资本主义过渡到社会主义的新纪元，新生的苏维埃制度初步显示了社会主义的优越性。但正如邓小平同志所指出的："社会主义究竟是个什么样子，苏联搞了很多年，也并没有完全搞清楚。可能列宁的思路比较好，搞了个新经济政策，但是后来苏联的模式僵化了。"列宁的新经济政策之所以比较好，就在于他总结战时共产主义直接过渡到社会主义的失败教训，从俄国的实际出发，提出和实行向社会主义迂回过渡、逐渐过渡的政策。后来苏联的模式僵化了，是因为尔后苏联领导人思想僵化，把在特定历史条件下形成的发展模式凝固化、绝对化，致使其缺陷和弊端成了一些人背离社会主义的借口。

中国道路对苏联模式的超越主要表现在：坚持解放思想、实事求是、与时俱进、求真务实，超越苏联模式的僵化思想和教条主义；提出社会主义初级阶段论、社会主义本质论，超越苏联模式对一大二公三纯的社会主义生产关系的盲目追逐；坚持改革开放，超越苏联模式的关门搞建设、游离于世界科技革命之外；提出和发展社会主义市场经济，超越苏联模式中央集权的计划经济；等等。中国道路是适应中国和时代进步要求的科学发展道路，引领中国的社会主义现代化建设持续快速发展。正如习近平同志所指出的："无论搞革命、搞建设、搞改革，道路问题都是最根本的问题。30多年来，我们能够创造出人类历史上前无古人的发展成就，走出了正确道路是根本原因。"我们要以更加坚定的信念、更加顽强的努力，坚持和拓展中国特色社会主义道路，为中华民族伟大复兴不断添砖加瓦，为人类社会发展作出更大贡献。

（《人民日报》2015年8月11日）

协商民主是对人类政治文明的重大贡献

林尚立*

协商是民主最原始、最基础、最普通的要素，民主的任何形式和内容都可以在这里找到根源。西方民主经历了几百年实践之后，在 20 世纪后期意识到应该开发协商资源，以弥补选举和代议制民主之不足，并在基层治理中掀起了发展协商民主的热潮。差不多在同一时期，我国将协商民主建设全面提上日程。虽然二者在时间上巧合，但内在逻辑完全不同，社会主义协商民主是中国自身发展的制度成果。

西方现代民主源于对君权统治的反抗与限制，因而，其形成与成长主要围绕限制或替代君权的代议机构而展开，强调民众通过选举代理人表达自己的意志。为了弥补代理人在代议中无法真正表达民众真实意见的制度缺陷，西方近些年才开始重视以公民直接参与为形式的协商民主。与西方不同，我国的现代民主源于各族人民平等共建现代民主国家的实践，强调人民联合、团结，共同掌握国家权力。可以说，新中国是从协商中走来的，协商民主是新中国与生俱来的民主形式。

完善协商民主制度，推进协商民主发展，一直是新中国成立后特别是改革

* 林尚立，男，1963 年 11 月生于福建省闽侯县，1988 年毕业于复旦大学国际政治系，博士，教育部"长江学者"特聘教授。现任复旦大学副校长、国务院学位办政治学学科评议组专家，中国政治学会副会长。著有《当代中国政治形态研究》《建构民主》等。

开放以来我国社会主义民主政治建设的重要内容。党的十八大报告确立了"社会主义协商民主制度"概念，最近中央印发的《关于加强社会主义协商民主建设的意见》指明了社会主义协商民主的内涵属性、基本原则与渠道程序。这必将继续推动具有鲜明中国特色的社会主义协商民主制度不断完善与有效运行。

主权在民是现代民主的基本原则。比较而言，西方民主突出强调民众权利；我国的人民民主不仅强调民众权利，而且强调人民当家作主的权利，人民是国家发展与治理的主体，是民主与进步的逻辑起点。可以说，我国的国体决定了人民能够广泛参与社会利益协调、公共事务安排以及国家政策制定过程。协商民主符合这种国体要求，是这种国体要求的必然产物。因此，协商民主能够在新中国成立时就应运而生。实践表明，它也是人民民主国家推进国家治理体系和治理能力现代化的有效路径。

一个国家的民主建构能力在很大程度上影响着其现代化进程。这种能力的关键不在于多大程度上适应世界民主化潮流，而在于多大程度上保持自我的内在定力，真正从符合自身历史、社会与文化的现代化发展逻辑出发进行民主建构布局。我国有悠久的文明史，但现代民主实践仅有 100 来年。在这一过程中，虽然经历过曲折，但凭借根植于厚重文明底蕴的民族自觉与自信，我国自主地走出了符合国情和人民意愿的社会主义民主政治建设与发展道路，坚定了中国特色社会主义道路自信、理论自信、制度自信。

这种自信，对于任何一个发展中国家来说都是极为宝贵的精神力量和战略资源。凭借这种自信，中国共产党团结带领全国各族人民，将长期实践探索中形成的协商民主发展为我国社会主义民主的重要形式，并积极推动其广泛、多层、制度化发展。基于中国的发展与进步，协商民主一定会推动我国社会主义民主政治以独特而有效的形态屹立于现代人类政治文明体系。

（《人民日报》2015 年 8 月 21 日）

思想建党永远在路上

石仲泉 *

　　思想建党是中国共产党的一个伟大创造。早在古田会议决议中，毛泽东同志就提出加强党的思想理论和党性教育、保持共产党的先进性和纯洁性的任务。新中国成立后特别是改革开放以来，我们党始终强调党的思想建设。但当前一些党员干部对此存在不同看法，有的提出"使命完成论"，认为思想建党是革命战争年代为解决如何建成马克思主义先进政党而采取的举措，党成为马克思主义先进政党后，其使命已完成；有的提出思想建党"过时论"，认为执政党治国理政有共同的规律，不必固守思想建党的思维定势。这些模糊认识需要及时澄清。

　　我们党按照现代政党政治的普遍规律治国理政，但由于中国有着自己的特殊国情，党又要遵循自身发展的特殊规律执政，并将二者紧密结合。忘掉自己的特殊国情，否认自身发展的特殊规律，我们党就会迷失方向。而所谓"使命完成论""过时论"，正是否定了这种特殊性。正因如此，习近平同志多次指出，要坚持思想建党和制度治党紧密结合。他还强调，党风廉政建设和反腐败斗争永远在路上。也可以说，思想建党永远在路上。这是因为思想建党与关系党的

　　* 石仲泉，男，1938 年 5 月生于湖北省红安县，1964 年毕业于北京大学哲学系。中共中央党史研究室原副主任，现任毛泽东思想邓小平理论研究会会长，国务院特殊津贴专家。著有《我观党史》《我观毛泽东》《我观邓小平》等。

前途命运的一系列重大问题密切相关。

与"总开关"问题密切相关。思想建党的根本任务，就是解决好党员干部世界观、人生观、价值观的"总开关"问题。共产党人不是生活在真空里，而是生活在现实社会的各种复杂关系中。这必然会影响共产党人的世界观、人生观、价值观，影响党员干部包括高级领导干部的公私观、是非观、义利观、权力观和事业观等。强调思想建党，就是要在党内倡导和弘扬正确的世界观、人生观、价值观，克服和消除各种消极错误的思想观念与行为。这是一项长期任务。

与改革开放的长期性密切相关。改革开放是坚持和发展中国特色社会主义、实现中华民族伟大复兴的必由之路。解决前进道路上遇到的各种问题，需要通过深化改革不断破除妨碍科学发展的思想观念和体制机制障碍。但改革开放同任何事物一样，也有两面效应。它在使中国快速发展的同时，也会带来一些消极负面的东西。邓小平同志曾指出，我们的党和国家确实有可能发生"改变面貌"的问题。这不是危言耸听。因此，思想建党要贯穿改革开放全过程，"这是一个长期的经常的斗争"。

与市场经济的"双刃剑"效应密切相关。我国之所以采取市场经济体制机制，就在于它能有效解放生产力和更快发展生产力。但市场经济体制机制也包含唯利是图的消极因素。我们党之所以强调发展社会主义市场经济，就是要使我国市场经济发展坚持社会主义方向，发挥其为社会主义服务的积极作用，限制它危害社会主义和人民利益的消极作用。市场经济既然是把"双刃剑"，不正当的商品交换原则就会渗透到党内来。有效遏制不正当的商品交换原则对党的侵蚀和渗透，就要坚持思想建党这个法宝。

与党的队伍新陈代谢密切相关。我们党有 90 多年历史了，党的队伍会随着历史发展而不断更新。目前，党内很多党员干部是"70 后""80 后"甚至"90 后"，充满青春活力。这样的更替是自然规律。为此，我们党要不断对入党的新成员进行思想洗礼。只有始终坚持思想建党，我们党才能始终成为"铁打的营盘"，才能管住"流水的兵"。因此，思想建党永远在路上，只有进行时，没有完成时。

（《人民日报》2015 年 8 月 24 日）

刑法体现宽严相济刑事政策

高铭暄 *

党的刑事政策与国家实体刑法之间的关系是辩证统一的。刑事政策是实体刑法的导向和依据，实体刑法是刑事政策的具体化和条文化。刑事政策可以转化为刑事法律，刑事法律是司法办案的直接依据。刑事政策在刑事法律实施中，依然起着指导作用。在刑事法律尚不系统、覆盖面还不完整时，如新中国成立初期，刑事政策在法律未及领域成为司法办案的依据。在制定和实施刑法典之后，即刑事政策系统化为实体刑法之后，刑事政策才不作为司法办案的引用依据，而是作为理解刑法精神和诠释刑法条文内容的指针。我国刑事司法实践经历了主要依靠政策到主要依靠法律的发展过程。

新中国成立之初，我们党就明确提出实行镇压与宽大相结合的刑事政策。这个政策在 20 世纪 50 年代初制定的一系列刑事条例中都有鲜明体现。1979年刑法典和刑事诉讼法典的颁布实施，标志着我国刑事司法进入了一个有法可依的新时代。1981 年中央提出，"要实行依法从重从快严厉打击严重刑事犯罪活动的方针，坚决把社会治安整顿好，力争取得明显成效。""严打"方针是在社会转型时期犯罪剧增的特定历史条件下实施的，是党和国家对当时社会矛盾

* 高铭暄，男，1928 年 5 月生于浙江省台州市。1953 年中国人民大学法律系毕业，现任北京师范大学刑事法律科学研究院名誉院长、中国人民大学法学院荣誉一级教授。著有《刑法学》《中华人民共和国刑法的孕育和诞生》。

加剧、诱发和滋生违法犯罪因素增加、犯罪率不断攀升趋势的一种强烈反应和应急之策。1997 年修订的刑法典，是新中国历史上最完备、最系统、最具有时代气息并具有里程碑意义的刑法典。这部刑法典科学地概括刑法的基本精神，明文规定刑法的三大基本原则。党的刑事政策在这部刑法典中得到了系统、完整、权威的体现。

进入 21 世纪，依法治国、以人为本、司法为民的呼声日益高涨，法治文明不断发展。面对新形势新情况，我国刑事政策有必要作出适当调整。

2004 年中央政法工作会议明确提出，实行"宽严相济的刑事政策"。2005 年中央政法工作会议进一步阐明，宽严相济的刑事政策是指对刑事犯罪区别对待，做到既有力打击和震慑犯罪，维护法制的严肃性，又尽可能减少社会对抗，化消极因素为积极因素，实现法律效果和社会效果的统一。宽严相济是我国在维护社会治安的长期实践中形成的基本刑事政策。在当前全面深化改革的背景下，这一政策更具现实意义。应立足于当前社会治安实际，审时度势，用好这一刑事政策。一方面，对严重刑事犯罪依法严厉打击，什么犯罪突出就重点打击什么犯罪，在稳准狠和及时性上全面体现这一方针；另一方面，充分重视依法从宽的一面，对轻微违法犯罪人员，对失足青少年，继续坚持教育、感化、挽救方针，符合条件的可适当多判一些缓刑，积极稳妥地推进社区矫正工作。

宽严相济刑事政策是惩办与宽大相结合的刑事政策的继承和发展。它是当前和今后相当长一个时期的基本刑事政策，不仅对于刑事司法，而且对于刑事立法，都有重要意义。就刑事立法而言，自 1997 年修订的刑法典颁布实施以来，全国人大常委会先后通过了 8 个刑法修正案。2011 年 2 月通过的《刑法修正案（八）》，把宽严相济的刑事政策体现得淋漓尽致。该修正案一方面作了一系列趋严的修正，如增加 7 个新罪，扩大 10 个罪的构成要件范围，提高、增重 8 个罪的法定刑，扩大特种累犯的范围，提高无期徒刑犯减刑、假释需要实际执行的年限等；另一方面也作了不少趋宽的修正，如取消 13 个罪的死刑，对已满 75 周岁的老年人犯罪从宽处理，对未成年人犯罪进一步从宽处理，对怀孕的妇女犯罪也进一步从宽处理，还增设"坦白从宽"制度，对假释需要实际执行的年限作出例外规定，以及降低两个罪的法定最低刑等。

继《刑法修正案（八）》之后，《刑法修正案（九）（草案)》从 2014 年 10 月起开始审议。我们深信，该修正案也会全面体现宽严相济的刑事政策，更好地为经济、政治、文化、社会和生态文明建设服务，将全面依法治国不断向前推进。

（《人民日报》2015 年 8 月 28 日）

行政许可岂能随意设定

应松年 *

党的十八届三中全会提出，推进法治中国建设。法治中国建设的关键和难点在于法治政府建设。坚持用制度管权管事管人，把权力关进制度的笼子里，是当前和今后一段时间依法行政和法治政府建设的重点。然而，一些地方在实践中依然存在很多问题。

近日，四川通江县发布的一则关于进一步规范公职人员和群众操办酒席的通知，引发争议。这份通知除了对公职人员操办酒席范围进行规范，还对农村和城镇居民举办酒席的范围进行了界定。当地政府此举的初衷或许是好的，但从法治的角度来看，至少有两个问题需要加以关注：一是当地政府的通知即规范性文件是否有权对属于个人自由的行为作出禁止性规定？最近修改后的《立法法》已经明确规定，地方政府规章没有法律、法规的依据不得设定减损公民、法人和其他组织的权利或者增加其义务的规范。规章尚且不许，更何况县级规范性文件呢？二是通江县的这份通知规定，如要操办宴席须持有效证件提前 5 至 15 天到相关单位提出申请，这是明确设置了一项许可。按照《行政许可法》的规定，连国务院部门规章都没有行政许可的设定权，地方政府规

---

* 应松年，1936 年 11 月生于浙江省宁波市，1960 年毕业于华东政法学院。曾任国家行政学院法学教研部主任，第九届、第十届全国人民代表大会代表，现为中国政法大学终身教授、中国行政法研究会名誉会长。著有《应松年文集》（上下册）等，编有《当代中国行政法》等。

章仅有临时性许可的设定权，其他规范性文件更是无权设定。

可以看出，这个通知是违反有关法律规定并超越其法定权限的。由于此类减损公民权利或增加公民义务以及随意设置审批的情况在规范性文件中并非个例，所以这是一个需要引起关注的具有普遍意义的问题。同时，需要思考的是，这样一个超越法定权限的规范性文件能被发布，说明一些干部缺乏应有的法治素养和法律意识，也说明对规范性文件的制定和发布缺乏必要的监督制度。

其实，已有一些地方通过《行政程序规定》，确立了行之有效的监督规范性文件的"三统一和有效期"制度。"三统一"，即规范性文件必须统一登记、统一编号、统一发布。统一登记，是指行政机关欲制定规范性文件，必须先将制定的规范性文件及相关资料报送政府法制部门，由其登记在册。显然，登记的过程也是法制部门进行审查的过程。统一编号，是指针对通过登记的规范性文件，由登记部门确定一个唯一的、连续的编号。统一发布，就是在指定的平台上发布。有效期制度，即规定规范性文件的有效期为五年（如注明试行、暂行的为三年），过期则自动失效。如需延续规范性文件的效力，应在期限届满前半年，由制定机关说明理由，并按照前述"三统一"的程序申请重新登记。

这一看似简单的制度，却在实践中起到较好的监督作用，既能有效监控不合法律法规的规范性文件出台，又能全面掌握各行政机关制定了哪些规范性文件，避免规范性文件失控。我国已经制定了《立法法》《行政法规制定程序条例》《规章制定程序条例》等用来规范法律、法规、规章的法律法规。但这些法律法规对规范性文件的制定和实施并没有明确规定。看来，制定一部全国性的涵盖行政权力行使各个领域和层次的行政程序法，已成为扎紧制度笼子、建设法治政府的重要课题。

（《人民日报》2015 年 9 月 7 日）

法治是时代的强音

卓泽渊 *

　　每一种具有代表性的理论观点或重要思想，其产生和发展都有相应的时代条件，可以在特定时代找到其来源和根基。人类思想发展历程和思想实践过程充分说明了这一点。习近平同志关于全面依法治国的重要论述适应时代要求，是对世界法治化潮流、中国法治化进程以及现实法治化需求的科学回应。

　　从奴隶制到封建制再到资本主义制度，法律与人类政治社会一同发展进步。在人类政治和国家发展的各个时期，法律都以不同形态在世界上存在、发展、变化。在反封建斗争中，资产阶级喊出了自由、平等、人权的口号，也喊出了法治的口号。随着资产阶级革命及其建立资本主义国家范围的扩展，资本主义法治浪潮不断高涨。1917 年俄国十月社会主义革命后，无产阶级革命的开展与社会主义国家的建立使社会主义法治走上了历史舞台。社会主义法治建立在资本主义法治基础之上，又高于资本主义法治，是人类历史上的新型法治。社会主义法治建设在社会主义国家如火如荼地展开，于是，人类社会的法治就在资本主义和社会主义两条线上向前推进，形成了资本主义法治和社会主义法治两种不同的道路和模式。

　　* 卓泽渊，男，1963 年 3 月生于重庆市长寿区，中国社会科学院研究生院博士毕业。现任中央党校政法部主任，中国法理学研究会副会长。著有《法的价值论》《法的价值总论》《法律价值》。

新中国成立后，社会主义法制初步创立。我国陆续制定了令世人瞩目的五四宪法及其他一系列法律。五四宪法是中华人民共和国的第一部宪法，为我国确定了基本的制度体系、权力结构、发展方向。随即我国开始了刑法典、民法典等一系列重要法典的起草工作。党的十一届三中全会开启了改革开放的伟大征程，也重新开启了民主法治进程。党的十八大提出全面推进依法治国，十八届四中全会对全面推进依法治国作出战略部署。从改革开放进程中，可以看到我国法治发展和进步的足迹。

全面依法治国是适应我国社会现实需要的时代产物。我国实行的是社会主义市场经济，而社会主义市场经济是法治经济，需要建立与之相适应的法治体系。在我国改革开放快速推进的背景下，世界法治化浪潮必然波及中国，中国也必然成为这个潮流中的弄潮儿。这个潮流是经济大潮，也是法治大潮。在文化上，我们所大力倡导的是社会主义先进文化，它理应是超越资本主义的现代新文化；社会主义法治文化吸取资本主义法治文化的经验教训，是对资本主义法治文化的超越和升华。

政治上，我国民主政治发展已经取得很大成绩。发展社会主义民主政治，必须坚持党的领导、人民当家作主、依法治国有机统一。评价一个国家政治制度是不是民主的、有效的，主要看国家领导层能否依法有序更替，全体人民能否依法管理国家事务和社会事务、管理经济和文化事业，人民群众能否畅通表达利益要求，社会各方面能否有效参与国家政治生活，国家决策能否实现科学化、民主化，各方面人才能否通过公平竞争进入国家领导和管理体系，执政党能否依照宪法法律规定实现对国家事务的领导，权力运用能否得到有效制约和监督。这"八个能否"关涉社会主义民主政治的发展，也关涉相关立法及其完善。时代呼唤我国社会主义法治日益完善和依法治国事业全面推进。

（《人民日报》2015 年 9 月 11 日）

智能化使国家治理变"开环"为"闭环"

周宏仁 *

信息化是一个连续的、不断演进的过程，但阶段性特征非常明显。从1946 年第一台电子计算机的诞生算起，信息化经历了数字化并向网络化和智能化发展的过程。信息化的结果是在我们生活的物理世界之外产生了一个数字世界，即网络空间。各种计算机终端、服务器、数据库、计算机网络等等构成一个庞大无比的网络空间，成为物理世界在数字世界的映射。

现代化的国家治理必须建立在网络化和网络空间基础之上。加拿大学者伯尔尼认为，网络社会有两个基本特征：第一，完全数字化的复杂网络通信与信息管理和传播技术几乎无所不在，成为沟通经济、政治和社会活动的一种基础设施；第二，通过这些网络组合，社会生产与社会组织得以重构，而人类的活动可以跨越宽广的空间重新设计和彼此关联，成为人类社会组织和社会关系的一种基本形式。今天的中国已经具备了网络社会这两个基本特征，我们已然踏入网络时代。

传统的国家治理模式是由政府研究、制定、提出、实施国家和社会需要的政策、战略、法规、规划和计划等，然后由全社会包括各个政府部门、企

---

* 周宏仁，男，1940 年 10 月出生于湖北省武汉市。国家信息化专家咨询委员会常务副主任，兼任联合国信息与通讯技术工作组高级顾问。北京邮电大学经管学院特聘院长。著有《信息化论》，主编《信息化蓝皮书：中国信息化形势分析与预测》（2010—2014）等。

事业单位直到每一个个人来执行和落实。当然，政府在制定各种政策、战略、法规、规划和计划时，也会进行调查研究，听取各方意见和建议；在付诸执行后，也会了解社会各方面的反映。但是，由于时间和技术的局限性，国家治理基本上是政府下达指令、企业和个人执行的过程，是一个"开环过程"。

由于网络空间日益成为现实生活在数字世界的全面映射，因而成为政府及时准确掌握国情、社情、民情不可或缺的手段。利用网络空间，政府可以构造治国理政的反馈系统，改变传统的治理模式。在网络时代，政府需要利用信息化这个强有力的工具，在政策和举措出台之前广泛征求、准确把握民意；出台之后获得执行情况的反馈，并适时进行调整。这样，治国理政的过程就由下达指令—执行的"开环过程"变为下达指令—执行—反馈的"闭环过程"。

闭环治理系统能够使社会各方面力量真正参与到国家治理过程之中，为经济社会稳定运行提供保障。任何一个物理系统，包括经济社会系统在内，稳定性、可观察性和可控性都是确保正常运行的基本条件。经济社会系统极其复杂，稳定性当然最具基础性意义。在信息化时代，唯有带反馈的闭环系统能够解决系统的稳定性问题。

闭环治理系统的实现，关键在于反馈器的设计和实现。反馈器设计的技术基础就是大数据技术，即充分利用网络空间、国际国内的各种数据和信息，及时、准确、完整地反馈国家所处的内外环境、各领域的现状和问题、居民和企业的诉求，为政府决策提供依据和基础。利用大数据技术，反馈器还可以预测未来，实现对各个领域或国家总体发展趋势的反馈，使决策更具前瞻性和预见性。当然，还可以建立各种各样的、针对不同问题和决策需求的数学模型，优化治理过程，推进国家治理现代化。

（《人民日报》2015 年 9 月 21 日）

强化国家认同与民族凝聚

王震中 *

　　在历史上，一个民族的伟大每每表现为它所在国家的灿烂辉煌，民族与国家从它们诞生伊始就是密不可分的。延绵不断的中国历史还表明，民族类型与国家形态结构密切相关。一般来说，什么样的国家形态结构对应什么样的民族类型。中华民族的形成经历了"部族—华夏民族—汉民族—中华民族"的过程，与此相对应，中国的国家形态结构也由黄帝—尧舜禹时代的单一制"部族国家"，发展为夏、商、西周、春秋战国时代的多元一体的复合制"华夏民族国家"，再发展为秦汉以来的"统一的多民族国家"。虽然"中华民族"一词出现在近代，但自秦汉开始出现统一的多民族国家起，中华民族就处于形成之中。

　　在历史上，国家认同与民族凝聚的正能量就是促进民族融合，其表现之一是"文化民族"的出现。如果说部族是一种血缘特征鲜明的小民族，那么，先秦时期的华夏民族已突破血缘局限而成为"文化民族"。在夏、商、周三代王朝国家中，包含有夏人、商人、周人等众多部族，而它们又具有以王朝国家为框架的文化上的一致性。所以，到了春秋时期，即使复合制大国家结构和王权

　　* 王震中，男，1957年1月生于陕西省榆林市。1981年毕业于西北大学历史系考古专业，1989—1990年留学日本，1992年获博士学位。现为中国社会科学院学部委员，历史研究所副所长，中国殷商文化学会会长。著有《中国文明起源的比较研究》《中国古代国家的起源与王权的形成》等。

都已名存实亡，但在华夏诸国中，依然由衣冠服饰、礼仪规范、典章制度等所表现出的共同心理和文化层面的一致性，证明当时的华夏民族是一种文化民族。而在秦汉至明清的统一多民族国家中，一方面是作为国家主体民族的汉民族是一种文化民族，另一方面是作为正在形成中的中华民族更是一种文化民族。

从民族的文化性上讲，今天由56个民族组成的中华民族，也是一个历史形成的文化民族。从民族的国家形态结构上看，中华民族是由秦汉开始的以郡县制为机制的统一国家结构造就的，它以统一国家为框架，是一个与统一国家互为表里的全中国的国族。中国历史是这样发展的，中华民族也是这样走过来的。因此可以说，中华民族与中国所具有的一体两面的关系，是中国历史发展道路的特色所在，是由国家与民族（即国家与国族）的内在关系所规定的。

在中国，从古到今，凡是强调国家认同，就是在增强中华民族的凝聚。讲国家认同，当然要维护国家统一。国家统一是由统一的国家结构的稳定性、统一的语言文字、共同的优秀传统文化、共同的经济和交通等多方面的联系所构成的，而这些正是作为国族的中华民族的基本要素。因此，维护国家统一与维护民族团结也是一体两面的关系。

国家结构的稳定性是国家统一和安定的基础。我国现有的"中央—省市县"的结构模式是秦汉以来郡县制国家结构的发展，是被历史证明了的稳定的国家结构。对于我国大陆地区而言，这样的国家结构在保证国家结构稳定的同时，还有利于把国内各个少数民族与国家的关系转化为国家与地方的行政关系，把民族问题转化为地方治理问题。而对于港澳台地区而言，我们用"一国两制"方式解决了香港和澳门的回归问题，并将以此解决祖国大陆与台湾的统一问题。这是非常科学的，既符合我国的现实国情，又在国家结构上保持了统一和完整，有利于增强中华民族的团结和凝聚。对国家认同也表现在对中华民族优秀传统文化的继承上。

国家认同和民族凝聚与中国梦紧密相连。中国梦包括国家富强、民族振兴、人民幸福等方面，而实现中国梦的有效途径之一就是不断强化国家认同和中华民族凝聚。在今后相当长的时期，作为一体两面的国家认同与中华民族凝聚是国家文化发展战略的基础性要求，也是中华民族屹立于世界民族之林的基本保证。

（《人民日报》2015 年 10 月 15 日）

完善司法责任制

陈光中*

建立和完善司法责任制是司法改革的关键环节。全面推进依法治国，要求公权力行使坚持"有权必有责、权力受监督"原则。司法权虽有其自身特点和运行规律，但也受此原则约束，理应实行司法责任制，以严格司法、公正司法，最大限度地防止冤假错案发生，提高司法公信力，增强司法权威。

法官在什么情形下应当承担司法责任？对此，必须遵循司法规律并结合我国实际加以科学界定，既防止怠于惩戒，又防止惩戒过严。一般而言，承担司法责任的情形可分为两类：一是故意违法办案，如接受贿赂或亲友请托而徇私枉法裁判的；二是因重大过失导致发生错案或造成其他严重后果的。追责方式主要是给予降级、撤职、开除等行政处分，构成犯罪的则依法追究刑事责任。

至于法官依照法律规定的疑罪从无原则对证据不足的案件作出无罪处理，事后发现新证据又重新追究原被追诉人刑事责任的，不能认定为错案而追究法官责任。因为疑罪从无原则本身就存在错案风险，此种情况下如果追究法官责任，就会导致这一原则无法在实践中得到贯彻。

---

* 陈光中，男，1930 年 4 月生于浙江省永嘉县。新中国刑事诉讼法学的开拓者、奠基者。1952 年毕业于北京大学法律系。2001 年被中国政法大学授予终身教授称号。代表作：《论检察》《中国司法制度的基础理论问题研究》。

完善司法责任制，应以法官独立审判为前提。让审理者裁判、由裁判者负责，法官独立审判是法官承担责任的前提。我国现行法律规定的人民法院依法独立行使审判权是就人民法院整体而言的，并没有明确规定法官的独立审判地位。从法院内部看，法官行使审判权受到的制约主要是独任制法官和合议庭的裁判通常需要经过庭长、分管院长的审批，重大、疑难、复杂案件要经过审判委员会讨论决定。这是为确保审判正确而多年实行的体制，具有积极作用，但实践中容易造成法院审判主体权力不独立、责任难分明。

审判是一种定分止争、实现社会公平正义的国家重要职能活动，审判主体必须遵循证据裁判原则，以中立态度对证据进行调查，并对案件事实和法律适用作出公正判断。因此，从司法规律上说，应落实法官独立审判的地位和权力。这就要求在法院内部推行去行政化改革。可以考虑改革庭长、院长对合议庭裁判的审批制度，对某些重大案件适当扩大合议庭人数，以庭长、院长直接担任合议庭审判长的形式审理案件。改革审判委员会，适度缩小审判委员会讨论案件的范围，使之集中精力解决重大、疑难、复杂案件的法律适用问题，而不讨论、评判案件的事实和证据问题。审判委员会讨论决定案件应全程记录和签名。经过审判委员会讨论的案件，如果发现错判，审判委员根据其在讨论中的表态合理承担责任。当然，在加强法官审判独立性的同时，也应采取必要措施加强对法官审判的监督，在独立与监督之间取得平衡。

完善司法责任制，应以完善法官职业保障体系为基本条件。目前，我国法官管理体制是单一行政管理模式，法官职业素质要求高、任职条件要求严，但工资福利及职务保障较低，导致一些法官缺乏职业荣誉感，难以吸引和留住优秀司法人才。因此，应完善法官职业保障体系。首先，对法官实行不同于公务员的职业准入制度，使法官的业务职称与行政级别脱钩，尊重司法工作规律和法律职业特点，实行专业化职务职级晋升办法，适当延长法官退休年龄，提高其工资待遇，增强其职业荣誉感。其次，完善身份保障机制。身份保障是保障法官在正当履职中免受不当对待的重要措施。应通过立法明确规定法官一经任命，除非有法定事由并经过法定程序，不得被免职、降职、调离，不得降低工资待遇。法官有切实保障，才能办好案件。

（《人民日报》2015 年 10 月 19 日）

发挥软法效用

罗豪才 *

行政法中存在大量行政立法以外的规范性文件。这些规范性文件由各级行政主体制定，数量众多、效力不一，在行政法中占据重要地位。但长期以来，这些规范性文件一直不被看作是"法"，对其性质、地位、作用、效力等在行政执法和行政诉讼实践中都存在不同看法。而从软法理论来看，很多行政立法以外的规范性文件就属于软法范畴。软法在制定和实施过程中体现了对社会多元主体的尊重，强调平等协商、自律互律，对法治政府建设具有重要作用。

依法行政、建设法治政府是全面推进依法治国的关键环节之一。长期以来，在法治政府建设中，我们更多关注硬法对政府权力的规制与监督，但不容忽视的是，软法在法治政府建设的各个环节同样起着重要作用。从制度设计层面看，国务院 2004 年发布《全面推进依法行政实施纲要》；2010 年发布《关于加强法治政府建设的意见》，确立了法治政府建设的目标和基本要求。党的十八届四中全会《决定》确立了法治政府建设的标准和具体措施。这些都是重要的软法性规范文件。从制度实施层面看，深化行政执法体制改革，坚持严格规范公正文明执法，强化对行政权力的监督和制约，都要求各级政府和行政机

＊ 罗豪才，男，1934 年 3 月生于福建省安溪县。北京大学法律系毕业，曾任致公党中央主席、第九届全国政协副主席、中国法学会副会长、中国法学会行政法学研究会会长。著有《权利保障与权力制约》《法治国家与行政法治》等。

关尽快完善自身各项制度，完善执法标准流程和纪律规范等，这些也都离不开软法。在这个过程中，各部门积累了一些有益经验，如环保部 2014 年 5 月发布《环保部约谈暂行办法》，建立一个约谈体系来监督政府和企业，对责任主体进行诫勉和警示，随之跟进区域限批、挂牌督办、媒体披露等相关措施。

区域合作是经济发展和政府转型的新领域。区域合作必须遵循法治路径，这给地方立法提出了新的课题和要求。区域一体化中的很多合作发生在没有上下级隶属关系的政府主体之间，不能采用行政命令方式。有关合作意向通常需要相关政府主体通过平等协商，采取合作宣言、框架协议、议定书、纲要等软法形式来达成，以此划定合作范围、确定合作项目、建立合作组织、选择合作模式、构建合作框架。而具体的组织机制、协商机制、激励机制、责任机制、纠纷解决机制等也都有赖于软法规范的运用和功能的发挥。应注重有关区域合作地方立法的体制机制创新，既重视发挥硬法的基础性、框架性作用，又充分利用软法的延伸性、辅助性功能，推动实现硬法软法协同治理。

实践的发展要求我们打破旧的条条框框，更新思想观念，关注现实生活中的法，关注多样化规范。当然，在正确认识软法、重视和发挥软法作用的同时，也要加强软法研究，确保软法制定、实施等各个环节规范有序进行。一是对协商民主与软法进行研究。协商民主是我国社会主义民主政治的特有形式和独特优势，也是软法发挥作用的重要领域。在这方面，一些地方进行了有益探索。如 2010 年，广东颁布全国首部省级政治协商规程《中共广东省委政治协商规程（试行）》。二是对"互联网＋"与软法进行研究。当前，以"互联网＋"为代表的互联网与各领域融合发展呈现广阔前景，成为时代潮流。如何在法治建设中树立"广泛参与、协商共治"的互联网思维，运用互联网创新和改进工作，推动法学研究和法治发展，是一个新课题。三是完善规范冲突审查机制。随着多元立法、地方立法的发展，规范冲突、规范打架现象不时出现。对此，应加强备案审查制度，针对硬法规范和软法规范的不同特点，设立区别审查机制，确保无论硬法还是软法，都统一纳入备案审查范围，都统一在宪法之下，切实维护宪法尊严、维护法治统一。

（《人民日报》2015 年 10 月 26 日）

从传统政治制度中汲取智慧

白　钢[*]

政治制度史是以研究历代上层建筑为主要任务的。任何一种上层建筑，在其存在的时期里都处在不断变化之中。除了它的惯性作用，还有岁月对它的修正，使它不断调整演变，直至被新的上层建筑取代。它将各种社会主体联结起来，成为人们从事各种活动的社会条件，成为社会发展的重要舞台。

然而，在走向现代化的过程中，人们在如何对待传统的问题上认识并不一致。片面强调批判或片面强调继承，都失之偏颇。应当承认，现代化是对传统的辩证否定。吸收传统中经过实践检验是合理的东西，摒弃传统中落后、僵化的东西，建立新的科学的社会体制，有助于更好地实现现代化。史学家的研究如果不从这一视角出发，是很难实现有益于社会的价值取向的。

长期以来，在对待传统政治制度问题上，全盘否定的观点较为流行。其实，历史上任何一种上层建筑在形成之后，都有其发展轨迹和变化规律，不能凭主观意志想全盘否定就全盘否定。传统蕴含着人们智慧的结晶。在对待历史上层建筑问题上，不能搞历史虚无主义和民族虚无主义。传统政治制度有很多糟粕，也有很多珍贵的遗产。古代一些有作为的政治家、思想家在处理各种政

---

　　* 白钢，男，1940 年 1 月生于江苏省睢宁县。曾在中国社科院历史研究所、政治学研究所工作，中国社科院荣誉学部委员。著有《中国皇帝》《制度物议》等，主编《中国政治制度通史》（十卷本）等。

治关系、制定各种制度政策时，积累了丰富经验。中国的政治体制发展要以正确认识国情为基础，而不能把西方政治模式奉为圭臬，盲目崇拜。因此，应重视研究中国的政治传统，坚持批判与继承相结合，深刻认识其优点与缺陷。

近百年来，尽管中国的政治制度一直处在进步与变革之中，但实事求是地讲，传统政治制度也使我们背上了一些历史包袱。几千年来习以为常的原则、习俗，在短期内实现变革谈何容易。比如，一些地方"权大于法""以政代法"的现象仍然存在；一些地方在具体人事制度上还没有很好体现公开考试、择优录用的原则；在行政管理上，有些部门缺乏民主观念，也缺乏严格的监督手段；在制定和执行政策时，"长官意志"与主观随意性常常起到相当大的作用；等等。这些都是传统政治制度消极面的积淀。克服这些缺陷，方法之一就是认真研究传统政治制度中的糟粕，阐明其在历史上的危害，找出克服的办法，为社会主义民主政治建设提供借鉴。

同时应看到，数千年的传统政治制度又蕴含着丰富的文化遗产，有许多经过实践检验证明行之有效的经验办法，对于社会主义现代化制度建设具有参考价值和启迪作用。因此，那种以为搞现代化就要摒弃传统的观点，是不正确的。事实上，按照现代化的要求改造传统，从而形成新的传统，有助于我们保持民族特色，也有助于早日实现现代化。

中国传统政治制度的成功经验有很多，诸如发达的政治分工和悠久的制衡观念，积累上千年的一整套比较科学的官吏管理经验等，都值得有使命感的史学家认真总结。就以官吏管理制度而言，长期实行以考试制度选拔人才；在官员任用上，注重实践性，推行试职制度；在官员管理上，实行品阶、俸禄、考课、铨选、迁转、监察、回避等制度。这些都体现了历代统治者为实现政治清明、保持官员廉洁、提高行政效率所作的努力，其中有许多内容至今仍不乏启迪和借鉴意义。

（《人民日报》2015 年 11 月 12 日）

—— 科教篇 ——

弘扬科学精神任重道远

何祚庥[*]

　　我国科技界和科技工作者一直提倡要弘扬科学精神。1996 年，我就在《科技日报》上发表过一篇文章《科学精神和科学思想是第一精神力量》，支持著名理论家龚育之先生关于弘扬科学精神的观点。这么多年过去了，虽然我们一直在提倡弘扬科学精神，但社会上的封建迷信思想和各种伪科学仍然十分流行。

　　什么是伪科学？科学哲学领域的专家波普尔有一个关于伪科学的定义：凡是不具有"可证伪性"的理论、学说、观点均是伪科学。龚育之先生曾指出：我们所集中反对的是假借科学的名义，宣扬封建迷信、诈骗钱财、坑害国家的伪科学。为了防止伪科学的帽子过大，必须要指出，当前要集中反对的伪科学有两个基本特征：一是盗用科学的名义，二是祸国殃民。

　　伪科学是科学的敌人，对其我们一要揭露，二要批评。揭露伪科学在科学上是错误的基础上，还要批评宣扬伪科学的人所持的价值观，不批评就难以让社会公众真正识别真与假、善与恶、美与丑。此外，反对伪科学还必须弘扬科学精神。科学精神是真理的助产士。真理一旦被群众掌握，就能转化为改天换

　　* 何祚庥，男，1927 年生于上海市。1951 年毕业于清华大学物理系。1956 年起先后在中科院原子能研究所，二机部九院，中科院高能物理研究所，理论物理研究所，任助理研究员、研究员、副所长等职务。曾任第八届、第九届全国政协委员。著有《量子复合场论的哲学思考》《从元气说到粒子物理》等。

地的巨大物质力量，伪科学自然也就无处藏匿了。

马克思主义是最讲科学精神的。我们党的领导人长期以来一直提倡要弘扬科学精神。早在1940年，毛泽东同志在《新民主主义论》里曾讨论过何谓"科学的"新民主主义的文化。他说："它是反对一切封建思想和迷信思想，主张实事求是，主张客观真理，主张理论和实践一致的"。这一重要论述，对何谓科学精神做了最好的阐释。在这里，毛泽东同志把反对封建迷信放在了第一位。

邓小平同志也一直提倡弘扬科学精神，主张"实事求是"。他多次指出"实事求是是马克思主义的精髓"，强调要把科学精神落实到行动中。他说："经济发展得快一点，必须依靠科技和教育……要提倡科学，靠科学才有希望……"。

江泽民同志更是把弘扬科学精神提升到发展战略的高度。他指出："科学精神是人们科学文化素质的灵魂"。"应在全党全社会大力弘扬科学精神，普及科学知识，树立科学观念，提倡科学方法。弘扬科学精神更带根本性和基础性。有了科学精神的武装，大家就会更加自觉地学习科学知识，树立科学观念，掌握科学方法。"

胡锦涛同志对于弘扬科学精神一直高度重视。他强调"科学精神是科学技术的灵魂"，提出"要在全社会大力普及科技知识，弘扬科学精神，不断提高全民族的科学文化素质"。

习近平同志也非常强调科学精神，要求广大青年科技工作者"恪守科学精神，脚踏实地、埋头苦干，坚韧不拔、不畏挫折，淡泊名利、不浮不躁，始终保持探索真知的坚定意志和创新创业的高昂激情"。

在这里列举我们党的领导人关于弘扬科学精神的论述，目的是为了表明我们党在弘扬科学精神上一直是旗帜鲜明的。总结下来，可以将科学精神概括为以下四个方面的特征：一是主张实事求是，二是主张客观真理，三是主张解放思想，四是主张理论与实践一致。

虽然我们党一直提倡弘扬科学精神，但我们也要看到，由于我国教育、科技、文化的发展水平还不是很高，而且由于长期存在的封建主义文化残余的影响，所以封建迷信和伪科学总还有一定的市场。比如，一些人假借气功的名义来宣传封建迷信，诈骗钱财，坑害老百姓。所以，弘扬科学精神，反对封建迷信和伪科学，仍然任重而道远。

现在反对伪科学，应该有一个更高的站位，要各方面共同努力，否则收效甚微。像伪科学中许许多多虚假的说法，需要由不仅科学水平较高而且哲学水平也较高的科学工作者来参与揭露。对一些伪科学的错误观点，不仅需要有科学工作者根据科学知识来揭露，而且要上升到哲学的高度，指出其错误所在。弘扬科学精神，需要我们大家一起努力，用行动去落实。

（《人民日报》2013 年 9 月 15 日）

创新时代更要讲科学精神

王绶琯 *

在经济新常态下，创新驱动发展的重要性更为突出。推动形成大众创业、万众创新的热潮，需要体制机制创新，也需要更好发扬科学精神。

科学精神源于探索科学真理、追求技术创新的科学活动。这里所谓的科学，既包括以认识自然为目的的自然科学，也包括运用由此得来的知识以扩展人类自身能力的技术科学。这两类科学在发展中犹如"源"与"流"相互依存。前者以其理性与思辨汇入人类精神文明的演进，往往被归入"科学文化"；后者常被笼统地称作"科技"，主导着人类物质文明的进步。

人们常把牛顿时期界定为现代科学的起点，其标志是认识自然的深度进入到本质层次。认识自然按深刻程度可以分为三个层次，第一是认识其存在和表象，第二是认识其表象的经验规律，第三是认识其本质的自然规律。前两个层次"知其然而不知其所以然"，通常只对一事一物有效。历史上地心论、日心论、开普勒三大定律都属于这个范围。第三个层次从"知其然"跃进到"知其所以然"，适用范围遍及具有这种共同本质的所有事物。牛顿万有引力和力学定律是历史上这一层次的较早范例，从它的出现开始，自然科学被赋予"现

* 王绶琯，男，1923 年 1 月生于福建省福州市。是我国现代天体物理学的早期开创者之一。1980 年当选为中国科学院院士，1998 年当选为欧亚科学院院士；曾任中科院北京天文台台长，现为中国天文学会名誉理事长。1993 年，编号为 3171 号的小行星命名为王绶琯星。

代"的意义。

牛顿时期以来的300多年里，自然科学连同由之带动的技术科学，在人类社会精神文明和物质文明的发展中发挥了巨大作用，促使人们对它本身的属性、性质、发展规律、社会作用等进行详尽研究。由此归纳出它的思维方式、价值取向、行为规范等，总括在一起成为科学精神。科学精神在大众心目中是崇高的，认为它成就了求真和务实的品格、严谨和坚韧的作风、宽容和灵活的心态。作为一种文化现象，它浸润在社会的精神文明里。

现代科学把认识自然的深度推进到本质层次，生成现代意义上的技术科学体系，并带来现代技术发展万马奔腾的局面。现代科学机制成功运作，取得巨大成就。而科学精神所体现的智慧和力量，也就是科学工作者应具有的心态和行为修养，是实现这种成功的精神要素。这种修养是从历代科学成功事例中归纳总结出来的。科学精神虽然针对的是科学行业，但也普遍为其他行业所推崇。这是因为，科学作为社会分工中的一个行业，其任务是认识自然，属于"求真"。科学精神就是一种求真精神。社会上其他行业虽然任务不同，但都要"求真"，都要有科学精神。

作为科学文化，科学精神所体现的智慧和力量，属于社会整体的一个部分，受哺于社会并反馈社会。所以，对于一个社会来说，科学精神强则百业兴人才盛，尤其是科学人才造就的兴盛。一个社会的科学精神会因科学菁英辈出而更加丰富。

科学精神主要体现在修养上。修养依靠陶冶体验，是实践的积累。不同行业的修养有不同特点。对于科学行业的修养特点，这里主要谈两点：

一是现代科学是一个艰辛的"试错"过程。面对深层次认知与创造的挑战，科学精神的修养实质上就是"知错—改错"。孔子曾经赞许其弟子颜回注重修养，能做到不重复错误（"不贰过"）。这是非常难得的。重大科学发现是稀有机遇，往往"众里寻他千百度"，却在"蓦然回首"之间遇到。认识到这种规律，怀着有准备的心态去坚持，需要很高的修养。

二是现代科技在推动社会进步的同时创造巨大社会财富，而作为这一链条始端的自然科学却不以任何实际功利为目的。这种反差往往会对"求真"产生压力和诱惑。对抗种种干扰，更需要精神力量的支撑，需要淡泊明志、宁静致远。在这方面，我国传统文化有着丰富的养料。

（《人民日报》2015 年 1 月 22 日）

书院文化滋养人文教育

朱汉民 *

我国优秀教育传统主要体现在人文教育。《周易》说："观乎人文，以化成天下。"优秀传统文化的人文价值与"化成天下"的教育活动是紧密联系在一起的。我国先贤不赞成将教育仅作为传授具体知识、培养生存能力的手段，认为教育的主要目标是建设一个合乎道德理想的和谐群体，因而更多关注个体发展、重视精神人格培育。

传统书院文化的形成和发展代表了我国传统人文教育理想。自唐末至晚清，儒家士大夫以创建书院培养人才、创新学问，创造了具有人文教育特色的书院文化。我国传统书院文化主要包括书院精神和书院制度，二者都体现了对传统人文教育理想的追求。

书院精神体现强烈的人文价值关怀。创办和主持书院的儒家士大夫将中国文化之"道"作为追求目标，既强调以道修身、完善自我人格，所谓格物、致知、正心、诚意、修身；又强调以道治世、规范社会秩序，所谓齐家、治国、平天下。历代书院创办者和主持者，往往将此种"士志于道"的人文追求作为书院精神。书院也体现追求知识的学术精神。优秀传统文化的一个重要特点

---

　　* 朱汉民，男，1954 年 7 月生于湖南省邵阳市。1982 年毕业于湖南大学。现任湖南大学岳麓书院国学研究院院长，教授，国务院特殊津贴专家。著有《玄学与理学的学术思想理路研究》《湖湘文化通史》等。

是，强调"道"的信仰必须建立在知识追求基础上。因此，书院成为新兴学术思潮的大本营，各学派均在书院研究学问、探讨义理。创新和传播学问，也就成为书院的典型标志之一。宋代以后，儒学历经多次发展，包括宋代的程朱理学、明代的王湛心学、清代的乾嘉汉学等。这些学术流派的形成与发展都与书院密切相关。书院的学术创新精神以宽松办学环境为基础，以学术大师云集讲学为推动力，师生相互答疑问难、相互激荡交流获得新的观点和思想。这为我们今天的学术研究与创新提供了有益启示。

书院制度彰显鲜明的人文教育追求。书院作为一种成熟的教育组织制度，是我国传统教育高度发展的产物。这种文化教育组织的特色，主要体现在继承和发扬古代私学教育制度的优长上。书院作为一种官学系统外的教育组织，自聘山长或教职人员，主持书院者多为名师大儒，能倡导和坚持合乎传统人文教育理念的教学方法与教育制度。书院聘任山长主要是依据道德修养和学术水平，选聘"经明行修，堪为多士模范者"。学术大师可自主到各书院讲学，更强化了自主办学的制度特点。书院生徒也能较为自由地流动，择师而从，使独立的学术追求更为便利与频繁。诚如清人黄以周云："沿及南宋，讲学之风丰盛，奉一人为师，聚徒数百，其师既殁，诸弟子群居不散，讨论绪余，习闻白鹿、石鼓诸名，遂遵其学馆为书院。"正是这种相对独立性，使书院在我国古代社会获得一定的教育自治权。书院还体现了制度创新的特点，如为了实现"讲学明道"的办学理念，书院可邀请不同学术流派的学者讲学，会讲与讲会就是最典型的"讲学明道"制度；为了体现人文价值关怀的书院精神，书院逐步形成了师生之间、生徒之间问难论辩的教学制度。这些都为当今人文教育提供了借鉴。

传统书院文化对中华文明的延续和发展，尤其是对传统人文教育理想的追求作出了重大贡献。但令人遗憾的是，近代以来书院文化曾一度中断。可以说，我国近代高等教育体制与传统书院文化并未真正建立起关联性，书院积淀的文化精华并未成为今天大学文化的有机组成部分。当今时代，弘扬书院的人文教育传统，不仅能增强我国高等教育的民族特色，建立起具有中国特色、中国风格、中国气派的高等教育体系，而且能促进我国高等教育现代化、国际化。2010年，联合国教科文组织主持召开教育面向21世纪国际研讨会，将"学会关心"作为本世纪教育的基本方向，与会专家学者希望教育学生关心他人、关心社会和国家、关心人类的生存条件等。这与我国人文教育传统相呼应。可见，我国传统书院文化是 21 世纪人类教育的宝贵资源。在建设 21 世纪中国大学文化进程中，应充分挖掘书院文化的精华，将其转化为当代大学文化的有机组成部分，积极构建有中国特色的大学文化。

（《人民日报》2015 年 3 月 4 日）

中国为什么没有产生近代科学

何兆武 [*]

在古代和中世纪，中国的科学曾经长期居于领先地位。但到了文艺复兴以后，当西方大踏步建立起近代科学体系时，中国的科学相形之下却日益落后了，并且直到19世纪中叶仍对西方17世纪已经确立的近代科学体系茫然无知。这是为什么？

近代科学的诞生和发展首先必须和某个社会阶级的利益密切结合在一起，也就是说这个阶级本身的利益需要科学。这一条件正是西欧上升中的并且不久就取得统治权的市民阶级所具备、而为其他国家历史上的一切阶级所不具备的。当时，西欧这个新兴的阶级迫切需要天文、地理、航海、制造、火炮乃至世界范围的政治、经济、贸易、社会、历史诸多方面的知识，这些知识和他们的切身利益密切相关，但这些知识和传统社会各统治阶级的利益关系并不大。迟至20世纪初，一些亚非不发达国家的王公贵胄虽然也把自己的子弟送到牛津、剑桥受教育，但这些人回国之后并不把西方的科技引入自己的国家。这里的奥秘是，科学从思想上，也从社会上对等级制度起着一种瓦解的作用。一切人和物，无论多么伟大或多么渺小，在科学面前其价值都一律平等，都服从同

* 何兆武，男，1921年9月生于北京市。1943年毕业于西南联大历史系，1943年至1946年在西南联大外文系读研究生。1986年至今任清华大学思想文化研究所教授，兼任美国哥伦比亚大学访问教授和德国马堡大学客座教授。著有《历史理性批判散论》《历史与历史学》等。

样的铁的法则，其间并不存在任何高低贵贱之分。在当时中国历史上，并没有出现这样的社会阶级，而且整个社会也一直无法突破等级观念和体制的束缚。

与此相关，近代科学得以诞生和发展的另一条件是，科学必须受到现存政治社会体制的尊重和鼓励，亦即现存的政治社会体制必须能够把大量的聪明才智吸引到科学事业上来。文艺复兴后西欧各种学会和学院的建立与发展蔚然成风，这极大地促进了近代科学事业的发展。但这种条件在当时中国并不存在。在中国传统社会里，一个知识分子的出路，他的地位、荣誉和价值，并不是和知识联系在一起的。早在汉代独尊儒术之后不久，班固就曾感叹儒术已经成为一条利禄之途。此后的科举制，进一步满足了等级专制制度要使"天下英雄入吾彀中"的目的。在西方，正当伽利略为近代科学奠定基石的时候，中国那位百科全书式的科学家宋应星就在写《天工开物》，同时他沉痛宣称"此书与功名利禄毫无相干也"。可见，直到近代为止，统治阶级的利益并不需要本身具有独立价值的科学知识，人们的聪明才智也还不可能被引向科学研究之路。中国的社会条件还远远没有成熟到足以使近代科学在中国得以诞生和发展的地步。

导致近代科学诞生于西方而非中国的原因，还可以进一步追溯到双方源远流长的文化背景上。与中国相比，西方思想大抵上更多是属主智主义的。"哲学"一词在辞源上本来就是"爱智慧"。甚至像苏格拉底那样有着浓厚伦理色彩的人，也标举这样的口号："知识就是德行。"中国思想的传统，其主流是主德而非主智的，知识从来就是附属于德行，为德行服务的，它本身并没有独立的价值，所以追求真理在中国首先而且主要的就不是指获得知识，而是指履行道德义务。儒家崇德行于上位，道家不但要求"绝圣"，同时还要"弃智"。但在西方，哪怕是在中世纪的神学论证里，往往也可以看到有一种强烈的主智主义的倾向，要求假手逻辑推论的方式来论证自己的信仰，如上帝存在之本体论的证明之类。而中国哲学则习惯于用比喻，而不用逻辑推论。归根到底，是认为更高一级的道德真理，是不能由更低一级的知识来加以保证或证明的。这样也就决定了在中国传统文化里，知识或真理本身也没有独立的内在价值：我们不能（或不应该）为知识而追求知识，只能为尽人伦而求知识。中国历代仁人志士的献身，都是为了仁义道德（成仁取义），而不是为了追求某种纯粹理性即科学认识上的真理（如伽利略因为相信哥白尼的日心说而遭受迫害）。中西方思想的对比，在某种意义上可以说是主德与主智的对比，是道德与知识的对比，亦即伦理与科学的对比。也许正是由于中国传统文化强调人伦道德的缘故，所以中国便没有西方那种意义上的宗教。西方宗教可以说也有两重性：就其强调信条而言，它和科学的理性是互不相容的，但是就它那种永不满足地追求无限的精神而言，它又和科学有相同和相通之处。与此相关的一个最值得瞩目的历史事实就是，中国思想史上既没有西方古代的原子论，也没有西方近代的机械论。而这两者一脉相承，对近代科学与科学思维方式的发展，构成一个最基本、最具决定性的因素。

大体来说，中国思想家们大多习惯于把个体纳入总体之下和之中加以考察，他们的世界观从来都是整体主义的和有机主义的，而非原子论式的或机械主义的。未来科学思想的发展若如李约瑟博士所云，将是从机械的、分析的轨道转到有机的、综合的轨道上来，那么，中国古代思维方式和智慧肯定将对此作出重大贡献。不过，机械的、分析的思维方式毕竟仍是近代科学不可或缺而又不可逾越的第一步。"知识无跳跃"很可能是确切的、普遍的规律，毕竟是先要进行孤立的分析，然后才有总体的综合。中国古代的思维方式，无论是儒家还是道家，都是撇开机械的分析而径直要求把握道体之大全。这或许就是中国之所以没有能自行步入近代科学殿堂的思想上的原因了。

（《人民日报》2015 年 3 月 16 日）

梦想靠科学实现

袁隆平 *

我有两个梦，一个是"禾下乘凉梦"，一个是"杂交稻覆盖全球梦"。"禾下乘凉梦"是我真正做过的梦，梦见试验田里的水稻，植株长得比高粱还高，穗子有扫帚那么长，籽有花生米那么大。我和助手走过去，坐在稻穗下乘凉。

梦想能否成真，终归要看科学技术发展。2014 年超级杂交稻登上了亩产超过 1000 公斤的高峰，这是世界水稻生产史上的一个新里程碑，也意味着向"禾下乘凉梦"迈出了坚实一步。这一方面说明中国杂交稻水平在世界遥遥领先，中国人有志气、有能力创造世界奇迹；另一方面也说明中国人有能力将饭碗牢牢端在自己手里。下一步将建议国家立项，启动以每公顷 16 吨（每亩1067 公斤）为目标的超级稻第五期攻关计划。如果这个目标实现了，下一个目标就是每公顷 17 吨……一直攻关到每公顷 20 吨。

这样有人就要问：水稻的产量到底有没有顶？科学技术发展是无止境的。随着育种技术等集成技术的进步，水稻亩产的潜力等待着科研人员持续挖掘。但这和"人有多大胆，地有多大产"是完全不同的，是遵循科学规律的创新发展。水稻亩产提高的潜力到底有多大？在理论上，水稻的光合作用对地表太阳

---

* 袁隆平，男，1930 年 9 月生于江西省德安县。中国杂交水稻育种专家，被称为中国的"杂交水稻之父"，中国工程院院士。现为国家杂交水稻工程技术研究中心暨湖南杂交水稻研究中心主任。著有《杂交水稻》《杂交水稻简明教程》等。

能的利用率可以达到 5%。目前我国水稻平均亩产为 800 公斤左右，只相当于利用了 1%—2%。通过科技进步，把光能的利用率提高到理论水平的一半，即意味着亩产翻番；开展分子水平的育种，达到 3% 的光能利用率也是可能的。因此，尽管"禾下乘凉梦"的实现还有很长的路要走，但它是有科学依据的梦。

科学技术改变着人类社会面貌，推动着人类文明进步，塑造着人类生产生活形态，更新着人类思维方式，我们要相信并敬畏科学的力量。未来，当全球人口达到百亿的时候，解决粮食问题也许要靠人造食物：用水、阳光、二氧化碳加上人工光合作用来制造食物。科学家要勇攀科学高峰，科学进步更要发扬科学精神、讲究科学方法。超级稻的高产不是一亩两亩田，而是几个百亩地片平均亩产都要达到 1000 公斤，实现起来就要靠科学的方法，做到"四良配套"：良种是内在、核心；良法是指好的栽培技术和方法，是手段；良田是基础；良态是要有好的生态环境。

"杂交稻覆盖全球梦"怎么实现？要靠开发好品种，让好种子走出国门。目前，世界一半以上的人口、中国 60% 以上的人口以稻米为主食。可以自豪地说，中国的杂交稻在世界上具有绝对优势，遥遥领先。前年，在菲律宾召开过一个杂交水稻国际会议，世界五大种业公司在会上展示自己的杂交稻新品种，前 3 名都是中国的杂交稻。现在全世界有 22 亿多亩水稻，而包括中国在内只有 3 亿多亩是杂交稻。如果都能改种杂交稻，增产的粮食就可以多养活 5 亿人口。

科技进步需要开放的眼界和走出去的胆识。有人担心，我们把良种输出到国外，被人学去了怎么办？这种担心大可不必。良种输出是分批次进行的，适当输出相对成熟的品种，不会影响我们在这一领域的优势。圆"杂交稻覆盖全球梦"，一要推进改革开放，把我们的好品种拿出去，不要保守；二要扶持我们的种业，国家给予优惠政策，让国内的种业企业走出去与国外企业交流过招、锻炼、壮大自己。"杂交稻覆盖全球梦"既能为世界粮食安全作出贡献，又能大大提高我国的国际地位，自然也能带来可观的经济效益。当前，我国杂交稻研发走在了世界前面，小麦也跟了上来，超级小麦、超级玉米、超级马铃薯正在不断攻关。中国的科学家就应该不断攀登世界科学高峰。

（《人民日报》2015 年 3 月 16 日）

科技引领发展

刘诗白[*]

《中共中央国务院关于深化体制机制改革 加快实施创新驱动发展战略的若干意见》指出："创新是推动一个国家和民族向前发展的重要力量，也是推动整个人类社会向前发展的重要力量。"实施创新驱动发展战略，科技创新是基础和核心。从一定意义上说，科技创新引领经济社会发展。

在市场经济条件下，企业是科技创新的主体。企业科技创新需要依托科技发现和发明，还需要因应市场形势变化。因此，在发展的不同时期，科技创新势头时大时小、领域或宽或窄，但创新活动不断加强是一个大趋势。在一定时期出现的科技创新高潮就是科技革命。第一次科技创新高潮发生于1770—1820年，蒸汽技术革命促使手工工场生产转型，迈上机器大生产台阶。第二次科技创新高潮是19世纪中叶发生的电气技术革命，为电气、重化工、海轮、航空等现代工业发展奠定了技术基础。第三次科技创新高潮是20世纪七八十年代以来的信息和高新技术革命，主要标志是计算机与网络技术、生物技术、新能源、新材料、航天技术、海洋技术等迅速发展。这是一次科技革命高峰，无论自然科学基础理论的新发展，还是各项应用技术的发

---

* 刘诗白，男，1925年5月出生于重庆市。毕业于武汉大学。西南财经大学明誉校长，终身教授。曾任全国人大常委，四川省政协副主席。曾荣获孙冶方经济科学奖。代表作《现代财富论》《体制转型论》。

明创新，以及企业生产技术变革的深度和广度，都是前两次科技革命所不能比拟的。

邓小平同志关于科学技术是第一生产力的论断在高新技术经济中得到生动表现。首先，高新技术使劳动生产率成十上百倍地提高。其次，新型企业迅速形成和发展，成为经济增长的生力军。第三，科技创新活动成为扩大投资的重要动因。第四，高新技术提高产品使用价值，成为刺激消费、开拓市场的有效手段。第五，新兴产业兴起、高端服务业和物流业发展、科技型小微企业发展等创造大量新就业、新职业。第六，高新技术渗透改造传统产业，促使生产技术和产品升级换代，推动产业结构调整升级。第七，高新技术催生绿色工业和绿色企业，开拓出一条人与自然和谐发展的现代化新路。

可见，科技创新越来越成为经济发展最强有力的引擎。曾苦于市场需求不足的西方资本主义国家在二战后迎来一段黄金发展期，很大程度上就是由于科技创新的推动；当前世界经济低迷，很大程度上可归因于现在正处于新科技革命的前夜。在我国，适应和引领经济发展新常态，必须加快科技创新，实施创新驱动发展战略。

高新技术不仅有力影响企业行为和经济运行，而且渗透到社会生活的方方面面，影响和改变人的生活方式和思维方式。可以预期，高新技术的不断创新和普遍应用，将促使工业社会转变为科技、知识社会，重塑现代化的内涵和现代文明。当前，互联网、物联网、云计算、大数据、3D打印等新技术的创新和应用呈加快发展态势，新一轮科技革命正在孕育突破。时代大趋势和我国经济发展进入新常态的新形势，都对加快科技创新、充分发挥科技引领发展的功能提出新的更高的要求。

加快科技创新，根本途径在于优化体制、完善机制。我国形成全方位科技创新大潮，必须深化市场化改革，实行严格的知识产权保护制度，打破制约创新的行业垄断和市场分割，改进新技术新产品新商业模式准入管理等，形成一整套有效激励、支撑和倒逼创新的市场机制，切实使市场在创新资源配置中起决定性作用。还应看到，当代科技创新并不是纯粹由市场力量推动而自发演进的。即使成熟市场经济国家，政府也在加强重大科技发展的支持和对创新人才的培养。我国作为发展中国家，更应发挥好政府对科技创新的支持、引导和推动作用。同时，应加强科技创新的理论研究与宣传，增强全民创新意识，营造尊重科学、鼓励创新的良好社会氛围。

（《人民日报》2015 年 3 月 31 日）

提高公民科学素质是紧迫任务

秦大河 *

科学素质是决定人的思维方式和行为方式的重要因素，是人们过上美好生活的前提，更是实施创新驱动发展战略的基础。在科技日新月异、迅猛发展的今天，科技深刻地影响着经济社会生活的方方面面，公民科学素质已经成为国家综合实力的重要组成部分，成为先进生产力的核心要素之一，成为影响社会稳定、国计民生和生活品质的直接因素。提高我国公民的科学素质，在当前是一个紧迫任务。

2011年，日本发生的9.0级强地震引发核泄漏事故，在我国公众中掀起了一场抢购食盐风波，这凸显出提高公民科学素质的紧迫性。而2007年广东和海南等地"吃了得香蕉黄叶病的香蕉会得癌症"的谣言满天飞，致使香蕉价格不正常地大幅下跌，蕉农损失惨重。这里面的原因比较复杂，但公民科学素质不高显然是一个重要因素，一些人在缺乏科学依据的情况下理所当然地相信"传言"会给自己带来损害。

公民具备基本科学素质，是指了解必要的科学技术知识，掌握基本的科学方法，树立科学思维，崇尚科学精神，并具有一定的应用它们处理实际问题、

---

 * 秦大河，男，1947年1月生。地理学家，中国科学院院士，第三世界科学院院士。现任第十二届全国政协常委、中国科协副主席。长期从事冰冻圈与全球变化研究。参与领导的IPCC工作获诺贝尔和平奖，另获国际气象组织奖、沃尔沃环境奖、国家自然科学二等奖等。

参与公共事务的能力。公民科学素质是可以测量的，国际上的通行做法是通过公民科学素质调查获得在"了解科学知识、理解科学方法、理解科技对个人和社会的影响"三个方面都达标的公民比例。2010 年我国公民具备基本科学素质的比例为 3.27%，预计 2015 年将超过 5%。但是，这个水平仅相当于发达国家 20 世纪 80 年代末的水平。根据调研发现，提高公民科学素质工作的确已取得很大成绩，但由于这是一项"软工作"、长期任务，还有不少地方和部门重视不够、投入不足。据中国科普研究所预测，到 2020 年我国公民具备基本科学素质的比例应超过 10%，才能有效支撑创新型科技人力资源的产出、全面建成小康社会目标的实现。可见，提高公民科学素质非常重要、非常紧迫、非常艰巨。完成这一紧迫又艰巨的任务，需要从以下几方面着力。

将公民科学素质建设纳入国家有关规划。继续颁布《全民科学素质行动计划纲要实施方案（2016—2020 年)》，并将全民科学素质行动计划纲要的实施情况和公民科学素质建设目标的完成情况纳入对有关部门和地方政府的政绩考核中。有了这样的规划和考核，提高公民科学素质的工作才能成为硬任务，也才能取得实效。

将公民科学素质建设纳入国家教育体系，推动重点人群科学素质提升。加大面向青少年的科普力度，加大义务教育阶段科学教育的比重，可以考虑把科学素质测试列为升学和选拔人才的考核内容。将科学素质相关内容列入领导干部和公务员的考录与培训中，并着重提高领导干部的科学决策能力。进一步创新农村及边远地区的科普方式，加大资源倾斜力度，切实加强农村留守人群及边远地区群众的科学素质建设，实现科普公平普惠。

加大投入、完善机制，增强科普的保障能力。继续加大对科普专项经费的财政投入，特别是在农村、少数民族地区、社区等方面加大投入，推动建立稳定增长的科普财政投入机制；在国家重大科技计划项目中增加科普任务，明确规定要有一定比例的经费用于科普；引导和鼓励社会资金投入科普事业，形成多元化的科普投入机制。同时，加强科普信息化建设，充分运用先进信息技术丰富科普内容、创新传播形式，满足公众的个性化需求。

（《人民日报》2015 年 4 月 10 日）

低碳发展：为了可持续的未来

杜祥琬[*]

改革开放 30 多年来，我国经济发展成就举世瞩目，但发展的高碳特征也非常明显。高碳不仅加剧气候变暖，而且与污染有强相关性。今天我们已认识到，光讲发展是不够的，还要讲发展方式、选好发展路径。发展路径选择不仅要考虑能源资源问题，而且要考虑环境容量有限这个基本国情。如果中西部地区沿袭东部一些地区过去的发展路径，我国经济发展就会更高碳。为了可持续的未来，我国转向低碳发展已刻不容缓。

从能源经济学的角度看，发达国家可分成两类：一类是美国、加拿大等国家，现在年人均能耗近 10 吨标准煤；另一类是欧洲和日本等国家，现在年人均能耗是 5 吨标准煤左右。两类国家人均能耗相差一倍之多，对应的人均电力消耗也相差一倍，而人均碳排放相差还不止一倍。一些人经常以美国的发展为标准，但如果世界其他国家都达到美国那样的人均能耗水平，那就得 4 个地球才能养活人类。所以，美国这种高能耗发展模式是不能模仿、不可推广的。对我国来说，控制总量，坚持高效、洁净、低碳，抑制不合理需求，是能源革命和低碳发展非常重要的内涵。可再生能源、核能、天然气（包括页岩气、煤层

---

* 杜祥琬，男，1938 年生于河南省南阳市。1964 年毕业于苏联莫斯科工程物理学院。1997 年当选为中国工程院院士，现任国家能源专家咨询委员会副主任和国家气候变化专家委员会主任。曾主持我国核试验诊断理论和核武器中子学的系统性创新性研究。

气、致密气、天然气水合物等非常规天然气）可称为低碳能源"三匹马"，它们之间的关系不是相互排斥的，而是需要并驾齐驱、形成合力。惟有如此，才能更多地替代煤炭。

在我国，目前已有许多低碳发展方面的实践。近些年，我国产业结构调整力度很大，淘汰落后产能也取得了一定成效。"十一五"期间，我国能源强度下降19.1%，2014年碳强度下降5%；能源梯级利用也有很大进展，工业余热替代北方传统供暖规模试点成功；低碳城市试点初见成效；等等。低碳发展使经济增长更理性、质量效益更高。所以，国际和国内的实践都表明：低碳发展之路可以通向现代化。低碳发展以一种新的经济增长方式重塑经济，实现高质量、高效益的发展。它限制的是粗放、奢华式发展，限制的是不合理需求。走低碳发展之路，既是为了应对气候变化，更是为了国家和人类的可持续发展。

事实上，低碳发展不仅会促进经济发展方式转变，还会带来社会治理和人们思想观念的深刻变革，促进形成低碳社会。低碳社会的基础是城乡一个个低碳"细胞"，包括低碳社区、低碳企业、低碳乡村、低碳家庭等。如果每个"细胞"都能达到低碳水平，就会带来社会治理、公民素质、人们生活方式和思想观念的深刻变革，意义非常重大。在低碳社会建设中，一定要倡导一种新的生活方式和生活理念，即"健康的物质享受、丰富的精神追求"。只有包括吃、住、行等的生活方式和生活理念有了明显进步，低碳社会建设才能成功。比如，我国是人口大国，自然也是生产和生活废弃物排放大国。废弃物不是无用的东西，而是放错了位置的资源。从一定意义上说，废弃物分类资源化利用的程度是生态文明建设和社会进步的标志。废弃物减量化和资源化利用具有可行性，可以带来巨大的环境、经济和社会效益，是低碳社会中意义重大的新兴产业，是建设美丽中国的基础性产业。废弃物分类资源化利用能不能实现，又与人们的生活方式和生活理念有很大关系。所以，走低碳发展之路，需要人人参与。

当今世界，无论发达国家还是发展中国家，都在努力转向绿色低碳发展。这是一个总趋势，也可以说是一场竞赛。在这场竞赛中，我国不能落伍，而必须尽快抢占新的战略制高点，切实迈向生态文明。

（《人民日报》2015年4月22日）

以诗性语言滋养当代教育

范　曾[*]

一个世纪以来，中国的语言文字经历了一次前所未见的洗礼和冲击，那便是从上世纪初开始的白话文运动。这是中华民族历史上经历的罕见的语言文字巨变期，语言文字的变革带来思想观念的改变。

谈及对语言文字变革的具体感受，千人千解，但人们都难以否认古代经典诗词等所体现的诗性语言是我们民族的文化根基。文言文变为白话文进入公共生活，语言更加通俗化、大众化了，诗词也演变为现代诗歌。近些年来，中国的语言文字又经历经济全球化和社会信息化的冲击，语言文字的鄙俗化一度甚嚣尘上，一些低俗语言（包括语言之声调）不断泛滥。今日仍有不少人十分重视传统文化，成为中国诗性语言文字的传承人。然而，文人之秉持挡不住物欲的洪流。低俗之语畅通无阻，时髦之人甘之如饴，一时竟成为自视超前者之最爱。

从人类文化史以观世界各族群，希腊重崇高纯洁之雕塑，德国重萦绕天人之音乐，中国则重节律优美之诗歌。中国自西周至春秋末诗歌的菁华，孔子删留305篇，而"《诗》三百，一言以蔽之，曰'思无邪'"。"思无邪"者，纯洁

---

　　[*]　范曾，男，1938年7月生于江苏省南通市。现为北京大学中国画法研究院院长，中国艺术研究院终身研究员，联合国教科文组织"多元文化特别顾问"，英国格拉斯哥大学名誉文学博士，加拿大阿尔伯塔大学荣誉文学博士。著有《范曾论文学》《国故三讲》等。

也、美好也。孔子将《诗》的大用称作："不学诗，无以言"；"小子何莫学夫《诗》?《诗》，可以兴（兴起），可以观（鉴赏），可以群（共鸣），可以怨（抒情）。迩之事父（孝也），远之事君（忠也，非仅指帝王，社稷、宗庙、疆域、山川皆是也），多识于鸟兽草木之名（回归自然之意也）。"中国古老的儒家哲学之"本体论"《大学》、"方法论"《中庸》，亦皆以《诗经》结尾，可见诗性语言是中华民族高雅、博大、纯净、典丽的光辉传统。

固然，中国语言文字在历史长河中亦有兴有衰，然终不至于堕落，不凭一时一际的下滑而衰败。即以所谓"文起八代之衰"的韩愈、柳宗元论，他们所厌恶的乃是八代中的少数衰败者，而从来不曾忽视八代中的杰出文人如庾信、谢安、鲍照等；只是他们心目中有更高焉者，如两汉司马迁、班固、贾谊等人。至于"八股文"，是科举实用之"时文"，当不在文学史研究范畴。

令人扼腕的是，近代一些知识分子以为中国之落后，罪魁祸首是中国之语言文字，如钱玄同是汉语拉丁化之倡导者，胡适也曾作如是观，因为他们彼时皆年轻气盛。我丝毫不怀疑他们对国家的爱之深，然而若依他们的意愿行事，那真是对中国语言文字釜底抽薪式的摧毁。所幸几千年中国博学睿智之士的创制与积累，大概是不容易被一下子毁灭的。倒是辛亥革命之后依旧留着长辫子的王国维的名言"天不亡我中华，必不亡中华之文化"深深令我感动，这几乎是一条不用置辩的真理。

今天，我们正在尽心竭力振兴中华文化、提高中华文化的影响力和感染力，这中间必然有着诗经、楚辞、骈文、唐诗、宋词之瑰丽篇章。被海外媒体称为"习式风格"的习近平同志系列重要讲话、文章、访谈，从诸子百家到唐诗宋词，对古代典籍、经典名句的引用堪为典范，让我们体会到中国诗性语言之美。习近平同志高度重视弘扬中华优秀传统文化，这是我们在新的历史时期重要的文化战略。今天，我们应用诗性语言滋养当代教育，让当代教育根植中华文化沃土。

（《人民日报》2015 年 4 月 23 日）

从审美教育入手改善文化生态

邢贲思*

近来，政治生态问题引起人们广泛关注。有的地方和部门领导班子出现多名贪官，表明其政治生态存在明显问题。政治生态问题，说到底是文化生态问题。一些干部特别是领导干部成为贪官，固然主要是政治问题，但其根源是信念缺失、精神空虚、道德沦丧，而这和不良的文化生态有关。可以说，正是病态的文化生态孕育了病态的政治生态；不改善文化生态，政治生态就无法得到有效改善。

改善文化生态是一项系统工程，需要做大量工作，但根本是价值观教育，特别是社会主义核心价值观教育。这种教育可以提高人们的政治自觉、伦理自觉和审美自觉，提升人们的精神境界。这种教育应持之以恒，扩展至学校、家庭、社会；应内化于心、外化于行，使人们对社会主义核心价值观不仅内心认同，而且自觉贯彻。打铁还需自身硬。只有自身的精神免疫力增强了，才能抵御"社会病"的侵袭；只有越来越多的人精神状态健康了，文化生态才能得到切实改善。

改善文化生态需要重视审美教育。在我国教育体系中一直设有思想政治

* 邢贲思，男，1930年1月生于浙江省杭州市。中央党校原副校长。主要著作有《西方哲学史上的人道主义》《费尔巴哈的人本主义》《哲学和启蒙》《哲学与时代》《在思想战线上》《与时俱进的马克思主义》等。

课，对政治教育和道德教育较为重视。相比之下，审美教育显得不足。有的学校开设了美术课，但这并不等于进行了审美教育，不能把从技术上教人们怎样画画、怎样做美工等同于审美教育。审美教育本质上是一种价值观教育，旨在使人们懂得什么是美、什么是丑，从而培养人们的审美自觉，激发人们向往美、寻求美、实现美的动力和潜能。当年赵元任在清华大学当教授时，曾开设过艺术欣赏课。一般学校尤其是中小学缺乏开设艺术欣赏课的条件，但可以充分利用社会资源，例如组织学生到美术馆、博物馆参观，组织他们观看思想性、艺术性都好的戏剧、电影、综艺演出，或欣赏高雅音乐，使他们获得审美愉悦、受到审美教育。这是国外通常采用并行之有效的教学方法，不妨合理借鉴。

不但学生需要审美教育，党员干部包括领导干部也需要审美教育。不应低估审美教育对提升精神境界的作用，这种教育往往和伦理教育有异曲同工之妙。正如有的艺术家所说的，艺术可以"成教化，正得失，助人伦"。如果党员干部工作之余少一点应酬，多看一点好书，多欣赏一点好的艺术品，使自己的精神世界得到充实，那些不健康的东西就会被冲刷掉不少。王安石的一首词写道："无奈被些名利缚，无奈被他情耽搁"。要使自己从物欲的束缚、耽搁中摆脱出来，就必须使自己的精神有所寄托，这既包括理想信念、道德情操，也包括审美追求。

优秀的艺术作品能在艺术美和心灵美之间架起一座桥梁，是审美教育的有效载体。盛世需华章，需要更多既适合青少年也适合成年人、既为群众所需也为干部所需的优秀艺术作品。例如，通过审美艺术片展示不同历史时期人类创造的艺术精品，有助于人们认识和把握真善美，反观社会上、文化界存在的一些假恶丑现象，就会形成强烈的对比，从而作出自觉的价值选择。价值判断和认知判断不同，是一种或然判断，更多地需要人们去感受、去体会。通过善恶、美丑的对比，人们就能更好地感受和体会什么是善、什么是美。参与艺术欣赏一类的活动，不仅能使人们在繁忙的学习工作之余得到放松，而且能使人们的精神得到洗礼。这对于净化文化生态、政治生态都不无裨益。

（《人民日报》2015 年 4 月 29 日）

科研评价要过好三道关

黄　维*

　　科研评价问题，是当前的一个热点、难点问题。无论认识上的彷徨，还是实践中的探索，都充斥着喧嚣。改进科研评价，首先应有以下共识：科研成果必须经得起时间检验，科研评价必须过好三道关——质量关、人情关、功利关。

　　质量关怎么过？对于科研人员来说，必须严格遵守学术规范。遵守学术道德和学术规范是治学的起码要求，是学者的学术良心。治学必须严于律己，做出真正有学术价值、有较高水平、有利于社会的成果。对于科研管理部门来说，必须制定符合科学发展规律的政策，加强顶层设计，从制度上屏蔽人情因素的干扰。应创造条件，逐步增加国外同行评议的权重，尤其应改变重数量、轻质量的倾向，更加注重对科研成果创新力、影响力的考量。立足当下，在专家评审模式暂时无可替代的情况下，应不断推进高素质专家队伍建设，提高专家队伍门槛，建立国家专家库。专家遴选应考虑两项指标：一是学术水平和判断力，二是品行操守和公道心。二者都很重要，缺一不可。此外，还需对专家评审机制进一步优化，借鉴国际经验，深入推进精细化评审、阳光评审、良心评审，切实捍卫科研评价体系的公信力和公正性。同时，加强异议处理制度和

　　*　黄维，男，1965年5月生于河北省唐山市。1983年毕业于北京大学，1992年在北京大学获博士学位。2011年当选为中国科学院院士。现为南京工业大学校长。在构建有机光电子学科体系方面取得重要创新意义的研究成果。主要著作有《有机电子学》、《生物电子学》等。

可追溯、可撤销机制建设，让科研评价不再是一锤定音。

人情关怎么过？坦率地说，受社会上一些不良风气的影响，当下学术界的学风并没有出现根本性好转，学术不端、学术失范乃至学术腐败等问题在一定程度上仍然存在。近年来，每次参与评审，都会收到说情的电话、邮件、短信和微信等。这种现象在一些高级别的学术评审中也屡见不鲜，导致一些非学术因素干扰科研评价，包括各类人才和科技项目评审。中国社会是高度人情化的社会，此风不消，再完善的科研评价体系也难免形同虚设，难以发挥应有作用。而长此以往，将使科研成果评价和各类人才评价有失公允，干扰正常的科技创新活动和人才培养进程，也影响科技、教育资源的合理配置，可谓"千里之堤，溃于蚁穴"。

功利关怎么过？这涉及更深层次的问题。目前，科研评价有日益功利化的趋向。以科技奖励为例，本应是一种荣誉上的奖励，但在实际操作中往往与奖金、头衔等过度挂钩，与个人利益息息相关，甚至成为评选各类人才不成文的"硬指标"和潜规则。个别高校和科研机构还把申请各类奖励作为体现学校教学科研实力的重要指标。同时，各种大学排行榜甚嚣尘上，将"功利"二字演绎得淋漓尽致。这已脱离了科研评价的动机和宗旨，使高校立德树人的公信力受到损害。科学研究的动力应该是兴趣、爱好、好奇心，绝非"功利"二字。庄子曾云："功利机巧，必忘夫人之心"。科学研究应该是独立的、有灵魂的，一旦被"功利"二字所操纵和蒙蔽，很难想象能取得经天纬地的创新成果。"水深则流缓"。科学研究是一项高尚的事业，需要淡定、自信、优雅、从容，需要长期积累、不懈努力。科研管理政策同样需要力戒急功近利，注重从长计议。

过好这三道难关，需要做多方面努力，而树立正确的法治观则带有基础性、根本性。"奉法者强则国强，奉法者弱则国弱。"对于科学研究来说也是如此。学术界必须不断增强法治观念，推进依法治学，推动科研评价体系走向法治化、科学化。例如，通过科技成果转化立法对科研人员进行有效激励，完善专利法保障知识产权等。这些工作做好了，科研人员创新的活力才能被激发起来、释放出来，融入"大众创业、万众创新"的时代潮流之中。

（《人民日报》2015 年 5 月 4 日）

教育改革发展需要双轮驱动

顾明远 *

　　教育领域是当前社会公众议论较多的一个热点。对教育现状的评价可以用一句话来概括：成绩不小，问题不少。改革开放30多年来，教育事业发展的成绩有目共睹，但公众的意见越来越多。这并不奇怪，恰恰说明了教育的广泛普及。诸如"为什么你的孩子能上重点学校，我的孩子只能上普通学校"等等，教育公平问题就是这样出现的。可见，教育中出现的许多问题都是教育发展中的问题，是因为经济社会发展超出了教育作为社会公益事业的保障能力、教育发展跟不上人民群众的需求。

　　现在，公众谈论的许多"教育问题"其实并不是简单的教育问题，而是社会问题在教育上的反映。2007年我曾在一次座谈会上提出取消"奥数班"的意见，当场一位小学生就发言："不上'奥数班'就上不了好初中，上不了好初中就考不上好高中，上不了好高中就考不上好大学，上不了好大学将来毕业就找不到好工作，没有好工作我怎么养家糊口啊？"这话出自小学生之口，让人觉得又可笑又可叹。这反映一些教育问题的根子并不在教育本身，而在于社会，教育的激烈竞争是社会竞争在教育上的反映。因此，解决教育

---

　　* 顾明远，男，1929年10月生于江苏省江阴市。北京师范大学原副校长，现为国家教育咨询委员会会员、中国教育学会名誉会长、北京师范大学资深教授。著有《比较教育导论》《中国教育的文化基础》等，主编《教育大辞典》《中国教育大百科全书》等。

问题需要全社会共同努力，以转变观念与建设制度两个轮子驱动教育改革发展。

转变观念涉及不同主体。一是各级政府应转变观念。要认真贯彻党的教育方针，把立德树人作为教育的根本任务，让学校和教师能够真正按照教育规律办学，回归教育本真，推进素质教育，使学生得到全面而个性化的发展。二是家长应转变观念。家长不应给孩子预设生活和前途，不应拔苗助长，而应顺应孩子发展的自然，遵循孩子发展的规律，循序渐进。知识不是学得越早越好、越多越好，更为重要的是培养孩子良好的生活习惯和学习能力以及完善的人格、开朗的心态。有了这些优良品质，将来就能成才。家长还应以平和心态对待孩子的发展，克服攀比心理，重视孩子的特点，培养孩子的兴趣爱好，让孩子在愉快的气氛中学习。三是教师应转变观念。树立人人皆可成才的观念，热爱每个学生，尊重每个学生，理解和信任每个学生；树立以学生为主体的观念，用显微镜去发现学生的优点，而不能用放大镜去找学生的缺点；善于发现和培养学生的兴趣和特长，把学习的选择权交给学生，让学生自主自动、生动活泼地生活和学习。

教育观念的转变不是天上掉下来的，也不是大家喊喊口号就能实现的，要有物质基础，要靠制度建设来保证。应按照党的十八届四中全会精神，依法治教，认真贯彻执行教育法律法规，并建立监督问责机制。一是完善投入机制。当前，人们最关心的是教育公平问题，教育的无序竞争也源于教育发展的不均衡。这种不均衡会拉大地区间教育质量的差距，进而加剧教育不公平，制约我国教育发展。现在，发达地区与欠发达地区的生均教育经费差距很大。可以考虑制定一个全国生均教育经费底线，省级统筹达不到的省份由中央补贴。二是改革评价制度。不以升学率和考试成绩评价学校和教师，把教师从分数中解放出来。这样，教师才能放开手脚改革人才培养模式，改进教学方法。这次中央出台的考试招生制度改革，就有利于中学教育改革、推进素质教育，也有利于促进家长、教师转变观念。三是推进教育结构改革。应增加对职业教育的投入，提高教育质量，促进校企合作，增加就业机会，提高职校毕业生待遇，解决千军万马挤向普通大学这一独木桥的难题。四是改进教育治理方式。政府应简政放权，明确学校职责，不应把所有社会责任都加在学校身上。现在学校每年要接收上级下发的大量红头文件，包括交通、安全、卫生等等，校长天天忙于开会，没有时间指导学校的教育教学工作。政府部门应改进学校管理方式，松绑放权，让学校自主办学，办出特色和水平。

（《人民日报》2015 年 5 月 14 日）

科普托起中国梦

汤钊猷 *

现在大家都在谈论如何实现中国梦，我认为人民大众的人文素养和科学素养是重要基石。目前大力培育和弘扬的社会主义核心价值观，可以理解为是对人文素养的概括，是非常重要的。同时，也不能轻视科学素养的培育和提高，否则也难以实现中华民族伟大复兴。我是搞肝癌研究的。20 世纪 80 年代，我写了《肝癌漫话》一文，有幸获奖并收录在《中国科普佳作精选》一书中。那时就想，如果能通过一篇文章，引起专业肝癌研究工作者思考，引起非专业人员兴趣，给肝癌患者以希望，那就会有千千万万的人投入战斗，至少也可以声援或支持我们的战斗。我确信，攻克肝癌一定要靠千百万人的共同努力。同理，实现中国梦，更需要全国人民的投入。科学素养是实现中国梦必不可少的基石，而科普则是提高人们科学素养的重要途径。

科学素养我理解有三个方面内涵：一是科学知识，属于"硬实力"；二是科学方法；三是科学精神。其中的后二者可理解为"软实力"。硬实力和软实力相辅相成，硬实力是基础，软实力是灵魂。科普的任务首先是传播科学知识。科学知识有两个层次，现在普及科学常识的比较多，结合国情系统传播科

────────────────
　* 汤钊猷，男，1930 年 12 月生于广东省江门市新会区。1954 年毕业于上海第一医学院。中国工程院院士、著名肿瘤外科专家、国际癌症大会肝癌会前主席。现为复旦大学肝癌研究所所长、教授。从事肝癌临床诊治和基础性研究，使我国肝癌临床诊治水平长期处于国际领先地位。

学研究最新进展和动向的比较少，而后者恰恰是提高科学素养必不可少的。其次，科普也应重视宣传科学方法。我在科研过程中体会到，辩证思维是科研取得进展所不可或缺的，为此写了《试论早期肝癌研究之道》等文章。辩证思维是科学方法的核心，其中"逆向思维"也就是质疑，往往是取胜之道。为此，我又写了《提高软实力，迎接新挑战》一文，还出版了《医学"软件"》《中国式抗癌——孙子兵法中的智慧》等书。我以为，世界上一切先进的科技都应该学习，但不结合国情做到洋为中用、不加以"质疑"，就会变成全盘西化，永远跟着别人走。我国有五千多年文明的积淀，这是发展有中国特色的科学的重要源泉。最后，科普需要传播的更为重要的东西是科学精神，其中严谨和创新是重中之重。伟大的科学发现都是严谨求实的产物，而不是急功近利的结果。至于是否严谨、是否创新，还需要通过实践去检验，所以重视实践也是科普需要强调的。总之，科普不仅要给人以科学知识，还要培养人掌握科学方法和科学精神，最好能给人以启发，激起人强烈的创新欲望。

科普既然如此重要，那么应该如何去推进呢？我提倡两条腿走路，首先是科学家自己动手写科普文章，同时也需要一支科普专业队伍。提倡科学家自己写科普文章，是因为科学家掌握第一手资料，而且只有科学家才能写出科研的思路。例如，我能写出《肝癌漫话》，是因为当时我们已有诊治1000多名肝癌病人的经验和教训，有全国3000多名肝癌病人的资料，有十几年早诊早治的实践和思路，还了解当时国内外相关动态。这些都是写好科普文章的基础。科学家写科普文章，不仅有助于科学普及，对自己也有帮助。因为科学论文的读者是专业人员，很多问题无须去解析；而科普文章的读者是非专业人员，不但语言要通俗，还要"从头讲起"，其目的不单是让读者"知其然""知其所以然"，还要"知其来龙去脉"。写科普文章的过程对科学家也是一个提高。除了提倡科学家自己动手写科普文章，科普工作也的确需要有一支专业队伍。多年前我曾看过《科学美国人》上关于癌症的科普文章，至今印象深刻，它就是有广泛专业知识和人文修养的科普专业人员写的。在科普方面，我们还需进一步努力。

（《人民日报》2015年5月27日）

教育是"点燃一把火"

谢和平 *

推动高等教育内涵式发展，需要我们深入思考和回答"为什么教、教什么、怎么教"的时代课题。在全面推进高等教育综合改革中，认真思考和解答教育的本质、教育的责任、教育的生命等问题显得尤为重要。

对于教育工作者来说，只有认真探索和科学把握教育的本质，才能搞好教育、激发和增强教育活力。教育不只是"注满一桶水"，而且是"点燃一把火"。一个人获得知识的途径和平台有很多，可以随时查阅、下载学习资料，进行自主学习，大学要做的是去启迪而不是灌输，是要"点燃一把火"。事实上，教育的本质就是发掘被教育者的潜能，培养人自由全面发展的能力，使学生获得最适合自己的教育。爱因斯坦说过，兴趣是最好的老师。如果我们对教育的理解是"点燃一把火"，着重去发掘每个人的潜能，学生就会自发去学习、去努力、去奋斗，就会很好地成长。

大学的教育工作者对学生承担着责任，应该把学生培养好。古语云："子不教，父之过；教不严，师之惰。"学生进入大学，如果没有成长好，教育工作者就负有责任。孔子说："有教无类"。所以，不管学生如何，大学都应因材

* 谢和平，男，1956 年 1 月生于湖南省双峰县。1987 年毕业于中国矿业大学，获博士学位。现为中国工程院院士、第十二届全国人大代表，现任四川大学校长，被德国克劳斯塔尔工业大学、英国诺丁汉大学授予荣誉博士学位。长期从事矿山工程力学的理论与应用研究。

施教，让每个学生都能成长成才。这是大学应尽的责任，也是每位大学教师、教育管理者应尽的责任。

教育是有生命的，不是简单的教与学两个孤立的部分。教育的生命就是爱心，没有爱就没有教育。无论课堂教育还是课后教育，实际上都是一种爱心的传递，而不只是简单的上课和交流。教师上课时给学生的一个眼神、一个启示、一声问候，对学生都有很大影响。当前，"慕课"等网络课程迅速发展，很多人提出：大学还有没有必要存在？其实，无论科技发展水平有多高，信息传递有多迅捷，教育都不会消失，因为教育是有生命的。教育是人类发展进步的基础和源泉。学生在大学校园通过课堂教学，通过师生互动，感受教师的爱心，这是任何网络课程都代替不了的。师生之间的情感传递、智慧启迪是不可能被新技术、新手段、新媒体取代的。

理解教育的本质、担负教育的责任、领悟教育的生命，才能把握教育的科学过程，努力把每个学生都培养成才，使他们尽量优秀，有参与社会竞争的能力和素质。从这个角度出发，衡量大学教育质量的重要标准不是学生掌握的知识量和获得的学分有多少，而是大学培养的学生素养高不高、能力强不强、视野宽不宽。

现在，大学生的知识积累并不差，但素养问题成为社会关注的热点。有人认为，一些学生的道德品行、人文修养、诚信、能力等与老一代学生差距较大。事实是否如此还需要深入分析，但大学教育的确需要抓学生素养，即素质与修养。大学应开设更多的文化素质教育课程，使学生懂文化、悟经典，具备深厚的人文底蕴。

不少大学生具备较好的知识基础，但一干具体工作就显得能力缺乏。大学生的能力主要体现在三个方面，即独立思考能力、创新创业能力、协作精神和社会担当能力。这三种能力是大学人才培养的重中之重。为了培养学生这三种能力，大学应勇于改革创新，构建一套完备的人才培养体系，使学生真正具有国际竞争力。

一个人的视野决定其成就，决定其人生高度。大学生应有宽广的视野，尤其要有国际视野。应坚持将大学生国际视野培养作为一件大事来抓，将国际化教育实践贯穿于专业设置、课程建设、实践教学、氛围营造等教育教学全过程。鼓励国内高校与国外一流大学联合培养学生，增强学生国际交流交往能力。

（《人民日报》2015 年 6 月 26 日）

以协同创新推动中国制造由大变强

卢秉恒 *

制造业是国民经济的支柱产业，是国家综合实力的重要体现。改革开放以来，我国制造业发展迅速，目前已成为世界第一制造大国。但是，从单位GDP 的能源消耗、环境代价来看，我国相当于先进国家的两倍。这样的中国制造是不可持续的，我们必须向制造业高端的方向发展。为改变制造业大而不强的局面，今年 5 月国务院发布《中国制造 2025》，提出了通过"三步走"实现制造强国的目标。

制造业是工业强国的必争之地。目前，德国启动了工业 4.0 计划。这是在互联网时代以信息物理系统为基础的工业革命，其主要特征是绿色生产、智能制造、敏捷制造。工业 4.0 的实施依靠物联网＋务联网，物联网是物理零部件的交流；务联网是将制造任务进行分解，通过工业互联网组织最优的资源合作生产。国际金融危机后，美国为重振制造业，提出"在美国发明，在美国制造"。同时，为了填补基础研究与产业化之间的鸿沟，还提出制造创新网络计划，以弥补产业化技术的短板。比较中、德、美三国，德国的工业优势在于质量过硬、基础雄厚、工艺严谨；美国的优势在于创新能力强、高科技发达、集

* 卢秉恒，男，1945 年生于安徽省亳州市。1986 年获西安交通大学工科博士学位，2005 年当选中国工程院院士。现任快速制造国家工程中心主任，兼任"高档数控机床"技术总师等职。主研方向为增材制造、数控机床、微纳制造、生物制造等。著有《机械制造技术基础》等。

中了全球资源与精英；中国的优势在于拥有比较完整的工业体系、内需市场巨大、人力资源丰富。当前，我国面对同发达国家的阶段性差距，需要在对工业2.0、工业3.0进行补课的同时发展工业4.0。这意味着追赶与跨越并举，需要发挥好政府科学有效的调控作用，汇集有限社会资源，加强协同创新。

高端制造装备是大国重器，战略性新兴产业的发展依赖于高端制造装备的水平。无论大飞机、发动机、新能源、生物医疗、新材料、海洋工程，还是约束核聚变、对地观测、空间站等战略性产业及国家尖端科技，没有自己的高端制造装备，就只能亦步亦趋地跟随发展、受制于人。实现中国制造由大变强，我们必须走技术自主、结构合理、高端制造装备领先的大国制造之路。

应充分保护和利用我国巨大的需求，以市场需求支持装备制造业发展。一个领域的需求就可能带动一个装备制造领域的发展，如航空航天、汽车领域对高档数控机床的需求。这就要求各项计划、各个行业互动协同发展。这是大国制造应该认真思考的问题。在新产品研发时，应有针对性地开展国产化制造装备研发，注重"第一罐奶粉"效应。

对于目前存在的共性技术缺乏问题，需要创新思路进行国家级创新中心建设。在这方面，可以借鉴德国、美国的做法。比如，德国弗朗霍夫研究院是德国工业创新的策源地，它始建于1949年，现在有67个专业研究所。这些研究所往往建在大学附近，每个研究所由2到3名曾任企业高管的教授领军，400余人规模，其经费来源是政府资助、项目经费及企业委托各占1/3，确保其研究代表先进水平、满足企业需求。正是研究机构持之以恒的研究，成就了德国制造的精良。美国为了把基础研究与产业化技术更好地连接起来，启动了制造创新网络计划，由NIST（美国国家标准与技术院）牵头，收集社会建议与组织评审后逐步推进建设，目前已建有增材制造、轻量化、数字化设计制造等制造创新网络。其特点是快速组建创新链，实现最优资源组合，实行网络化运行，重视创新工艺与标准研究等。

做好协同创新，在科技计划协同方面，国家科技计划应以标准、基础研究为先，重视产业化共性技术，以创新思想、发明专利为评审依据。在产学研协同方面，企业应成为投资研发、应用成果、集成创新的主体。在金融与科技、产业协同方面，应改善制造业的资金环境。目前我国制造业利润率低于同期银行贷款利率，这样的资金环境不利于制造业发展。如何引导资金更多流向实体经济、先进制造业，加强金融对创新的支持，这是"中国制造2025"能否顺利实施的关键。在人才协同方面，应建立科学的学科评估标准，引导创新与工程能力培养。实施"中国制造2025"，需要培养工业4.0时代的企业家，需要具有互联网思维与精通制造工程科技的领军人物以及一大批创客、极客等。

（《人民日报》2015年9月23日）

创新创业教育须做到"四个面向"

郑晓静 *

在国家实施"大众创业、万众创新"战略的过程中，高校加强创新创业教育，关键是做到"四个面向"。

面向全体。加强创新创业教育，不仅是针对当前高校人才培养中普遍存在的创新精神和能力不足问题而提出的重要举措，更是对高等教育事业本身所具有的创新特质的进一步凸显。因此，以创新为内核、以育人为导向加强创新创业教育，就不能将其狭隘地理解为只是针对少数有志于创业学生的单独"处方"，而应作为面向全体学生的根本任务。对于高校而言，不能简单地把创新创业教育看成一种为了促进就业的应景之举、一种局限于科技创新的教育活动、一种针对少数有创办企业志趣学生的技能引导，而是要面向全体学生，为学生终身发展奠定基础，使其在不同领域、不同行业、不同岗位都能善于思考、勇于开拓、乐于尝试，培养和造就规模宏大、类型齐全、层次各异的创新型人才队伍。

面向全程。创新是高等教育的基本特质，是人才培养的重要底色，也是创新创业教育的内核。但创新并不是一门独立的学科，也不是独立于教学体系和

* 郑晓静，女，1958 年 5 月生，籍贯浙江省。1987 年在兰州大学获理学博士学位。中国科学院院士、发展中国家科学院院士。现任西安电子科技大学校长。长期从事板壳非线性力学、电磁固体力学和风沙环境力学研究。获"国家科技进步二等奖""国家自然科学二等奖"等。

学业规划之外的独立环节。个人扎实的知识储备和深厚的综合素养是创新能力孕育和产生的重要基础。某种程度上讲,整个教育过程就是一个不断创新、不断推动创新的过程。加强创新创业教育,需要将创新创业实践环节的强化、教师创新创业教学能力的提升、校园创新创业文化的营造等纳入人才培养全过程。不仅如此,创新创业教育也不应局限于校园之内,而应以开放的姿态着力推进高校与政府、社会、企业协同育人,形成多方合作、交叉培养的育人机制。

面向育人。以育人为根本,促进人的全面发展,是创新创业教育最根本的价值体现。首先,创新创业教育应注重激励和引导学生走上自我发展之路。通过各种类型和形式的创新创业活动,使学生养成包括逻辑理性思维、批判性思维、创造性思维在内的思维习惯和思考方法;在知识体系构建中以问题和需求引导学生将他人传授的知识转化为自身内在的知识,形成运用、研究和创新知识的能力。其次,创新创业教育应注重帮助和引导学生认识自我、发展自我。通过给学生提供多种多样的尝试机会和平台,磨炼其不甘平庸、不怕失败、追求卓越的人生态度和进取向上、锲而不舍、精益求精的精神品质。再次,创新创业教育应注重引导学生认识社会、体悟责任。应在创新创业教育活动中使学生深刻体悟个人对国家、社会、民族的责任。

面向未来。"十年树木,百年树人",创新创业教育不可能一蹴而就。面向未来开展创新创业教育,首先,绝不能短视。要摒弃急功近利思想,切实将服务国家创新驱动发展战略的当前需求与培育国家创新体系的未来生力军相结合,将促进学生的大学学习与终身学习相结合,把创新创业融入专业教育,而不能将其等同于岗位职业培训和企业家速成训练。其次,绝不能搞短期行为。要把握创新创业教育的精髓,充分发挥高校文化传承与创新功能,既解决当下人才培养中创新精神和能力不足的问题,又在学生心中播撒创新创业的种子,厚培激发创新创业灵感、养成批判性创造性思维的土壤。

（《人民日报》2015 年 10 月 28 日）

科技创新需改革人才培养方式

丁仲礼[*]

科技创新是实施创新驱动发展战略的核心，科技创新能力主要取决于人才。因此，创新驱动说到底是人才驱动。经历几十年的快速发展，我国科技人才数量已居世界前列，但要从人才大国转变为人才强国，任务还很艰巨，尤其是在科技人才培养方式上还需要进行实实在在的改革。

当今时代，绝大部分优秀科技人才都经历了系统的本科、研究生教育。因此，改革人才培养方式，需要对高等教育不同阶段的目标定位、培养重点、课程体系、教学方式等作出妥善安排，使历时10年左右的人才培养形成一个紧密衔接的体系。从本科教育看，目前有一些问题值得关注。

一是对本科低年级教学不够重视。过去有一个很好的传统，即安排最好的老师给本科一、二年级学生授课，使其尽快适应大学的学习方式。然而，在建设研究型大学的过程中，这个传统被削弱了。随着科研成果在大学评价、教师评价中的占比不断增大，最优秀的教师很少有时间站在本科课程的讲台上。其实，科研与教学并非二元对立，而是相互促进的，大学的科研应与学科建设紧密联系起来。

----

* 丁仲礼，男，1957年1月生于浙江省嵊州市。1988年在中国科学院地质研究所获博士学位。现任中国科学院副院长，中国科学院大学校长，中国科学院院士。主要从事第四纪地质与古环境等方面的研究。

二是尚未把尊重学生的兴趣落到实处。兴趣是最好的老师,但在本科教育实践中,通过激发学生兴趣来提高其学习积极性做得还不够,许多学校对学生转专业等问题缺乏弹性制度安排,以至许多有"专业情绪"的学生早早失去了学习积极性。

三是课程体系通识化有待加强。在我国开始大规模研究生招生前,本科教育强调专业性人才培养。而研究生教育发展起来后,本科教育的重点应尽快转到通识性人才培养上。但目前,真正意义上的通识性人才培养体系还有待建立。对于创新型科技人才培养来说,其课程学习应主要经历公共基础课、专业基础课、专业方向课三个阶段,最后进入科研阶段。本科阶段的重点应是公共基础课、专业基础课学习,其中人文社科类课程应占较高比例,还应留出空间让学生自主选课。

四是尚未建立淘汰制度。要成为高水平科技人才,学生必须下苦功读书、做学问。这就需要建立一套机制,使本科阶段的学习比高中阶段更辛苦、研究生阶段的学习比本科生阶段更忙碌。当前,一些大学生尽管天资很高,但由于各种原因出现"混日子"现象。对于这一现象,最好的解决办法就是建立淘汰制度。当然,现阶段要在所有大学都建立以学业表现为标准的淘汰制度是比较困难的,但应鼓励先行先试,同时对于被淘汰的学生要有妥善的制度安排。

研究生教育是优秀科技人才的主体培养阶段,其中一些问题也需要关注。我国的研究生教育以大学为主、研究院所为辅,近年来则越来越强调科教融合。从研究生的培养目标——学会做研究出发,目前的格局有其可取之处。但从操作层面看,有不少方面需要改革。例如,课程体系与教学方式问题。研究生阶段的课程学习,应在专业方向课学深的基础上,再追求相关专业知识的广博。在教学上,不能采取"满堂灌"的方式,而须把重点放在研讨式学习上,把自学与研讨相结合作为主要方式。对于学术型研究生,目前分别通过硕士、博士研究生考试招录。为提高培养效率,这种做法可以适当调整。今后应更多以博士研究生方式录取学生:有意读博的学生,必须通过严格的博士资格考试才能撰写博士论文,通不过者撰写硕士论文。这样可以保证研究生在 5 年左右的时间内集中攻读一个专业方向,而硕士读完再考博士则难以做到这一点。还需要建立和完善更有利于科技创新人才培养的研究生名额分配机制,优先满足优秀导师、国家重点项目承担人、研究经费充裕者以及核心关键技术研发、未来技术研究、科技难题攻关单位和团队的招生需求。此外，研究生培养的经费支出包括奖学金，应主要来自科研经费，同科研项目紧密联系。

（《人民日报》2015 年 11 月 4 日）

—— 治学篇 ——

一世读书抵封侯

陈先达[*]

大红大紫非我有，满床满架复何求。人生百样各有得，一世读书抵封侯。

这是我就读书问题写的一首小诗。"一世读书抵封侯"，在一些大富大贵者看来也许属于酸葡萄心理。不过，与"朝为骄子暮为囚"、欲以读书终老而不可得者相比，一个人终生有书可读，而且能自由阅读，难道不是一种幸福吗？人各有所求，读书人应以读书为乐。当然，不要读成书呆子，像《聊斋·书痴》中的那位彭城郎君。

我读书，首先是职业需要。哲学专业是一个需要广泛读书的专业，不仅要读哲学书，文史类的书也要读一点。从读的角度说，书对我来说没有好坏之别、鲜花毒草之分。坏书，读后知道它坏在哪里，应该如何评价，能说出个一二三来，就算有收获，这种书对我并不算坏。反之，好书读后说不出好在哪里，没有体会，不能从中得到启发，也算白读。我把读坏书比为吃砒霜，得其法能治病；读好书如食人参虫草，如不能吸收，等于白费。

除了专业需要，读书还对修身养性大有好处。培根在《论读书》中说，"读书使人充实"，并列举了读各种书的好处，如"读史使人明智，读诗使人

---

　　* 陈先达，男，1930 年 12 月生于江西省波阳县。1956 年毕业于中国人民大学哲学研究生班。现任教育部社会科学委员会委员，中国人民大学学术委员会主任，国务院特殊津贴专家。著有《陈先达文集》(14 卷)《马克思主义与中国传统文化》等。

聪慧，演算使人精密，哲理使人深刻，道德使人高尚，逻辑修辞使人善辩。"但培根说的另外一句话——"知识能塑造人的性格"更发人深省。"精神上的各种缺陷，都可以通过求知来改善——正如身体上的缺陷，可以通过适当的运动来改善一样。"读书的确可以养性、可以怡情，使人的精神世界得到充实提升。我个人也有这方面的体验：有时心里不安，有点焦虑急躁，就拿一本自己喜欢的书来读，开始读不下去，思想会跑马，慢慢心就安静下来了。回过来一看，原来那些焦虑急躁全是庸人自扰。有时有点生气，或为某事不愉快，也是找本书来读，消消怒气，过一会儿就好了。一个读书人手中有书，心情就会平静下来。对于那些浮躁、坐不住的人，我总说，读书吧，能把一本书从头到尾读下来，你就能静下来。与其来回踱步、团团转，终日内心如万马奔驰，不如安心读点书。

一个把阅读当作生活方式、当作生命一部分的人，能够健康长寿。书是一味最好的保健药。凡是喜欢读书，以读书为乐，勤于用脑的人，都比终日无所事事的人活得健康、活得明白。如果不用脑，不读书，一旦退休，就会迅速衰老。虽然也可以搓麻将、遛狗，但我总认为不如阅读。如果每天抽点时间读书，可能更好些。当然人各有各的活法，这不能强求。

清人张朝在《幽梦影》一书中说，"藏书不难，能看书为难；看书不难，能读为难；读书不难，能用为难；能用不难，能记为难。"最后一句有可议之处。记，决不会难于用。博闻强记是一种本事，但决不是读书的目的。单纯能记住书中所言，与引证时临时查用区别不大。学止于行而已，这是我国的老话。不会用只能记，最好也不过是"书橱"，不足为贵。但前几句话却很有启发。看书不难，读书为难，亦为知味之言。读书人喜欢读书，这极为平常，也极为正常。不喜欢读书的"读书人"，不算读书人。但只读书而不会用书，往往是书痴。用书比读书更难。读书可以带来愉悦，可以坐在沙发上，半靠在床上，甚至完全放平手捧书本，优哉、游哉！但用书则要实践，须身体力行，改变自我。就我自己的体会来说，读书是一种享受，而用书往往是一种痛苦。用书是一个"洗脑"的过程，凡有偏见者很难接受有不同意见的好书；用书还需言行合一，凡根本不准备践履者，即使对句句真理、字字珠玑的宝书也只是"叫好"而已，雨过水无痕，读与不读一个样。

看书宜多，读书宜精。看书多，可以东翻翻西翻翻，增加知识，拓宽视野；读书则应认真，深入研究，举一反三，碰撞出思想火花来。当然，读书不能单纯是喜好，书痴并非用书，而是对书的一种癖好。如果读书无助于做人与行事，与未读无异。能记并非最重要的，重要的还是用。能记，可以引经据典，头头是道，终无实际本领。文人纸上谈兵，不能实战，如赵括，熟读兵书，终于全军覆没，此为能读书而不能用书者之鉴。

看书容易，读书很难，而用书更难。能读书，能用书，能用好书，方是一个读书人的最高境界。

（《人民日报》2013 年 10 月 13 日）

师心与师古

张世英 [*]

近年来，经常遇到一种令我尴尬的局面。有人问："你近来研究些什么？"我不知如何回答。有一次，我对提问的某君说："思考一些哲学问题"。后来，这句回答得到了反馈："据某君说，张先生近来没研究什么，似乎既非中也非西，既非黑格尔也非海德格尔。"我无言以对，心想："总之，是非驴非马"。以后又有人问我同样的问题时，我怕人家责怪我"回避问题"，就多少有些言不由衷地答复："我在研究海德格尔"，或者说："我在研究王阳明"。提问的人听后似乎觉得我回答得很具体。其实，我近些年虽然的确细读了海德格尔和王阳明的一些书，但哪里谈得上什么研究海德格尔，研究王阳明！

由此想到了许多。记得德国学者施耐德巴赫说过这么一段话：现在的德国哲学界以对过去的伟大文献作注释、修订、整理、重版为时尚，对哲学问题的活生生的思考似乎在泯灭；名为哲学家实为历史学家或语文学家的人都有一种"逃避症"，即逃避以第一人称讲话的危险，他们不敢说"我说"、"我认为"，而是畏缩地称"他说""他认为"。这里的"他"，指的是哲学史上已经故去的伟大哲学家。

* 张世英，男，1921 年 5 月生于湖北省武汉市。1946 年毕业于西南联合大学哲学系，现任北京大学哲学系教授、北京大学美学中心学术委员会主任。主要著作有《哲学导论》《进入澄明之境——哲学的新方向》等。

我无意议论德国哲学界的情况，只想谈谈对当前我国哲学界的感受。我们的情况比之德国恐怕有过之而无不及。中国人为学，向有注疏的传统，即使是个人的重大创见，也寓于对古人的注疏之中。改革开放以来，此风渐减。但近些年，各种形式的整理国故之风又起。即使是那些不属整理国故之列的研究，其对象也大多不是中国的"子曰诗云"，就是西方的"康德说""维特根斯坦说"，总之是"他说"。其中确有很有价值的创见和新意，但这种"我说"仍然是"我说他之所说"，似乎不说他之所说，我就无话可说。于是"研究"一词，就变成了研究"他说"之专名。谁要是以思考问题为主，谁就是研究的"非驴非马"，算不得搞研究。我认为国故不可不整理，"他说"不可不研究，但若以此为主流，形成一种惟此为学问的时风，则不足取。中国人向有师心与师古之说，我倒是主张以师心为主，师古为辅。我这里用"古"字所表示的，并非严格意义的古人，而是一切"他说"，包括今人之"他说"在内，凡"他说"均已过去，也可强名之曰"古"。

近读严羽的《沧浪诗话》，颇有会意。严羽教人学诗"以汉魏晋盛唐为师"，"先须熟读楚辞，朝夕讽咏以为之本"，次及汉魏古诗、乐府以至李杜，"然后博取盛唐名家，酝酿胸中，久之自然悟入"。从这些话来看，严羽似乎是一个主师古说者。然而，严羽在《诗辨》中开宗明义第一句却说的是"夫学诗以识为主"。这似乎是矛盾。例如叶燮就是这样看的。他在《原诗》中说：沧浪教人以汉魏晋盛唐为师，则"瞽者亦能相随而行，何待有识而方知乎？"在叶燮看来，师古就是盲从，"何待有识"？其实，严羽说的是"以识为主"，并不排斥读书、师古。"夫诗有别材，非关书也……而古人未尝不读书。""别材"者，"真性情所寄"也，实即师心。但读书、师古却可以助人"悟入"，关键在书如何读、古如何师。杜甫说："读书破万卷，下笔如有神。"书读得"破"，为我心所用，助我笔下之"神"，斯为上矣。我这里的用意不是指研究古人之"他说"时要有"破"万卷书的精神——那已是不待言的了，更主要的是希望由此更上一层楼，"说我说"，而不停留于"说他说"。

我之所以用《沧浪诗话》来讲师心与师古、别材与读书的关系，就因为诗是创作，此种创作不同于哲学史家或国故整理者在研究"他说"中的创新。诗从根本上讲，从现实中来，从生活实践中来。哲学亦然。还是施耐德巴赫教授说得好：哲学的拯救在于"重振自我"，"建立我说"。我们应该根据现实和生活实践，创造自我的哲学。我且模仿严羽的话说一句作为结束语："夫哲学有别材，非关书也，然古之哲人未尝不读书。"

（《人民日报》2013 年 11 月 15 日）

"三多"与"三勤"——治学管见

邢贲思[*]

治学之道，存乎一心。正所谓"条条道路通罗马"，选择哪条道路，不可一概而论。就我个人几十年的体会来说，可以归纳为"三多"与"三勤"，即多读、多思、多写，眼勤、脑勤、手勤。

多读对应于眼勤，即勤于用眼、多读学术经典，做到沉潜反复、广泛涉猎。学术经典不同于小说散文，大都文字比较艰深、义理比较抽象，读一遍两遍很难识其堂奥。这并不可怕。我国古人说得好：书读百遍，其义自见。只要反复读、用心读，对经典的理解就会越来越深入、越来越全面，常常会出现"山重水复疑无路，柳暗花明又一村"的喜人局面。多读的另外一层含义是博览群书。从一定意义上说，只要时间和精力许可，书读得越多越好、越杂越好。例如，搞哲学研究的人不但应读哲学经典，还应读文学经典、史学经典、经济学经典、政治学经典、社会学经典等等。在学科交叉和融合不断深化的今天，治学者的知识面越宽，就越容易得出前沿性的、一流的研究成果。

多思对应于脑勤，即勤于用脑，把对学术经典的学习和思考结合起来。孔子说："学而不思则罔，思而不学则殆"，是很有道理的。只注重对经典的学习

---

* 邢贲思，男，1930年1月生于浙江省杭州市。中央党校原副校长。主要著作有《西方哲学史上的人道主义》《费尔巴哈的人本主义》《哲学和启蒙》《哲学与时代》《在思想战线上》《与时俱进的马克思主义》等。

而不思考，纵然知道其中的一些概念、范畴，也难以深刻理解它们，更不会灵活运用，遇到问题的时候还是会一筹莫展。反之，只注重独自思考而不学习经典，就容易重复前人所走过的路，做很多无用功。只有将学习与思考有机结合起来，才能深刻理解经典中的思想和观点，并在此基础上得出自己的创见。做到这一点，写读书笔记是一个有效方式。我年轻的时候有写读书笔记的习惯，写了20多本哲学和文化方面的读书笔记。通过这种方式，我们可以巩固和加深对经典的理解，同时及时记录自己的思想火花，为以后形成创见打下良好基础。

多写对应于手勤，即勤于用手，多练笔，多写文章。俗话说，熟能生巧。治学也是如此。哲学社会科学工作者的学术成果大都是通过文章和专著体现出来的。要系统展现自己的思想和观点，多写是不二法门。在勤动手、多练笔的过程中，对学术规范的掌握就会越来越熟练，对文字和语言的驾驭能力就会越来越强，逻辑思维能力和理论水平就能不断提高。相应地，论文和学术成果的质量与水平也能不断提高。

需要指出的是，无论多读、多思还是多写，都离不开"静心"二字。"静心养神"是挂在我家客厅里的一幅字，也是我从事学术研究的座右铭。当今社会，人们面临的诱惑太多、杂事太多，很难静下心来。但对于治学者来说，既然选择了学术和理论研究，就必须有静下心来"坐冷板凳"的精神，拿出"十年磨一剑"的功夫和定力。如果心浮气躁，阅读、思考和写作就很容易流于表面，纵然数量再多，益处也不大。1982年到1986年，我协助胡绳同志主编《中国大百科全书·哲学卷》，在差不多4年的时间内，心无旁骛，只做这件事情。这件事对我的启发是：无论研究什么，都要把心静下来，做到全神贯注、全力以赴，这样才能拿出经得起历史和实践检验的学术成果来。

（《人民日报》2014年1月4日）

治学关键在于勤

高　放[*]

从 1949 年进入大学工作，至今已有 60 多年，培养了几批学生，出了一些研究成果，学界和社会给予了诸多荣誉。很多人曾问我治学的"成功秘笈"。扪心自问，唯有用唐朝鸿儒韩愈的箴言回答："业精于勤，荒于嬉"。具体而言，就是坚持做到"五勤"。

勤学习。"活到老，学到老。"这句话虽然常常被人挂在嘴边，但真正能做到的人却不多。无论何时何地，无论身处逆境还是顺境，我都提醒自己要勤学习。通读、精读国内外经典名著，那是向书本学习；下乡下厂劳动锻炼和调查研究，那是向群众学习；到外地、外国考察，那是向实践学习。现在虽然年岁已高，下不去、跑不动了，眼睛也不好使了，但我仍然坚持每天拿着放大镜读书看报，留心获取新资料、捕捉新信息，家里报刊有 115 种之多。此外，还注意经常从来访者和自己能接触到的人那里了解各方面的现状实况。

勤积累。"好记性不如烂笔头。"一个人纵使有再好的记性，也敌不过海量信息的轰炸。我的方法就是坚持不懈地积累各方面的资料：读书看报、听别人发言，总要记些要点；专业用书，尽量收藏齐全；报刊资料，按专题分类，用

---

　　* 高放，原名高元浤，1927 年 2 月生于福建省福州市。著名学者，政治学家、共运史学家、马克思主义学家、社会主义学家，中国人民大学国际关系学院教授，2009 年被中国人民大学授予荣誉一级教授称号。1993 年以来，六家出版社先后出版《高放文集》9 本。

文件袋装好；零星资料，写卡片分类排列。也许年轻人觉得这种方法很土，认为现在一上网什么信息资料都能查到。的确，当今信息科技日新月异，大家可以轻松通过电脑查寻到各种信息和资料。但需要提醒的是，一定要认真核实这些信息资料之后方能使用。在我看来，这种很土的方法除了能积累有形的物质资料，还能积累无形的精神资料，也就是从勤积累中发现值得重视的问题以及自己的感悟。这对做好学问大有裨益。

勤思考。"学而不思则罔，思而不学则殆"。学术上要有所创新，关键是要善于独立思考。首先，要善于从学习收获和积累资料中发现问题，尤其是与前人有不同看法的问题，或者前人未涉及、未深入的问题。其次，要善于思考如何去破解这些问题。对于考证性的微观问题，要从深入细查中外文资料入手，多种假设、潜心求证；对于理论性的宏观问题，要坚持辩证唯物主义和历史唯物主义的立场、观点和方法，不唯书、不唯上、只唯实，敢于提出自己的新见解。在哲学社会科学研究中，要做到思想解放、认知创新，必须有高度的科学精神、高深的哲学素养、高超的观察能力和高尚的人生境界，只为探究真理、咨政育人、振兴中华、造福人类，决不能随波逐流、左右偏颇、追求名利、误人子弟。

勤讲课。"士兵的生命在战场，教师的生命在课堂"。通过课堂传道、授业、解惑，教书育人，是教师人生价值的重要体现。在多年执教经验的基础上，我总结出了悉心、精心、倾心的"三心"教学法，即课前悉心准备，写出讲授要点；课堂精心讲解，力求引人入胜；课后倾心交流，征求听者意见。这一教学法在实践中收到了良好效果。另外，对于教师而言，勤讲课不仅能够"教学相长"，在虚心听取学生意见后自我改进、自我提升；而且能够锻炼思维、锻炼口才，因为深奥的理论原理和复杂的历史事件，在讲课时总要深思如何通俗、简明地进行讲解，如何用形象、生动的语言进行表述。

勤写作。"文章千古事"。课堂讲解受众有限，报刊发表文稿传播更广。讲课的讲稿经过整理、加工、深化，就能出研究成果，写出的研究成果又有助于提高教学质量，这就是所谓的"教研相长"。同时，勤写作是增进自己文采的好机会，经常动笔就会琢磨遣词造句，使自己的文章不仅文字流畅，而且有感染力。就像老舍所言，"才华是刀刃，辛苦是磨刀石，很锋利的刀刃，若日久不用石磨，也会生锈"；"熟才能生巧。写过一遍，尽管不像样子，也会带来不少好处。不断地写作才会逐渐摸到文艺创作的底。字纸篓子是我的密友，常往里面扔弃废稿，一定会有成功的那一天"。哲学社会科学研究也是如此。

（《人民日报》2014 年 3 月 7 日）

使学术"植根于中国土壤之中"

——怀念陆学艺先生

景天魁*

吴文藻和费孝通有一个精辟论断：中国社会学一定是"'植根于中国土壤之中'的社会学"。陆学艺典范式地实践了这一条学术路线。陆学艺的学问散发着中国的泥土芳香，是具有中国风格、中国气派的真学问。他之所以能够取得世所公认的学术成就，主要是因为他坚持了"植根于中国土壤之中"的学术路线。

所谓"学术路线"，是指学术研究和学术发展所秉持的根本取向、基本原则、价值追求，以及据此所作的路径选择。所谓"中国土壤"，不仅指与"三农"研究有关的狭义"土壤"，而且指广义的"中国实际"，但又不是一般意义上的"联系实际"，而是扎根于中国实际。

西方社会学对中国学术来说是所谓的"舶来品"。在中国怎样发展这个学科，解决中西问题就具有首要意义。吴文藻、费孝通等在20世纪30年代倡导"社会学中国化"，在当时是反潮流的，但他们矢志不移。改革开放以后，费

* 景天魁，男，1943年生于山东省蓬莱市。中国社会科学院学部委员、社会政法学部副主任。主要研究社会发展理论、福利社会学。主要代表作：《打开社会奥秘的钥匙》(1981年)、《社会发展的时空结构》(2002年)、《底线公平：和谐社会的基础》(2009年)。

孝通主持恢复和重建社会学，不断语重心长地强调要坚持"社会学中国化"这个根本方向。陆学艺自 20 世纪 80 年代进入社会学界以来，始终坚持这条学术路线，身体力行，并不断充实和发展。他留给我们最宝贵的精神财富，就是这条"植根于中国土壤之中"的学术路线，我们应当格外珍惜和继承。

第一，"中国土壤"对于形成中国社会学有独特价值。他在文集"自序"中说："我们这一代知识分子，正遇上我们伟大祖国经济社会发生历史性变迁的时期……这些转变发生在拥有 10 多亿人口的大国之中，其规模之宏大，形式之多样，波澜壮阔，错综复杂，这是难逢的历史机遇。不仅我国的前代学人没有遇到过，就是欧美工业化国家的学者也没有遇到过，他们只经历了工业化过程中的某个阶段，而我们这一代人却经历了我们国家工业化的前期、初期，直到现在中期阶段的整个社会变迁的历史过程"。中国的现代化过程，不是西方历史过程的重复。中国如此丰富宝贵的经验事实，并不是只配充当检验西方概念、西方命题的案例和素材。从"中国土壤"中，必定能够生长出不亚于西方的、能够回答中国问题的中国社会学，能够崛起对世界面临的共同问题作出中国式回答的中国学术，甚至能够形成在某些方面回答已有西方理论回答不了的中国理论。

第二，做学问就要遵循"实践第一"原则。他对调查研究达到了着迷的程度，善于抓住每一次了解实际经验的机会。即使到了晚年，仍乐此不疲。例如，2012 年他已 79 岁，本来是到银川参加社会学年会，但偶然听说某地农民搬迁搞得好，当即要求去看看。他一生最津津乐道的就是他创办的那些调查基地：北京市大兴区（芦城）和延庆县、山东省陵县、江苏省太仓市、福建省晋江市等等，每一个基地都如同他的掌上明珠，格外珍爱，精心呵护。

第三，从来不把自己对西方理论的了解拿来炫耀，从来不把西方的概念、理论用作可以贴到中国经验上的"标签"。这种极其审慎的态度，一方面表现了他对中国经验的尊重，另一方面也表现了他对西方理论的尊重。能够用中国习惯语言表达的，他从不搬弄西方生僻的概念；能够用通俗语言表达的，他从不卖弄艰涩的语言。他经常强调，要珍重中国语言，说中国人懂得的话。

他的学术成果，具有浓重的中国特色，立足于中国实际，为了解决中国问题，不空谈，不做作，不照搬洋教条，不摆花架子，合情（国情）、合理（学理)、合用(现实需要)。

第四,善于抓住中国问题的特质,紧扣中国发展的关键。他一生紧紧抓住"三农"问题不放,盯住城乡二元结构体制这个要害,从而能够深刻认识中国的现代化道路与欧美、日本的根本区别。写文章、出主意都能敲到点子上,鞭辟入里,不荒腔走板。

费老倡导的、陆学艺作出典范的这条学术路线,其目标追求的是"中国社会学",是"中国化"的社会学,是直面中国问题,运用适合中国的概念,得出对中国有用的结论,提出符合中国实际的方案,促进中国富强、民主、文明、和谐的"富民学""强国学"。这才是中国风格、中国气派,才是可能给世界社会学增添新内容、带来新气象的学问。

"植根于中国土壤之中"的学术路线,费老终其一生矢志不渝,坚持下来了;陆学艺终其一生坚持下来并充实发展。我们是延续、发扬,还是改变、抛弃?到底怎么看"中国社会学"的本质和特点?如何做一个正在走向伟大复兴的中国的社会学学者?我们拿什么样的成果回报人民、展示世人……这些问题,就是学术路线的目标指向问题,是我们在纪念陆学艺时应该深思的。

(《人民日报》2014 年 10 月 10 日)

理论学习不能片面化碎片化

杨春贵[*]

理论学习是党员干部的安身立命之基、干事创业之本。加强理论学习，贵在全面、系统、深入地读原著、学原文、悟原理，避免片面化碎片化。

重视读原著是党的理论武装工作的好传统，也是一条重要历史经验。毛泽东同志历来重视干部对马列著作的学习，经常结合不同时期的需要提出一些书目，称作"干部必读"，要求全党同志学习。中央党校的教学方针中就有一条，叫"两为主，一加强"，即以自学为主、学习原著为主，加强对实际问题的研讨。2011 年 5 月 13 日，习近平同志在中央党校以《领导干部要重视学习马克思主义经典著作》为题给学员作报告，列出 18 篇马列和毛泽东著作，要求大家"专心致志地读、原原本本地读、反反复复地读"。

重视读原著，有一种观点值得注意。有人认为，只要认真读了原著，那些第二手的东西就可以不必学了。这是片面的。好的辅导报告、辅导材料和体会文章、著作，都有价值，适当地听一些、看一些是有益的，有助于我们对原著的理解，有助于启发思想、拓展思路，有助于开阔视野、增长知识。但是，只重视二手资料的学习而不重视读原著，更是片面的，因为所有二手资料都不能代替我们对原

---

* 杨春贵，男，1936 年生于辽宁省阜新市。中央党校原副校长，教授，博士生导师。中央马克思主义理论研究和建设工程《马克思主义哲学》课题组首席专家，《马克思主义与社会科学方法论教学大纲》课题组首席专家。

394

著的阅读。任何解读都不可避免地带有解读者的烙印，解读者的长处和短处在解读的过程中会自觉不自觉地表现出来。如果不阅读原著，就难以弄清哪些解读是正确的、哪些解读是偏颇的，甚至可能被一些带有明显错误倾向的观点所误导。

恩格斯说过，一个人想研究科学问题，首先要学会按照作者写作的原样去阅读自己要加以利用的著作，并且不要读出原著中没有的东西。在各种思潮相互激荡、思想领域的矛盾和斗争错综复杂的今天，人们对同一讲话、同一文献作出不同甚至相反的解读，并不是什么罕见的现象；至于说由于认识能力的局限而出现种种主观、片面和肤浅的解读，更是在所难免。所以，我们必须用主要的时间和精力去阅读、钻研原著，辅之以阅读第二手材料，而不能颠倒主次、舍本求末。

阅读原著和原文是提高理论素养和政治鉴别力的必由之路。党的十八大以来，习近平同志发表系列重要讲话，提出一系列独创性的思想理论观点，进一步丰富和发展了中国特色社会主义理论体系。深入学习习近平同志系列重要讲话，是当前理论武装工作的重中之重。专心致志地、原原本本地、反反复复地阅读习近平同志系列重要讲话，不但可以使我们完整准确地把握其精神实质，而且可以使我们从中受到理想信念教育、家国情怀感染、担当精神启迪、朴实文风熏陶。这种潜心阅读本身就是一个锤炼党性、丰富知识、开阔视野、增加思想深度、训练思维能力的过程，是一个培养高瞻远瞩的战略眼光和脚踏实地的工作作风的过程。现在的阅读条件很好，习近平同志的重要讲话很多都在媒体上发表，我们可以及时阅读；《习近平谈治国理政》一书的出版发行，便于我们集中和系统地阅读。

对于习近平同志系列重要讲话涉及的基本问题及其内在联系，以及回答这些基本问题时所阐明的基本观点及其内在联系，我们都应全面、系统地加以把握，不能只知其一、不知其他。不同部门的党员干部可以而且应当结合自己的实际着重学习某一方面的理论，但不能只学这一方面的理论而忽视其他方面的理论，因为只有懂全局性的东西才能更好掌握局部性的东西。

不论研究什么问题，都要注重基本观点之间的关联，不能陷入非此即彼的片面性，不能导致理论武装碎片化，因为真理是全面的、联系着的。

（《人民日报》2015 年 1 月 21 日）

既读书也行路

魏宏运 *

历史学是一门古老而又富有生机的学科，也是一门智慧之学，它通过真实可信、广泛充分的史料，让人们知古鉴今、展望未来。要做到这些，古人所说的"读万卷书，行万里路"颇有启发意义。

研究历史，书斋里、图书馆里的阅读非常重要。史学工作者要有锲而不舍、金石可镂的理念，有坐冷板凳的精神，尽量收集和阅读有历史价值的文献与书籍，把读和思紧密结合起来。然而，仅仅如此还不够。特别是对于近现代史研究来说，还应走向社会，深入农村、工厂等去调查，把书斋里的史料和调查所得的材料结合起来，这样才能在头脑中形成清晰的认识，更好地理解历史。过往一个时期，历史研究多侧重政治与军事，这很重要，但难以说明社会全貌。社会是多元多样的，要理解真实的社会，就必须研究物质文明的发展，研究人们的衣食住行，丰富人们的认识。在这方面，实地调查大有可为。对于近现代史研究来说，也有条件开展实地调查。

在历史研究中，实地调查得到了国家有关部门的支持，也让我收获良多。如 20 世纪三四十年代华北农村社会调查与研究，被列为国家"七五"社科基

---

    * 魏宏运，男，1925 年 1 月生于陕西省西安市长安区。1951 年毕业于南开大学，留校任教至今。著名中国近现代史学家、中国现代史学会名誉会长、南开大学荣誉教授。著有《孙中山年谱》《中国近代历史的进程》《抗日战争与中国社会》等，主编《20 世纪华北农村调查记录》等。

金重点课题。我与课题组成员带着问题出发，调查了冀东农村和太行山地区的人口、地理环境、农村基层政权的演变、农作物生产、农具及农作物技术改良、城镇集市贸易、宗教迷信、宗族、秘密会党、土匪兵痞、文化教育、民情民俗、灾荒、土改等情况。1996年，冀东农村调查相关成果出版。20世纪90年代，我又到北京市房山县吴店村和顺义县沙井村、天津市静海县冯家村、河北省栾城县寺北柴村、山东省平原县夏家寨村调查。这一调查在20世纪30年代日本"满铁"调查机构对这5个村庄的调查资料基础上，把调查时间范围延续至20世纪90年代，积累了大量口述与文字资料。整个调查花了近6年时间，形成了《二十世纪华北农村调查记录》，构建了20世纪华北农村社会变迁与民众生活、心理变化的实态，"让农民叙说他们的20世纪史"。实地调查与书斋里的研究不一样，并非一帆风顺，但那确确实实是在抢救资料、抢救历史，有益于民族历史文化的积累。既然如此，就必须知难而进。这是学者应有的态度和精神。

孟子讲："尽信书，不如无书。"对这句话，通过实地调查我们有了更深体会。这不仅因为我们想要了解的东西书本上没有，而且因为有些书本上的东西与实地调查结果相去甚远。有的资料在大图书馆找不到，却在乡镇发现了；有些情况书上记载是这样的，听亲身经历者讲述却是那样的。这让实地调查变成很有意义的事情，越调查越有兴趣，可获得许多意想不到的东西。只要抱着小学生的态度问这问那、问东问西，社会就会变成一个大学堂。通过实地调查，史学工作者可以得到锤炼，也会对历史产生许多新的认识，获得某一领域的发言权。回顾自己的学术历程，一些研究成果能获得好评，与注重实地调查是有很大关系的。

历史研究的目的在于求真，历史学的影响力就在于反映历史的真实。践行历史学求真之道，既要读书万卷，也要行路万里。后一点我们重视得还不够，需要大力提倡。

（《人民日报》2015年3月2日）

做学问不能太功利

汪子嵩 *

中国人做学问，一向注重经世致用。这无可非议，甚至可以说是一个好传统。但对文、史、哲等人文科学和自然科学中的基础理论而言，很多研究与现实生活的联系并不十分紧密，显得比较"玄远"，因而也就被一些研究者有意无意地忽略甚至放弃了。当前，学术研究中存在功利色彩较浓、学风比较浮躁的问题，不愿沉下心来搞基础研究的现象就显得更为突出。在这样的情形下，有必要大力倡导为探求真知而做学问的精神。

谈到这个问题，我对古希腊哲人亚里士多德的一段话感到特别亲切。他在《形而上学》中讲到哲学的起源和价值时说：最初人们是由于好奇而开始哲学思考的，先是对身边困惑的事情感到惊讶，逐渐对那些现象如月亮、太阳和星辰的变化，以及万物的生成产生疑问。一个感到疑难和惊奇的人会觉得自己无知，为了摆脱无知而进行思考，这是为了知识而追求知识。事实证明，只有当种种生活必需品全都具备以后，人们才会进行这样的思考。

在这里，亚里士多德第一次提出了"为知识而知识"的思想。人们本来是为了好奇，或者是对于宇宙以及日月星辰的变化感到惊讶，或者是对社会、政

* 汪子嵩，男，1921年生于浙江省杭州市。西南联大哲学系毕业，后考入北京大学文科研究所。曾任人民日报理论部副主任、中华全国外国哲学史研究会理事长，主要著作有《亚里士多德关于本体的学说》《希腊哲学史》等。

治、经济等产生了问题，去研究它，从而产生学术——哲学和科学，人类从无知逐渐变为有知，这便是人类探索和发现真理的过程。古希腊哲学最初探求宇宙的本原问题。当代著名天体物理学家霍金教授在其享有盛誉的科普读物《时间简史》中，对"宇宙论"发展历史作了全面论述。他在开始时提出问题：我们对宇宙了解多少？我们又是怎样才知道的呢？宇宙从何而来，又将向何处去？宇宙有开端吗？霍金在介绍与论述了亚里士多德和托勒密的"地心说"，哥白尼和伽利略反对这种传统学说而提出"日心说"，牛顿的万有引力和康德提出的宇宙既有开端又没有开端、既有限又无限的二律背反定律，哈勃提出的"大爆炸"假设，爱因斯坦的相对论，海森堡发现的"测不准原理"及他和薛定谔、狄拉克提出的量子力学理论后，提出了大爆炸和黑洞的理论。

宇宙是什么？它有开始和终结吗？它是有限的还是无限的？这个由古代希腊哲学家提出的原始问题，两千多年来，多少哲学家、科学家都在寻求解答；前人提出的解答和假设不断被后人所纠正、推翻和发展；其间产生的众多世界级的著名学者，提出永远会被人们记住的著名理论，像相对论、测不准原理这样的理论被普遍应用，推动了整个科学的发展。人类对宇宙的知识就是这样丰富和发展起来的，以后它还将不断地丰富发展下去。霍金在书中以深入浅出的手法、明白易懂的文字将这段人类认识的历史展示给我们，也提到李政道、杨振宁和吴健雄这三位中国科学家的贡献。

像这样的问题，在中国古代并不是没有被提出来过，但除了神话和宗教外，似乎较少被当作一个重要的学术问题来进行认真研究。因为从我们传统价值观念看，研究这类问题没有什么实用价值，无益于国计民生，更不能治国平天下，因此我们对于一些基础理论研究总是觉得陌生，感到距离较远。现在，通过这个宇宙理论的实例我们明白了：许多探求未知的基础理论研究，实际上并不是没有用处，而是能增进人类知识、推动哲学和科学繁荣进步、促进人类文明发展。

进行这种为探求真知而进行的基础理论研究，必然是自由的。但是千万不要将亚里士多德所说的"将一个为自己而不是为他人活着的人称为自由人"这句话，仅仅理解为"只顾自己利益，不管他人死活"的自私的人。古代希腊是奴隶社会，在那里，凡是奴隶都是不能为自己、只能为主人活着的人；因此他们认为只有能为自己活着的人才能被称为"自由民"。这种自由，首先是可以根据自己的喜欢和爱好，选择研究什么样的问题。更重要的是，做学术研究应该不受外力干扰，研究者能够独立思考，以自己的头脑进行科学研究。这样做学问就不会太功利。

（《人民日报》2015 年 4 月 15 日）

持之以恒与言之有故

汤志钧 *

持之以恒与言之有故是治学箴言。不持之以恒，很难言之有故；要言之有故，必须持之以恒。

持之以恒，就是学者始终坚持自己的学术追求，不论社会怎么变革、环境怎样变化，自己的学术信念总是不变，总能按照自身选定的领域与课题稳步前进。持之以恒体现的是学者的学术定力，即不为功名利禄所驱使、不为时风世风所动摇。研究今文经学的产生、发展、变化，是我的一大学术追求，同时由经入史、由古代而近代，持之以恒，算来已超过半个多世纪。经是以孔子为代表的儒家思想的集中体现，有古文经学和今文经学之分。研究历史一定要懂经学，这样才能够比较清楚地了解中国古代史。经学对近代政治的影响也很明显，比如康有为就是研究今文经学的，他利用今文经学里的理由言论作为变法维新的根据。在当今时代条件下，经学研究定然赶不上时代发展的快节奏，研究经学的纯学术著作也引不起很大社会反响。于是，在浮躁风气的影响下，有的原来研究经学的人耐不住寂寞、坐不住"冷板凳"，转而去炮制"趋时之作"，这很可惜。还有一些历史研究者没有耐心去研读经书，而是先在主观上

---

　　* 汤志钧，男，1924 年 6 月生于江苏省常州市。上海社会科学院历史研究所研究员。曾任上海社会科学院历史研究所副所长、近代史研究室主任。研究领域为经学、中国近代史与戊戌变法等。著有《戊戌变法史论丛》《章太炎年谱长编》等。

形成一个想法，再从经书中找材料。这看似讨巧，实则有害。出现这些现象，根源在于缺乏持之以恒的精神。持之以恒是个"慢活"，也是个"力气活"，要求我们坐得住"冷板凳"，不屈服于外部环境的诱惑和压力，以学术为生命、为志业，真正做到平淡为学、力行恒久。

言之有故，就是言必有据、拒绝空谈。在学术研究中，无论是编纂资料、编写讲义，还是发表论文、出版著作，都需要确实有据、潜研深究。只有坚持言之有故，对一些问题的认识才可能符合历史实际。比如，关于康有为《大同书》的成书年代，我的研究结果是不可能撰于1884年，而是撰于1901—1902年康有为避居印度时，定稿则更迟。这一判断就是在坚持言之有故、数证共举下得出的。康有为虽自称："吾年二十七，当光绪甲申……感国难，哀民生，著'大同书'。"但这是不足信的。首先，《大同书》中记载1884年以后的事例很多；其次，"大同"的名称源于"礼运"，但康有为研究《礼运》并为《礼运》作注，是在1896年以后的事；再次，康有为弟子在变法以前都没有看到《大同书》。综合上述之"故"，才能得出康有为不可能在1884年即撰《大同书》的结论。而梁启超所说"到辛丑、壬寅（1901—1902）之间，先生避居印度，乃著为成书"，是可信的。可见，言之有故不是一言便可"有故"，需要仔细推敲，找出其所以然。

言之有故，还需要在详细占有资料的基础上进行实事求是的分析，得出比较正确的结论，否则就容易以偏概全、似是而非。例如，人们一般认为章太炎是反对白话文的，这是事实。但如果说章太炎"一贯反对白话文"，这个判断就没有坚持实事求是，结论就不正确。章太炎在《逐满歌》中写道："第一仇人在眼前，光绪皇帝名载湉"。这两句诗通俗直白，怎么说也不能算作"文言"。在日本京都大学，我们可以看到章太炎的《佛学手稿》，其中写道："近代许多宗教，各有不同，依常论来说，佛法也是一种宗教，但问怎么样唤作宗教，不可不有个界说。假如没有所信仰，就称宗教，那么各种学说，除了怀疑论以外，没有一样不是宗教。就是法律学者信仰国家，也不得不给他一个宗教的名号，何况佛法呢？"上述章太炎的手稿是其亲笔所写，正文内容完全是白话，并加了断句。由此可见，章太炎是反对白话文，但不能说"一贯反对白话文"。在某个时期，他不但没有反对，而且自己也写了"白话"。由此我们就可以再探究，为什么章太炎对于白话文有态度上的这个转变。

当今社会，发展节奏日益加快。这难免会对学者的心态带来一定影响，但持之以恒与言之有故应成为学者治学不变的信条。学术研究总是在持之以恒、言之有故中不断累积直至有所成就的。

（《人民日报》2015 年 4 月 20 日）

综合研究是历史研究的基本方法

胡昭曦 *

我国素有"读万卷书，行万里路"的传统。宋人王质指出："世传，杜诗不读万卷书、不行一万里不可以观。"明人陈第说："读万卷书，不行万里道，不足以知山川。"清人潘天成概括道："大丈夫不读万卷书不走万里路，安能作好文章明圣贤之道乎！"这一传统对于做学问来说，就是讲究综合研究。近世又有二重证据法、三重证据法、多重证据法的运用，这些也都是讲综合研究的方法。把综合研究这种方法运用到史学中，就是要求史学家将文献记载与考古成果、社会调查和实地考察等相结合，将史学与其他相关学科相结合，走出书斋拓展视野、扩充资料，进行多学科多方位多层次的综合研究，用多种证据弄清历史的真面目。综合研究方法，应该成为历史研究的基本方法。

研究历史，首先得阅读历史文献，这是必要前提。我国存有长时期连绵不断、浩瀚丰富的官私文献，这是进行历史研究得天独厚的条件。但是，阅读了并不意味着就读懂了。要读懂有关历史文献，需要了解作者写作过程，并尽可能多方验证，包括到实地去考察。在研究晚宋历史和宋代四川历史时，我在阅读历史文献后经常会产生一些问题，于是就带着这些问题到四川省内50多个

---

　　* 胡昭曦，男，1933 年 2 月生于四川省自贡市。1961 年毕业于四川大学历史系，留校任教至今。现为四川大学历史文化学院教授、博士生导师。著有《巴蜀历史考察研究》《胡昭曦宋史论集》《宋蒙（元）关系史》《宋代蜀学研究》《四川书院史》等。

县、市进行实地考察，通过实地考察才算真正读懂了文献。比如，为了弄清宋与蒙古（元）在四川的长期战争，考察了现存山城遗址 15 座、水碛 2 处、铁锁关 1 处，对地理形势、攻防设施、战法战场、交通路线等有了更形象的了解，认识到文献记载之实，也获得了文献上得不到的资料，还搜集到一批珍贵文物。再具体下去，比如四川东面的夔门险关是如何被攻破的？把文献记载与实地考察结合起来，就能明白原来攻蜀者是以水军主力驻瞿塘峡东口，另派小部队暗中攀援江岸山道向西，再顺江而东，上下流夹击，守军就被瓦解了。又如，被称为"走遍天下路，难过新津渡"的新津五津渡，到实地察看后才弄清其成为历代军事要冲的地理形势。

"尽信书，不如无书"。对历史研究来说也是如此。受作者认知水平的局限或者由于传抄刊印的失误，历史文献也会存在这样那样的错误，应对其进行校勘、考订等工作，如果再以考古成果、社会调查、实地考察等与之互校互证互补，将会大大减少其局限和失误。比如，宋初青城县在什么地方？自明代《续资治通鉴纲目》以后，历史文献记为眉州青神县。但经我们多次实地考察，认为应是永康军属县，治所在今都江堰市徐渡乡境内。宋代著名理学家、蜀学大儒魏了翁创办的蒲江鹤山书院在当时非常著名。该书院原址在什么地方？地方志称，在距蒲江县城一里的山顶上。但是，结合各种资料进行调查，我们认为应在蒲江县城东约十里的隈支山（今名玉芝山）上。此外，有的资料是历史文献上未见记载或记载欠周详的，只能从考古资料上得到订补，这样的例子就更多了。

历史研究的基础在于资料，论证问题需要大量多方面的可信资料。只有运用综合研究这种基本方法，才能使文献与实际相结合、史学与其他学科相结合，达到认识历史真相的目的，使之成为信史。同时，运用综合研究这种基本方法，对于历史研究中的一些难题经常还会有"柳暗花明又一村"的顿悟，从而将历史研究推进到更为深入的境地。

（《人民日报》2015 年 5 月 4 日）

加强学科际学术创新

景天魁 *

从学科角度看，学术创新可以分为学科内创新与学科际创新。对于学科内创新，我们比较熟悉。在长期的发展过程中，每一个学科都形成了自己的概念和语言、理论和方法。在此基础上，遵循学科规范继续往前推进，就可能形成创新，而且这种创新容易被承认是专业性强、合乎学术发展脉络的。学科际创新发生在学科之外、学科之间，不是学科内创新的简单推广和应用，因为它往往需要冲破原有学科的界限，容易遭到来自学科内的质疑，被指责为不专业、不地道。对于学科际创新，我们不仅不熟悉、不习惯，甚至因为难度和风险都很大而不愿去尝试。但是，现代社会发展却越来越要求我们加强学科际学术创新。

现代社会高度复杂化，许多被称为经济问题、政治问题、社会问题、文化问题等的专门性问题，其实难以由单一学科完满地进行处理。更有许多问题，特别是重大的理论和现实问题例如"一带一路"的建设与发展，其中交织着经济、政治、文化、社会、地理问题，乃至历史、宗教、语言、风俗习惯等人文问题，很难严格划分各自的界限。随着经济社会不断发展，我们遇到的这类重

---

* 景天魁，男，1943 年生于山东省蓬莱市。中国社会科学院学部委员、社会政法学部副主任。主要研究领域：社会发展理论、福利社会学。主要代表作：《打开社会奥秘的钥匙》(1981 年)、《社会发展的时空结构》(2002 年)、《底线公平：和谐社会的基础》(2009 年)。

大问题会越来越多，迫切需要探索开展学科际创新的途径和方法。

学科际学术创新离不开学科内研究。怎样以学科内研究为基础开展学科际研究？面对复杂而重大的问题，常见的做法是把多学科的研究者集合起来，各管一个方面，各写一个章节，各说各话。这样虽然可以反映研究对象的多面性，但只能算作凑合、集合，而不是综合、会通，因而算不上学科际学术创新。真正的学科际学术创新至少应包括概念语言创新和研究路径创新两个方面。

在概念语言方面，既然不能不使用学科内的概念语言，又要进行学科际学术研究，那就首先要尊重这些概念语言，准确地理解和使用它们，否则就难以保持专业性。同时，又要扩展这些概念的含义，否则就很难实现不同学科之间概念语言的沟通，也就难以综合地解决复杂的重大问题。再进一步，在学科内概念语言之外，还要创新一些学科际概念语言，这就要解决这两类语言之间的融洽性问题。几类概念语言要运用于解决同一个问题，必须兼容贯通，这就要求各个学科内的学术规范扩大开放度，不能相互排斥和冲突，不能认为只有自己学科内的概念及其应用是规范的，别的学科的概念就是不规范的；不能认为那些学科际的概念语言，就是"四不像"、不伦不类的。这种开放和包容，对于学科际创新的顺利开展具有决定性意义。我国社会学的发展历程就是明证。自从引入西方社会学以来，我国社会学学科化倾向越来越强，学科界限越来越固定，这就减弱了这个学科本来具有的综合能力。费孝通先生晚年高度重视这个问题，提醒我们要扩展社会学的学科界限。他自称是一匹野马，在学科间自由驰骋，不沉溺于学科框框之内。这对我们具有启示意义。

进行学科际学术创新，除了要解决概念系统的开放包容问题，还要找到实现的路径。不同学科、不同理论研究和经验研究，路径也不同。理论研究或比较抽象的学科，重视概念之间的逻辑关系，因而把案例、经验事实或数据作为例证。而像社会学这样重视实证的学科，则强调基于案例、事实或数据引出概念和理论。这样就出现了引证案例（事实或数据）和基于案例（事实或数据）两种研究路径。引证案例（事实或数据）所实现的学术创新，依靠的是概念的清晰性和逻辑的自洽性，引证的案例（事实或数据）不论是经济的、政治的还是文化的、社会的，必须能体现概念的可信性和逻辑的合理性，而且案例（事实或数据）之间应是相互补充的，不能互不相干、支离破碎。基于案例（事实或数据）的学术创新，依靠的是事实及事实之间联系的真实性和完整性，通过案例（事实或数据）的完整性保证观察和研究的综合性。例如费孝通的《江村经济》，通过把一个村庄五脏六腑的结构和功能完整地呈现出来，实现学科际学术创新——尽管它通常被视作人类学、社会学著作，但其实并不受限于学科的规制。如按中国传统对"学"的理解，它也是一个学派（社区学派）、一个学说（功能主义）的代表作。

（《人民日报》2015 年 5 月 18 日）

理论研究需理清源流

周尚文 *

任何一门理论都有其源与流。对于理论研究来说，理清源流至关重要。所谓"源"，是指在现实中寻找问题、发现问题并加以研究和解决。也就是说，研究要有问题导向，要有针对性、目的性。大到国家、民族、世界的未来趋势，小到经济、社会、个人的变化发展，我们都可以从中发现问题，挖掘理论之"源"。所谓"流"，是指在研究中运用已有的知识积累，并吸取前人的优秀思想文化成果，进行理论提炼、升华和再创造。理清源流，使理论建立在科学基础之上，有助于让理论更好服务于实践并在实践中进一步发展。

恩格斯说，科学社会主义的诞生，源于当时欧洲面临的社会矛盾提出所要解决的重大课题，即资本主义基本矛盾引发的周期性经济危机和阶级矛盾激化。以时代提出的问题为考察和研究对象作出科学严谨的结论，构成科学社会主义之"源"；而"流"则指吸取人类思想文化的优秀成果。马克思、恩格斯批判地吸收德国古典哲学、英国古典政治经济学、法国空想社会主义的合理成分，这是主流；还吸取政治、历史、文学等领域的精粹，站在前人的肩膀上进行思想革命，创立了科学社会主义学说。

---

* 周尚文，男，1935年12月生于上海市松江区。华东师范大学终身教授，曾任华东师范大学政治教育系副主任，华东师范大学人文学院学术委员会主任；曾任上海市科学社会主义学会副会长。著有《国际共运史事件人物录》《苏联兴亡史》等。

理论在发展过程中存在继承、创新、提高的问题。从理论发展的先后关系这个角度看，"源"除了指发现、研究、解决时代提出的重大问题，还包括被继承的、以之为起点的理论。弄清楚"什么是社会主义，怎样建设社会主义"的基本理论问题，确立社会主义初级阶段理论，以及对改革开放中一系列重大方针政策的理论研究等，这些当代中国发展进程中的重大课题，是中国特色社会主义理论体系之"源"。同时，中国特色社会主义理论体系是对马克思列宁主义、毛泽东思想的继承与发展，马克思列宁主义、毛泽东思想也是中国特色社会主义理论体系的直接理论来源。中国特色社会主义理论体系之"流"，是指吸取中国传统文化和外国思想文化中的优秀成果。30多年来，正是在"源"与"流"结合、实践与理论互动的过程中，中国特色社会主义理论体系才得以建立起来并不断丰富发展。

理论研究是一项艰辛的思想劳动，需要经历科学立项、搜集资料并认真思考、探索、提炼、升华的过程，才能做到"源"与"流"的完美结合，得出对时代发展有价值的成果。有人常常觉得研究课题难觅。其实，理论之源就蕴藏在现实生活中。当今世界处于经济全球化、社会信息化迅猛发展的时代，我国改革进入深水区、攻坚期，各种新矛盾、新问题不断涌现，这些都要求研究者从理论上予以回应和解释，理论研究本身也需要不断突破和创新。时刻保持对现实的密切关注，就不难找到对经济社会发展、不同学科发展有研究价值的理论课题。理论研究切忌空谈，切忌从抽象的教条出发、以现存的"本本"为依据去裁剪现实。

（《人民日报》2015 年 6 月 17 日）

应用研究须根植基础研究

彭聃龄 *

一般而言，一门成熟的学科都有基础研究和应用研究两个层次。简单地说，基础研究是指那些关系学科自身发展的研究，应用研究是指那些能解决社会发展和人类生存等相关问题的研究。以生命科学为例，它不仅通过基础研究在不同层次上探讨生命现象的本质以及生物的起源进化、遗传变异、生长发育等生命活动规律，而且在生物工程、生物信息技术、生物医学、生物食品等方面开展应用研究。在我们饮食起居、防病治病等日常生活中，处处可以看到生命科学的应用价值，而其背后则是生命科学的基础研究。其他学科，如物理学、化学、天文学、地质学等，也是既有基础研究，又有应用研究。

相对于其他学科来说，心理学是晚近才发展起来的一门学科。在 19 世纪末独立成为一门学科之前，心理学归属于哲学，其研究带有纯思辨的特点，有人称当时的心理学是"安乐椅上的学科"，不关心或很少关心研究的应用价值。现在，情况发生了很大变化。现代心理学不仅是一门学科，而且成了一种职业；不仅在基础研究上取得显著进步，而且在应用研究上有了巨大发展。

在应用研究蓬勃发展、越来越受到重视的今天，应如何处理应用研究与基

---

* 彭聃龄，1935 年 7 月生于湖南省长沙市。北京师范大学认知神经科学与学习国家重点实验室、脑与认知科学研究院教授。曾任北京师范大学心理系主任，中国心理学会常务理事等。著有《认知心理学》《普通心理学》等。

411

础研究的关系？毫无疑问，应用研究应该得到发展，因为只有当人们看到一门学科的应用价值、在生活中有了切身体会后，这门学科才能在社会扎根，才有更强的生命力。但是，在发展应用研究的同时，基础研究应处在什么地位？基础研究人才应如何培养？其中的关系需要仔细斟酌。

首先，基础研究是应用研究的基础。没有坚实基础的应用研究是浅薄的、没有生命力的。比如，前几年我研究过口吃，希望从脑和神经机制上找到口吃的真正原因，从而为口吃矫正提供科学依据。研究的出发点就是，国内的口吃矫正方案很多，但都是基于口吃矫正师的个人经验，没有或缺少基础研究的坚实依据，致使"公说公有理，婆说婆有理"，彼此争论不休。这种状况是和基础研究薄弱有直接关系的。在语言障碍和矫正的其他领域（如阅读障碍和失语症等）也存在同样的问题，由于语言的认知神经机制没有搞清楚，许多应用研究还停留在"个人经验"的水平。

其次，基础研究事关国家竞争力。一个国家的竞争力与基础研究水平和质量休戚相关。基础研究的每一个重大突破都可能带来巨大的经济社会效益，这是许多国家重视基础研究的重要原因。但由于基础研究不一定能马上见到经济社会效益，需要一个积累和量变过程，需要更多的投入，这就决定了基础研究具有长期性和周期性。改革开放以来，我国人才的流向越来越受到市场经济的影响，许多年轻人选择应用领域作为职业方向，从事基础研究的人越来越少。长此以往，就会影响我国的核心竞争力。因此，应采取有效举措，在市场经济大潮的冲击面前留住一批从事基础研究的人才，让基础研究得到健康顺利发展。

最后，做研究要有明确的目的，做一点"顶天立地"的事情。"顶天"，就是在基础研究中追求学术创新、推动学科发展；"立地"，就是在应用研究中做有益于社会、有益于百姓的事情。基础研究更加重视原始创新，要求研究者具有某些特殊的能力和人格品质，比如要有更强的探索精神、更广的学术视野，要能够忍受长年坐冷板凳的寂寞，要有更大承受失败的能力等。因此，"顶天"非常不容易，需要研究者具有坚守学术的品格和毅力。

（《人民日报》2015 年 9 月 17 日）

研究合为现实而行

熊铁基 *

"文章合为时而著"，是唐代诗人白居易《与元九书》中的一句名言，是他长期生活阅历和饱读书史的心得体会："自登朝来，年齿渐长，阅事渐多。每与人言，多询时务；每读书史，多求理道。始知文章合为时而著，歌诗合为事而作。"这也是白居易写诗作文的主张：反对脱离现实生活的"嘲风月，弄花草"，提倡"兴发于此而义归于彼"的"比兴"意义，有很强的现实关怀意识。

白居易所讲的虽然主要是一个文学理论问题，但与人文社会科学特别是历史科学研究也有密切联系，因为这是一个涉及学术研究与现实社会关系的大问题。长期以来，历史研究领域时不时就会有人说：学术研究要与现实社会保持一定距离。我认为这是一个伪命题。毕竟人们生活在现实社会之中，所见所闻、所思所想、所言所行都会或多或少地受到现实影响。其实，"与现实保持距离"也是某种"现实"的反映。学术研究是脱离不了社会现实的，此为其一。

其二，学术研究为现实服务才是上乘的研究，自古如此。司马迁写《史

---

* 熊铁基，男，1933 年 4 月生于湖南省常德市。1958 年毕业于华东师范大学中国通史研究班。现为华中师范大学历史文化学院教授，博士生导师，道家道教研究中心名誉主任。著有《汉唐文化史》《秦汉文化志》等，主编《道家道教文化书系》《老子集成》等。

记》，标举"究天人之际，通古今之变"；司马光作《资治通鉴》，直接表明以史为鉴的宗旨。脱离这一点，就不能称之为良史。从近代起直至今日，我们讲爱国主义、研究传统文化等，都是为了现实，也是为了今后。随着时代的发展，在为现实服务中必然会出现更好的研究成果、更多的上乘之作。这里有一个无法回避的问题，即学术研究为政治服务的问题。为现实服务一定程度上就是为现实政治服务，因为政治在社会生活中有着重要的地位和作用。学术研究为政治服务是不可避免的，也是必要的。司马迁、司马光的学术都是为政治服务的。在社会变革、社会矛盾突出的历史时期，学术研究为政治服务的问题更为突出。在推翻封建专制统治的辛亥革命时期，学术研究是为保皇服务还是为革命服务？在国共两党政治军事斗争激烈时期，学术研究站在哪一边？对于这些问题，学术研究都需要表明自己的政治倾向。这里的关键是要站在人民群众的立场上。

其三，研究与现实的关系，有自觉和不自觉两种情况。以我从事道教研究的经历来说，起初是在古代思想文化史的研究和讨论中接触到"道家"、《老子》《庄子》，进而又在学术研究活动中接触到道教研究的学者，特别是接触到一些道长，与他们交往和讨论，进而做一些研究、写一点文章。这个阶段的研究可以说是不自觉的。随着研究的深入，我逐步认识到宗教信仰是现实社会生活中的实际，学术研究无法回避；而道教是中国土生土长的宗教，它和许多宗教一样劝人为善，是有利于社会和谐发展的。然而，历史上道教兴衰起伏变化不少，如今道教的发展又不尽如人意，自己便很想为道教的发展尽一点微薄之力，所以我的研究就有了一定的自觉性。比如，我在研究道教历史上的改革之余，也研究现在的道教如何适应现代社会发展。这样的研究应该就是自觉地为现实服务了。

当然，学术研究为现实服务也要讲究度。白居易主张"合时""合事"，就是主张自觉主动地联系现实、为现实服务，从而对事物发展起到积极的促进作用。白居易关心"时""事"，关心百姓，主张诗文大众化，写诗要做到"妇孺能解"，从而创造了"新乐府体"。然而，学术研究在为现实服务方面也有值得吸取的历史教训。远的不说，"文化大革命"中"评法批儒"以及评价水浒之类的"影射史学"，显然不是我们所主张的学术研究为现实服务。

"文章合为时而著，歌诗合为事而作"。诗文如此，研究亦然。"时""事"也就是现实，"研究合为现实而行"。

（《人民日报》2015 年 11 月 5 日）

以问题意识引领学术研究

袁世硕 *

开展学术研究，关键要有问题意识。可以说，学术研究靠问题意识引领。这里以文学研究为例，略作说明。

文学是民族历史文化最鲜活的载体。我国古代文学历史悠久，文体繁多，代有所胜，许多优秀作品有着长久的魅力，至今为人们所喜爱。如何做好文学研究？关键是将问题意识贯穿其中。即便一般性地评论一部作品、一个人物形象的文章也应有针对性，立论中应有回答问题的意义在。我写过《试论〈三国演义〉中的曹操》一文，其背景是当时有历史学家提出要正确评价历史人物曹操，却将丑化曹操的罪责归之于《三国演义》，进而否定这部小说的文学价值。其实，历史著作与小说的性质、功用是有区别的。历史著作要真实，写人重在写事功（行动作为的客观效果）；小说是虚构叙事，写人重在表现其性情和行为的忠奸善恶等。所以，认为"《三国演义》写曹操只遵从旧的道德观念，把他一切行为都归于'奸'"，这是不科学的。而且《三国演义》中的曹操作为一个小说人物形象，还是反映了古代政治家的典型性格及其政治行为的机变智巧，十分生动鲜活，有其文学的价值功能，不应否定。正是为了回答这些问

* 袁世硕，1929 年生于山东省兖州市。山东大学终身教授，曾任山东省作协副主席，山东省古典文学学会会长，山东大学学术委员会副主任，全国古籍整理出版规划小组成员，全国高校古籍整理研究委员会委员。论著有《孔尚任年谱》《蒲松龄事迹著述新考》等。

题，我才撰写了这篇文章，希望帮助人们对《三国演义》有一个正确的认识，不要轻信种种不经之说。

问题意识可以使我们对一些理论有清晰的判断力。比如，西方的接受美学在我国曾颇为流行，文学专业的学生纷纷用其理论研究中国古代文学。但细细斟酌其中的问题就会发觉：接受美学的基本观点是抬高读者在接受中的地位，放逐作品文本，不承认文本有既定的思想意义，而展开论述时其理论却又返回文本，几乎每一步都没有离开文本。尽管其中有些论述是不错的，但有的理论家为抬高读者的能力，把"读者"的概念缩小为"有知识的读者"，有语言知识、懂得文学，便能很好地理解作品，破解文本"未定"的意思。这就又回到了他们所反对的传统批评理论，反而可以作为批驳其接受理论的论据。正是在问题意识思维下，我们才能抓住接受美学的软肋。

问题意识有助于学术研究的理论升华。有人做文学研究偏重于价值判断，对优秀的作家作品重在肯定、称扬，而不注意认知性的解析，没有将其放在历史发展中加以考察，缺乏历史的联系和比较。事实上，研究古典文学、文学史应该多想些问题、多学点理论，研究成果也不应仅仅是就事论事，而应提升到理论层面。比如，研读蒲松龄的诗文和小说，会发觉《聊斋志异》的许多篇章具有作者自况、自悲、自娱的性质，狐鬼故事成了作者抒情言志的文学表现方式，进而可以提出问题：鲁迅在其《中国小说史略》里对《聊斋志异》作的、屡屡为研究者所称引的"用传奇法，而以志怪"八字论断，是不是不够确切？在魏晋南北朝志怪小说中，神鬼怪异之事是作者记述的内容，以"明神道之不诬"；而蒲松龄收集撰写狐鬼花妖故事，作为抒情言志的方式，具有了形式、手法的性质，原有的神秘性也就被文学的审美性所取代。这就不仅揭示了《聊斋志异》与以前志怪小说的根本区别，也使人明白了，在文学发展中原本迷信观念中的事物，在人们摆脱迷信意识后依然不会完全消失的缘故。在古代文学研究中，诠释、评论作品自然是最基本的任务，但还应扩展到对文学的历史演变和规律的认识。

再论《西游记》。这部小说历来众说纷纭，如果仅从时代不同、读者观点不同去解释，显然不能解决怎么看待这部神魔小说这一根本问题。但如果有问题意识，并用历史和文学的观点来对《西游记》故事演化进行研究，就会得出这样的认知：唐高僧玄奘取经的事迹，在通俗文艺中神魔故事化，原初的弘佛宗旨被神魔斗法的趣味性冲淡；道教神仙进入佛家故事，内容便复杂起来，连取经的主角都发生移位；到明中期受到崇尚人性的人文思潮浸洗，重新书写的取经故事发生了内在肌质的裂变，神佛有了世俗相，连同取经的神圣性都受到了挪揄、戏谑，呈现了人文主义思想倾向。这就是《西游记》思想和艺术的历史特征。历来的批评家忽视了这一本质特征，用各自时代的流行观念总结小说的主题思想，自然不切实际，也难以自圆其说。

（《人民日报》2015 年 11 月 30 日）

组　　稿：张振明

责任编辑：王新明

封面设计：薛　宇

责任校对：吕　飞

图书在版编目（CIP）数据

大家手笔／任理轩 主编 . — 北京：人民出版社，2016.6

ISBN 978 - 7 - 01 - 016275 - 1

I. ①大…　II. ①任…　III. ①社会科学 - 文集　IV. ① C53

中国版本图书馆 CIP 数据核字（2016）第 117991 号

大家手笔
DAJIA SHOUBI

任理轩 主编

人 民 出 版 社 出版发行

（100706　北京市东城区隆福寺街 99 号）

北京中科印刷有限公司印刷　新华书店经销

2016 年 6 月第 1 版　2016 年 6 月北京第 1 次印刷

开本：710 毫米 × 1000 毫米 1/16　印张：27.25

字数：428 千字

ISBN 978 - 7 - 01 - 016275 - 1　定价：55.00 元

邮购地址 100706　北京市东城区隆福寺街 99 号

人民东方图书销售中心　电话：（010）65250042　65289539